# A Prática Reflexiva
# no Ofício de Professor

## Sobre o Autor

**Philippe Perrenoud** é professor na Université de Genève. Seus trabalhos sobre as desigualdades e o fracasso escolar fizeram com que se interessasse pela diferenciação do ensino e, mais globalmente, pelo currículo, pelo trabalho escolar, pelas práticas pedagógicas, pela inovação e pela formação dos professores.

Tem publicado pela Artmed: *Avaliação: da excelência à regulação das aprendizagens*, 1999; *Construir as competências desde a escola*, 1999; *Pedagogia diferenciada: das intenções à ação*, 2000; *Dez novas competências para ensinar*, 2000; *Ensinar: agir na urgência, decidir na incerteza*, 2001; *A pedagogia na escola das diferenças*, 2001. Com Léopold Paquay, Marguerite Altet e Évelyne Charlier: *Formando professores profissionais: Quais estratégias? Quais competências?*, 2001; com Monica Thurler, Lino de Macedo, Nilson Machado e Cristina Allessandrini: *As competências para ensinar no século XXI: a formação dos professores e o desafio da avaliação*, 2002.

P455p   Perrenoud, Philippe
       A prática reflexiva no ofício de professor : profissionalização e razão pedagógica / Philippe Perrenoud ; tradução Cláudia Schilling. — Porto Alegre : Artmed, 2002.
       232 p. ; 23 cm

       ISBN 978-85-7307-963-0

       1. Educação – Formação de professores. I. Título.

       CDU 371.13

Catalogação na publicação: Mônica Ballejo Canto – CRB 10/1023

# A Prática Reflexiva no Ofício de Professor
## Profissionalização e Razão Pedagógica

## Philippe Perrenoud

**Tradução:**
Cláudia Schilling

**Consultoria, supervisão e revisão técnica desta edição:**
Cristina Dias Allessandrini
*Doutora em Psicologia Escolar e do Desenvolvimento
Humano pela Universidade de São Paulo.
Psicopedagoga e Arte-terapeuta.*

Reimpressão 2008

artmed®

2002

Obra originalmente publicada sob o título
*Développer la practique réflexive dans le métier d'enseignant*

© ESF éditeur, Paris, 2001
ISBN 2 7101 1518 2

Capa
*Ângela Fayet Programação Visual*

Preparação do original
*Márcia da Silveira Santos*

Leitura final
*Maria Rita Quintella*

Supervisão editorial
*Mônica Ballejo Canto*

Projeto gráfico
Editoração eletrônica
*Armazém Digital – Roberto Vieira*

Reservados todos os direitos de publicação, em língua portuguesa, à
ARTMED® EDITORA S.A.
Av. Jerônimo de Ornelas, 670 - Santana
90040-340 Porto Alegre RS
Fone (51) 3027-7000 Fax (51) 3027-7070

É proibida a duplicação ou reprodução deste volume, no todo ou em parte,
sob quaisquer formas ou por quaisquer meios (eletrônico, mecânico, gravação,
fotocópia, distribuição na Web e outros), sem permissão expressa da Editora.

SÃO PAULO
Av. Angélica, 1091 - Higienópolis
01227-100 São Paulo SP
Fone (11) 3665-1100 Fax (11) 3667-1333

SAC 0800 703-3444

IMPRESSO NO BRASIL
*PRINTED IN BRAZIL*
Impresso sob demanda na Meta Brasil a pedido de Grupo A Educação.

# Sumário

**Introdução**
**Prática reflexiva: chave da profissionalização do ofício** .............................. 9
    Profissionalização: uma expressão ambígua ............................................. 10
    O profissional reflexivo: um paradigma integrador e aberto ............... 13
    Formar um principiante reflexivo ............................................................ 16
    Acompanhar a análise das práticas na formação contínua .................... 20
    Plano da obra .............................................................................................. 24

**1 Da reflexão na essência da ação a uma prática reflexiva** .................... 29
    A reflexão durante o calor da ação ........................................................... 33
    A reflexão distante do calor da ação ........................................................ 36
    A reflexão sobre o sistema de ação ........................................................... 37
    Uma reflexão tão diversificada quanto os profissionais ......................... 41
    Da reflexão ocasional à prática reflexiva ................................................. 43

**2 Saber refletir sobre a própria prática: objetivo central**
**da formação dos professores?** ................................................................ 47
    Por que formar os professores para que possam refletir
      sobre sua prática? .................................................................................. 48
    Treinamento intensivo para a análise ...................................................... 63
    Isso é apenas o começo... .......................................................................... 69

## 3 A postura reflexiva: questão de saber ou de *habitus*? ............ 71
Uma transposição didática complexa ............ 73
Postura reflexiva e formação do *habitus* ............ 80
O saber-analisar e a relação reflexiva com a ação ............ 85

## 4 Formar na prática reflexiva por meio da pesquisa? ............ 89
A ilusão cientificista ............ 91
A ilusão disciplinar ............ 94
A ilusão da objetividade ............ 97
A ilusão metodológica ............ 101
A universidade e a prática reflexiva ............ 103

## 5 Construir uma postura reflexiva com o sabor de um procedimento clínico ............ 107
A clínica: momento de construção de novos saberes ............ 108
A clínica: momento de desenvolvimento das competências ............ 115

## 6 A análise coletiva das práticas pedagógicas como iniciação à prática reflexiva ............ 119
A análise das práticas como apoio à mudança pessoal ............ 121
Uma análise pertinente: como perceber os verdadeiros problemas? ............ 128
A arte de "colocar o dedo na ferida" sem provocar muitos danos ............ 135
Uma análise acompanhada de um trabalho de integração ............ 138
O estado atual das coisas ............ 140

## 7 Da prática reflexiva ao trabalho sobre o *habitus* ............ 141
A ilusão da improvisação e da lucidez ............ 143
Aprender com a experiência ............ 144
Sob a prática... o *habitus*... ............ 145
A tomada de consciência e seus motores ............ 150
Da tomada de consciência à mudança ............ 156

## 8 Dez desafios para os formadores de professores ............ 169
Trabalhar com o sentido e as finalidades da escola sem transformá-los em missão ............ 171
Trabalhar a identidade sem personificar um modelo de excelência ............ 172
Trabalhar as dimensões não-reflexivas da ação e as rotinas sem desqualificá-las ............ 174
Trabalhar a pessoa do professor e sua relação com os outros sem pretender assumir o papel de terapeuta ............ 176

Trabalhar os não-ditos e as contradições da profissão
e da escola sem decepcionar a todos .................................................. 177
Partir das práticas e da experiência sem nos limitarmos
a elas, a fim de comparar, explicar e teorizar .................................... 179
Ajudar a construir competências e exercer a mobilização
dos saberes ........................................................................................... 180
Combater as resistências à mudança e à formação sem desprezá-las .... 181
Trabalhar as dinâmicas coletivas e as instituições sem
esquecer as pessoas ............................................................................. 182
Articular enfoques transversais e didáticos e manter
um olhar sistêmico ............................................................................... 184
Complexidade e postura reflexiva ......................................................... 186

## 9 Prática reflexiva e envolvimento crítico ............................................. 189

A escola pode permanecer imóvel em contextos sociais mutantes? ....... 190
Primeiro, as competências básicas ......................................................... 194
A prática reflexiva como domínio da complexidade .............................. 197
O envolvimento crítico como responsabilidade cidadã .......................... 200
Formadores reflexivos e críticos para formar professores
reflexivos e críticos ............................................................................... 201

## 10 A prática reflexiva entre a razão pedagógica e
análise do trabalho: aberturas ............................................................ 211

A razão pedagógica .................................................................................. 212
A análise do trabalho e das competências ............................................. 214
Profissionalização e prática reflexiva ..................................................... 215

**Referências Bibliográficas** ....................................................................... 217

# Introdução

# Prática Reflexiva: Chave da Profissionalização do Ofício

Sem um fio condutor, o debate sobre a formação dos professores perde-se no labirinto dos mecanismos institucionais e disciplinares. Cada um passa a defender seu território, sua relação com o saber e seus interesses. O funcionamento das instituições se reduz a uma coexistência quase pacífica entre representações e estratégias antagônicas. Ainda que não acreditemos ingenuamente em um consenso, esperamos que um acordo sobre uma concepção global da formação docente possa facilitar e tornar mais coerente a mudança.

Uma das idéias-força consiste em inserir a formação, tanto a inicial como a contínua, em uma estratégia de *profissionalização do ofício de professor* (Bourdoncle, 1990, 1991, 1993; Bourdoncle e Demailly, 1998; Carbonneau, 1993; Hensler, 1993; Lang, 1999; Lessard, 1998b, 1998c; Lessard, Perron e Bélanger, 1993; Perrenoud, 1993, 1994a, 1996d; Peyronie, 1998; Tardif, M., 1993b). Trata-se de uma perspectiva a longo prazo, de um processo estrutural, de uma lenta transformação. Podemos ajudar a criar as condições para essa evolução; porém, nenhum governo, nenhuma corporação ou nenhuma reforma pode provocá-la em um curto espaço de tempo, de forma unilateral. Entretanto, não poderá haver profissionalização do ofício de professor se essa evolução não for desejada, desenvolvida ou sustentada continuamente por numerosos atores coletivos, durante décadas, para além das conjunturas e das alternâncias políticas.

Essa evolução não é inevitável. Pode acontecer, em contrapartida, que o ofício de professor dirija-se para a dependência, para a "proletarização" (Bourdoncle, 1993; Perrenoud, 1996b). Nesse caso, os professores ficariam reduzidos ao papel de executores de diretrizes cada vez mais precisas, as quais são frutos de uma aliança entre a autoridade escolar tradicional e a "noosfera" (Chevallard, 1991), o grupo de especialistas que planeja o currículo, a organização do trabalho, as tecnologias educativas, os manuais e outros meios de ensino, as estruturas, os espaços e os tempos escolares.

## PROFISSIONALIZAÇÃO: UMA EXPRESSÃO AMBÍGUA

"Profissionalização": em francês, esta não é uma expressão muito adequada, pois poderia insinuar que, "enfim", a atividade de ensino chegou ao *status* de profissão, embora essa evolução tenha se realizado a partir do século XIX. Entretanto, só gradualmente esse ofício passou a ser objeto de uma verdadeira formação. Além disso, em um primeiro momento, ela se centrou sobretudo no domínio dos saberes a serem ensinados. Há pouco tempo, e de forma bastante desigual, conforme o nível de ensino, começou-se a conceder certa importância ao domínio teórico e prático dos processos de ensino e aprendizagem visando a uma formação realmente *profissional* (Altet, 1994; Lessard, 1998a; Lessard e Bourdoncle, 1998; Perrenoud, 1994a; Paquay et al., 1996). Desenvolvida para professores de ensino fundamental desde a criação das escolas normais, tal componente da formação continua tendo menos peso no caso dos professores de ensino médio e, em diversos países, continua sendo praticamente inexistente no ensino superior. Nesse sentido, a profissionalização do ofício de professor poderia ser entendida apenas como um importante acréscimo à parte *profissional* da formação, ultrapassando o domínio dos conteúdos a serem ensinados.

Podemos encontrar essa perspectiva no debate norte-americano sobre a profissionalização do ofício de professor (Carbonneau, 1993; Labaree, 1992; Lessard, Perron e Bélanger, 1993; Lang, 1999; Lessard, 1998a, b e c; Raymond e Lenoir, 1998; Tardif, Lessard e Gauthier, 1998). Em contrapartida, esse não é o cerne do conceito de profissionalização do outro lado do Atlântico. Ele nos parece ininteligível se não levarmos em conta uma distinção entre uma profissão e um ofício, considerada banal nos países anglo-saxões, mas que não tem equivalente em francês.

Todas as profissões são ofícios, ainda que o inverso não seja verdadeiro. O uso anglo-saxão reserva o *status* de profissão a ofícios bem-definidos, nos quais não é oportuno nem possível ditar aos profissionais, em todos os detalhes, seus procedimentos de trabalho e suas decisões. Sendo assim, a atividade de um profissional é regida essencialmente por *objetivos* (estipulados pelo empregador ou por meio de um contrato com o cliente) e por uma *ética* (codificada pela corporação).

Na teoria, um profissional deve reunir as competências de alguém que elabora conceitos e executa-os: ele identifica o problema, apresenta-o, imagina e aplica uma solução e, por fim, garante seu acompanhamento. Ele não conhece de antemão a solução dos problemas que surgirão em sua prática; deve construí-la constantemente *ao vivo*, às vezes, com grande estresse, sem dispor de todos os dados de uma decisão mais clara. Isso não pode acontecer sem saberes abrangentes, saberes acadêmicos, saberes especializados e saberes oriundos da experiência. Um profissional nunca parte do nada, tenta não reinventar a roda, considerando as teorias, os métodos já testados, a jurisprudência, a experiência, os gêneros consagrados (Clot, 1999) e o "estado da arte".

Apesar de todos esses recursos, as situações complexas sempre parecem ser, pelo menos em parte, *singulares*. Por isso, exigem mais que a aplicação de um repertório de receitas: exigem um procedimento de resolução de problemas, uma forma de invenção. Toda normalização da resposta provoca um enfraquecimento da capacidade de ação e reação em uma situação complexa. Jobert (1998, 1999) recorda que a competência profissional pode ser concebida como a capacidade de *gerenciar o desvio entre o trabalho prescrito e o trabalho real*. Esse desvio varia conforme os ofícios e, portanto, a formação consiste, por um lado, na aprendizagem das regras e no cumprimento delas, e, por outro, na construção da autonomia e do julgamento profissionais. Mesmo nas atividades profissionais menos qualificadas, um mínimo de *autonomia no trabalho* (De Terssac, 1992, 1996) é fundamental para o funcionamento da produção; a autonomia permite que se enfrentem os limites do *trabalho prescrito* para tornar a tarefa suportável e para realizá-la da melhor maneira possível quando as prescrições são falhas ou incompatíveis com o tempo, com os materiais ou com as condições de trabalho.

Nas profissões humanistas, prescreve-se menos que nas profissões técnicas, o que exige dos profissionais, de modo geral, um nível bastante elevado de qualificação. Entretanto, ainda resta uma escolha, a qual varia de acordo com as organizações que empregam os profissionais: pode-se limitar ao máximo sua autonomia e investir em prescrições cada vez mais rigorosas, em procedimentos padronizados, em apoios tecnológicos; ou, ao contrário disso, pode-se confiar neles, elevando seu nível de competência de acordo com a necessidade, a fim de que eles sejam dignos dessa confiança. Essa segunda atitude está no cerne do conceito de profissionalização, o qual incita a formação de pessoas competentes para saber "o que devem fazer", sem serem limitadas estritamente por regras, diretrizes, modelos, programas, horários e procedimentos padronizados.

Em tese, considera-se que os "profissionais" sabem muito bem o que devem fazer e como fazê-lo. No entanto, na prática, nem todos sempre estão à altura dessa exigência e dessa confiança. O grau de profissionalização de um ofício não é um certificado de qualidade entregue sem necessidade de exame a todos os que o exercem. Ele é mais uma característica *coletiva* – o estado histórico de uma prática –, que reconhece aos profissionais uma *autonomia* estatutária, baseada na confiança em suas competências e em sua ética. Em contrapartida, eles assumem a *responsabilidade* por suas decisões e por seus atos, tanto no aspecto moral como no âmbito do direito civil e do penal.

Nos países anglo-saxões, só alguns ofícios são considerados profissões integrais, por exemplo os ofícios de médico, advogado, magistrado, perito, pesquisador, arquiteto, engenheiro, administrador e jornalista-editorial. O ensino não está incluído entre eles. Muitas vezes, o ofício de professor é descrito como uma *semiprofissão* (Etzioni, 1969), caracterizada por uma semi-autonomia e por uma semi-responsabilidade. Para evoluir na profissionalização de seu ofício, os professores teriam de assumir riscos e deixar de usar como proteção o "sistema", os programas e os textos. Então, seria preciso redefinir suas obrigações contratuais nesse sentido. Em troca de maior responsabilidade pessoal, disporiam de maior autonomia – ou de uma autonomia menos clandestina – na escolha de suas estratégias didáticas, de seus procedimentos e de suas modalidades de avaliação, de suas formas de agrupar os alunos e de organizar o trabalho, de estabelecer um contrato e uma ordem, de conceber os dispositivos de ensino-aprendizagem ou de monitorar os meios de formação.

Para serem profissionais de forma integral, os professores teriam de construir e atualizar as competências necessárias para o exercício, pessoal e coletivo, da autonomia e da responsabilidade. A profissionalização do ofício de professor exigiria uma transformação do funcionamento dos estabelecimentos escolares e uma evolução paralela dos outros ofícios relacionados ao ensino: inspetores, diretores, formadores...

A formação, inicial e contínua, embora não seja o único vetor de uma profissionalização progressiva do ofício de professor, continua sendo um dos propulsores que permitem elevar o nível de competência dos profissionais. Além de aumentar seus saberes e seu *savoir-faire*, ela também pode transformar sua identidade (Blin, 1997), sua relação com o saber (Charlot, 1997), com a aprendizagem, com os programas; sua visão da cooperação e da autoridade, seu senso ético; em suma, pode fazer emergir esse *novo ofício* pelo qual lutou Meirieu (1990b) e o qual tentamos descrever com detalhes em outra obra (Perrenoud, 1999a).

A autonomia e a responsabilidade de um profissional dependem de uma *grande capacidade de refletir em e sobre sua ação*. Essa capacidade está no âmago do desenvolvimento permanente, em função da experiência de competências e dos saberes profissionais.

Por isso, a figura do *profissional reflexivo* está no cerne do exercício de uma profissão, pelo menos quando a consideramos sob o ângulo da especialização e da inteligência no trabalho.

## O PROFISSIONAL REFLEXIVO: UM PARADIGMA INTEGRADOR E ABERTO

Todos nós refletimos na ação e sobre a ação, e nem por isso nos tornamos profissionais reflexivos. É preciso estabelecer a distinção entre a postura reflexiva do profissional e a reflexão episódica de todos nós sobre o que fazemos.

Visando chegar a uma verdadeira *prática reflexiva*, essa *postura* deve se tornar quase permanente, inserir-se em uma relação analítica com a ação, a qual se torna relativamente independente dos obstáculos encontrados ou das decepções. Uma prática reflexiva pressupõe uma postura, uma forma de identidade, um *habitus*. Sua realidade não é medida por discursos ou por intenções, mas pelo lugar, pela natureza e pelas conseqüências da reflexão no exercício cotidiano da profissão, seja em situação de crise ou de fracasso seja em velocidade de cruzeiro.

O profissional reflexivo é uma antiga figura da reflexão sobre a educação, cujas bases podem ser encontradas em Dewey, sobretudo na noção de *reflective action* (Dewey, 1933, 1947, 1993). Encontramos essa idéia – e não a expressão – em todos os grandes pedagogos que, cada um a seu modo, consideraram o professor ou o educador um inventor, um pesquisador, um improvisador, um aventureiro que percorre caminhos nunca antes trilhados e que pode se perder caso não reflita de modo intenso sobre o que faz e caso não aprenda rapidamente com a experiência.

Por outro lado, a psicologia, a antropologia e a sociologia cognitivas insistem na dimensão reflexiva do ator, dos grupos e das organizações, partindo de uma perspectiva que pode ser resumida em uma expressão: o *retorno do sujeito*. A fenomenologia, o interacionismo, a etnometodologia e a hermenêutica romperam com o behaviorismo e com o positivismo triunfantes nos anos 50 e 60. Hoje em dia, o papel do sujeito na construção do sentido e da ordem social livrou-se das banalidades.

De certa forma, Schön (1983, 1987, 1991, 1994, 1996) *revitalizou* e conceituou mais explicitamente a figura do profissional reflexivo ao propor uma epistemologia da prática, da reflexão e do conhecimento na ação. Mais de 20 anos depois de seus primeiros trabalhos em parceria com Argyris (Argyris e Schön, 1978), a idéia deixou de ser nova e tem inspirado inúmeros estudos e procedimentos de formação tanto nos países anglo-saxões (Clift, Houston e Pugach, 1990; Holborn, 1992; Schulman, 1992; Tabaschnick e Zeichner, 1990; Valli, 1992; Wasserman, 1993) quanto em outros lugares (Dick, 1992).

Mas aí dizer que demos uma volta completa em torno do paradigma reflexivo e retornamos a ele implicaria a aceitação de que há apenas um passo que alguns poderiam se sentir tentados a dar, sobretudo no mundo de língua francesa, que atualmente parece fascinado por outras palavras-chave: bases de conhecimento, saberes de ação, ergonomia cognitiva, entrevista de explicitação, especialidade, metacognição, análise das práticas e do trabalho, ação comunicacional, desenvolvimento de competências.

Parece-nos que nenhum desses aportes invalida a idéia do profissional reflexivo como *paradigma integrador e aberto*. Como destaca Richardson (1990, p.14), o conceito de reflexão na ação está relativamente *esvaziado de conteúdo*. Como tal, ele não esclarece *sobre o que* nem *como* o profissional reflete e tampouco especifica os efeitos de tal reflexão. Essa abertura, em vez de ser um ponto fraco, torna o conceito ainda mais interessante caso ele seja considerado emblema ou paradigma global, delimitando uma problemática e um campo conceitual que ainda devem ser construídos.

Schön contribuiu de modo pessoal com essa construção sem se interessar em especial pelo ensino. Sua perspectiva comparativa constitui, ao mesmo tempo, o interesse e os limites de sua abordagem. É verdade que a ação, a reflexão, a aprendizagem e o saber dos profissionais são realidades que, em parte, podem ser teorizadas se não levarmos em consideração o conteúdo específico dos problemas que devem enfrentar. Com freqüência, Schön adota uma abordagem comparativa e propõe paralelismos muito fecundos, como, por exemplo, entre a gestão, o urbanismo, a terapia e o *design*. Ele evidencia mecanismos comuns e desenvolve conceitos que encontram ressonância em diversos campos profissionais, porque, muitas vezes, eles permanecem no campo metafórico, como "conversa reflexiva com uma situação" ou com o "mundo virtual".

No entanto, para chegarmos a uma lógica de formação profissional, é preciso levar em conta a especificidade de cada profissão e perguntar-se como nela pode ser declinado o paradigma reflexivo. Descobrimos, então, que a referência ao profissional reflexivo pode parecer *insólita* quando se trata do ensino. Isso não acontece apenas porque a profissionalização desse ofício está inacabada e chega a ser incerta, mas porque sua relação com os saberes científicos como bases da ação profissional é muito diferente daquilo que se observa na engenharia ou na medicina, por exemplo.

Lembremos que Schön desenvolveu o paradigma do profissional reflexivo visando combater a ilusão – ainda predominante nos anos 70 e 80 – de que a ciência oferecia uma base de conhecimentos suficiente para uma ação racional. Grande parte dos problemas tratados por um profissional *não figura nos livros* e não pode ser resolvida apenas com a ajuda dos saberes teóricos e procedimentais ensinados. Isto é válido para os médicos, bem como para os engenheiros, arquitetos, administradores de empresas, urbanistas, juristas e terapeutas entrevistados ou observados por Schön. Assim, a referência ao profissional reflexivo é apresentada como uma forma de realismo e humildade: nas profissões, o saber estabelecido pela pesquisa é necessário, mas não é suficiente. A formação atribui-lhe, equivocadamente, a parte do leão, pois explicita pouco os *savoir-faire** e os funcionamentos mentais exigidos pelas situações "clínicas" complexas.

O ofício de professor só pode ter acesso ao paradigma reflexivo se seguir o mesmo itinerário crítico, já que nunca passou, em larga escala, pelo fantasma de uma prática "científica". É verdade que Claparède (1912) e alguns outros pesquisadores da área da educação sonharam com uma pedagogia total ou essencialmente baseada em conhecimentos estabelecidos pela pesquisa. Essa visão ficou confinada ao ambiente da pesquisa, no qual ainda permanece viva ou prestes a renascer, em diferentes contextos. Ela não influenciou as imagens da profissão nem as formações que levam a ela, as quais continuaram sendo prescritivas, práticas ou baseadas no bom senso, na razão e no domínio dos saberes a serem ensinados. Por outro lado, no âmbito da educação, as bases científicas e técnicas da ação educativa raras vezes ocuparam uma posição de destaque.

Mesmo quando os programas de formação no ensino passam para o âmbito da universidade, a teoria não desempenha um papel comparável ao que tem na formação dos engenheiros (baseada na física, na mecânica, na química e na matemática), dos médicos (física, química, biologia, anatomia, fisiologia, patologia, farmacologia) ou na dos administradores (economia, marketing, contabilidade, pesquisa operacional, ciências administrativas). A (re)descoberta da complexidade do ofício de professor está menos ligada à crítica à ilusão cientificista do que à descoberta dos *limites do bom senso* no que se refere a prescrições metodológicas, sobretudo quando as condições e as ambições da prática se transformam.

---

*N. de RT. Habilidade de alcançar o que se propõe, de resolver problemas práticos, competência; experiência no exercício de uma atividade artística ou intelectual (*Le Petit Robert*, 1996, p. 2045).

Em outros termos: em certas profissões consideradas integrais, baseadas em saberes científicos "sólidos", a referência ao profissional reflexivo é uma forma de *reabilitação* da intuição e da inteligência prática, de sua reintegração ao seio da competência profissional. Na educação, o profissional reflexivo é o emblema de um desejado acesso ao *status* de profissão de pleno direito, o que ainda não é atribuído socialmente à profissão de professor nem reivindicado por todos os que a exercem.

Esse desvio, vinculado à história das profissões e dos ofícios, assim como às diferenças entre os saberes teóricos pertinentes, não é surpreendente: em um extremo, encontramos as ciências "sólidas", triunfantes até os anos 60 e 70; no outro, as ciências humanas, frágeis e controversas. Chega-se à conclusão de que a argumentação em prol de uma prática reflexiva não pode ser universal. Ela deve considerar a realidade de cada profissão, o trabalho prescrito e a possível autonomia cotidiana, assim como a concepção dominante da responsabilidade e do controle.

Portanto, na educação, o principal desafio não é afirmar a parcela da competência situada *para além* dos conhecimentos científicos. O desafio de uma ligação explícita e voluntarista ao paradigma reflexivo é complexo, pois se trata, *ao mesmo tempo*:

- de ampliar as bases científicas da prática, onde elas existam, e lutar contra uma ignorância ainda muito ampla das ciências humanas, da psicologia e, acima de tudo, das ciências sociais;
- de não as mistificar e de desenvolver formações que articulem racionalidade científica e prática reflexiva, não como irmãs inimigas, mas como duas faces da mesma moeda.

Sem abandonar as ciências sociais e humanas – ao contrário, utilizando-as ainda mais –, é preciso não sucumbir à ilusão cientificista, para não sermos obrigados a abandoná-la dolorosamente alguns anos mais tarde...

## FORMAR UM PRINCIPIANTE REFLEXIVO

Não é possível fazer de tudo na formação inicial, principalmente quando ela se limita a um ou a dois anos de formação profissional *stricto sensu* (Clerc, 1995). Mesmo nos casos em que ela é mais longa e consistente, seria melhor:

- não abranger "um pouco de tudo", mas realizar escolhas, renunciar com ponderação;

- definir as prioridades do ponto de vista do iniciante e de sua evolução desejável;
- basear-se em uma análise das situações profissionais mais comuns e problemáticas no início da carreira, como fundamento de uma formação inicial que vise ao essencial;
- não ignorar a angústia e a falta de experiência dos alunos, as quais os levam a dramatizar alguns problemas e a subestimar outros.

Quando levam em conta a realidade dos inícios, alguns formadores sofrem bastante, porque seu projeto inicial não consiste em preparar bons iniciantes, mas em tratar temas importantes que eles dominem muito bem. Ao ajudar os estudantes-estagiários, *tal como eles são*, a construir competências que possam ser utilizadas na sala de aula, certos formadores são invadidos por uma profunda tensão entre o que lhes interessa e o que seria útil e necessário aos alunos.

A orientação para a prática reflexiva poderia propor uma forma original de aliar objetivos ambiciosos e de considerar a realidade. Com o intuito de desenvolver principalmente o *saber-analisar* (Altet, 1994, 1996), é importante construir paralelamente saberes didáticos e transversais bastante ricos e profundos para *equipar* o olhar e a reflexão sobre a realidade.

Com o pretexto de que tem de atender às necessidades mais urgentes, será que a formação inicial deve deixar nas mãos da experiência e da formação contínua a preocupação de formar profissionais reflexivos? Esse erro seria funesto. A formação de bons principiantes tem a ver, acima de tudo, com a formação de pessoas capazes de evoluir, de aprender de acordo com a experiência, refletindo sobre o que gostariam de fazer, sobre o que realmente fizeram e sobre os resultados de tudo isso.

Sob esse ponto de vista, a formação inicial tem de preparar o futuro professor para refletir sobre sua prática, para criar modelos e para exercer sua capacidade de observação, análise, metacognição e metacomunicação (Lafortune, Mongeau e Pallascio, 1998). Nada disso pode ser adquirido por um toque de mágica, só pelo fato de o professor ter passado por êxitos e fracassos. Todos refletimos para agir, durante e depois da ação, sem que essa reflexão gere aprendizagens de forma automática. Repetimos os mesmos erros, evidenciamos a mesma cegueira, porque nos faltam lucidez, coragem e método. Alguns têm uma capacidade infinita de rejeitar a responsabilidade por tudo aquilo que não dá certo, culpando ou os acontecimentos ou a falta de "sorte"; outros, ao contrário disso, acusam-se de todas as incompetências e batem incessantemente no peito reconhecendo sua culpa. Nenhuma dessas atitudes contribui para uma prática reflexiva, já que nenhuma delas provoca um verdadeiro trabalho de análise, um trabalho sem complacência, sem resultar na autojustificação e no autodesprezo.

O desafio é ensinar, ao mesmo tempo, atitudes, hábitos, *savoir-faire*, métodos e posturas *reflexivas*. Além disso, é importante, a partir da formação inicial, criar ambientes de análise da prática, ambientes de partilha das contribuições e de reflexão sobre a forma como se pensa, decide, comunica e reage em uma sala de aula. Também é preciso criar ambientes – que podem ser os mesmos – para o profissional trabalhar sobre si mesmo, trabalhar seus medos e suas emoções, onde seja incentivado o desenvolvimento da pessoa, de sua identidade. Em suma, um profissional reflexivo só pode ser formado por meio de uma *prática reflexiva* graças a essa fórmula paradoxal apreciada por Meirieu (1996): "Aprender fazendo a fazer o que não se sabe fazer".

Nesse sentido, é importante verificar em que condições os estudantes-estagiários podem "entrar em prática reflexiva", o que pressupõe que eles abandonem sua profissão de aluno para se tornarem *atores* de sua formação e que aceitem formas de envolvimento, de incerteza, de risco e de complexidade que podem, com razão, aterrorizar aqueles que se refugiam no saber.

Um professor principiante pode e quer se tornar um profissional reflexivo? Isso não seria menosprezar um pouco suas necessidades de "receitas" e sua busca de certezas? Não devemos considerar o estado de "principiante" como se fosse um dado intangível. Em parte, ele resulta de representações sociais da profissão e da formação inicial, as quais perduram enquanto não são trabalhadas como tais.

Alguns estudantes procuram na formação algo que ela não oferece mais – ortodoxia, saberes práticos – e nem percebem o que ela propõe, em especial uma formação reflexiva. Por quê? Sem dúvida, porque desenvolveram uma relação com o saber e com a profissão que não os incita à reflexão; porque o contrato e os objetivos de uma formação ligada ao paradigma reflexivo não foram suficientemente explicitados para permitir-lhes optar por outra orientação ou por abandonar progressivamente suas imagens estereotipadas da profissão e da formação dos professores.

Mesmo os alunos que não adotam uma atitude defensiva em relação à postura reflexiva estão em busca de certezas e precisam dominar as situações educativas básicas. O fato de dizer-lhes que poderão lidar com isso se refletirem sobre os obstáculos que irão encontrar não é suficiente para tranqüilizá-los. Portanto, temos de nos perguntar de que forma o *status* de iniciante pode favorecer ou inibir a aprendizagem da reflexão profissional.

Como é um professor principiante? Podemos apresentar algumas das suas características:

1. Um principiante está entre duas identidades: está abandonando sua identidade de estudante para adotar a de profissional responsável por suas decisões.

2. O estresse, a angústia, diversos medos e mesmo os momentos de pânico assumem enorme importância, mas eles diminuirão com a experiência e com a confiança.
3. O principiante precisa de muita energia, de muito tempo e de muita concentração para resolver problemas que o profissional experiente soluciona de forma rotineira.
4. A forma de administrar o tempo (preparação, correção, trabalho de classe) não é muito segura, e isso lhe provoca desequilíbrio, cansaço e tensão.
5. Ele passa por um estado de sobrecarga cognitiva devido ao grande número de problemas que tem de enfrentar. Em um primeiro momento, conhece a angústia da dispersão, em vez de conhecer a embriaguez do profissional que "joga" com um número crescente de bolas.
6. Geralmente, ele se sente muito sozinho, distante de seus colegas de estudo, pouco integrado ao grupo e nem sempre sente-se acolhido por seus colegas mais antigos.
7. O iniciante está em um período de transição, oscilando entre os modelos aprendidos durante a formação inicial e as receitas mais pragmáticas que absorve no ambiente profissional.
8. Ele não consegue se distanciar de seu papel e das situações.
9. Ele tem a sensação de não dominar os gestos mais elementares da profissão, ou de pagar um preço muito alto por eles.
10. O novo profissional mede a distância entre o que imaginava e o que está vivenciando, sem saber ainda que esse desvio é normal e não tem relação com sua incompetência nem com sua fragilidade pessoal, mas que está ligado à diferença que há entre a prática autônoma e tudo o que já conhecera.

Essas condições favorecem a tomada de consciência e o debate, pois nada ocorre de forma automática. Enquanto os profissionais experientes não consideram ou nem percebem mais seus gestos cotidianos, os estudantes medem o que supõem ser serenidade e competências duramente adquiridas. Portanto, a condição de principiante induz, em certos aspectos, a uma *disponibilidade*, a uma busca de explicações, a um pedido de ajuda, a uma *abertura* à reflexão.

No entanto, as angústias também podem bloquear o pensamento, gerar uma irresistível necessidade de certezas (Baillauquès e Louvet, 1990; Baillauquès e Breuse, 1993; Hétu, Lavoie e Baillauquès, 1999). Para aceitar a importância da reflexão quando tudo fica difícil, sem esperar tempos melhores, o estudante tem de trilhar um árduo caminho, aprender a contrapartida da profissão de aluno que praticou durante tanto tempo e que lhe deu bons resultados... Ele só poderá seguir esse caminho se o conjunto do dispositivo de formação tiver sido concebido nesse sentido, com coerência e transparência, e se souber exatamente que procedimento deve adotar. A adesão ativa dos estudantes ao procedimento clínico e reflexivo de formação pressupõe pelo menos quatro condições importantes:

1. Uma transposição didática e os referenciais de competência essencialmente orientados para as práticas efetivas de ensino e sua dimensão reflexiva.
2. Um lugar importante concedido aos saberes da e sobre a prática, para equilibrar o peso dos saberes a serem ensinados ou dos saberes eruditos descontextualizados.
3. Uma formação que seja ao mesmo tempo universitária e profissional, livre tanto do academicismo clássico da *alma mater* como da obsessão prescritiva das escolas normais.
4. Uma formação que alterne, desde o início, uma forte articulação entre teoria e prática. A reflexão sobre os problemas profissionais só pode ser treinada caso refira-se constantemente às *práticas*. Se elas constituem um futuro longínquo e abstrato, como podem se transformar na *matéria-prima* do trabalho de formação?

Com o intuito de formar um principiante reflexivo, não devemos nos limitar a acrescentar um novo conteúdo a um programa já denso nem uma nova competência ao referencial. A dimensão reflexiva está no centro de *todas* as competências profissionais, tendo em vista que ela constitui seu funcionamento e seu desenvolvimento. Portanto, ela não pode ser separada do debate global sobre a formação inicial, sobre a alternância e a articulação entre teoria e prática, sobre o procedimento clínico, sobre os saberes, sobre as competências e sobre os hábitos dos profissionais. Diversos capítulos deste livro abordarão com maior profundidade essas questões. Porém, antes de apresentá-los, vamos falar um pouco da formação contínua.

## ACOMPANHAR A ANÁLISE DAS PRÁTICAS NA FORMAÇÃO CONTÍNUA

A formação inicial destina-se a seres híbridos, estudantes-estagiários que se tornaram profissionais. Ela deve formá-los para uma prática que, na melhor das hipóteses, está nascendo, ou foi sonhada. A formação contínua, por outro lado, trabalha com professores que estão exercendo sua função, que têm anos e mesmo décadas de experiência. Portanto, poderiamos imaginar que a formação reflexiva encontraria um terreno privilegiado entre eles; no entanto, isto é ao mesmo tempo verdadeiro e falso.

Em diversas formas de pesquisa-ação, de pesquisa-formação, de desenvolvimento organizacional, de inovação, de acompanhamento de equipes e de projetos de estabelecimento, a reflexão sobre as práticas já é uma referência central, mesmo se não falássemos explicitamente de prática reflexiva ou de análise das práticas.

Contrastando com esses procedimentos, os quais durante muito tempo foram marginais, a maior parte da formação contínua dos professores – que, vale lembrar, é bastante recente – foi *inicialmente* organizada em torno da atualização dos saberes disciplinares, das referências didáticas, dos *savoir-faire* tecnológicos. Em contrapartida, no âmbito da formação de adultos, fora do padrão escolar, os formadores voltaram sua atenção rapidamente ao trabalho, à organização e à pessoa para suscitar processos de transformação de identidade, de reestruturação das representações ou de construção de novas competências; nesse caso, a formação dos professores foi concebida, a princípio, como um *ensino*, ministrado por professores a outros professores, como uma troca de especialidade no campo dos saberes disciplinares, das reformas curriculares (sobretudo em matemática e em língua materna), de novas tecnologias, de abordagens didáticas mais sofisticadas, de métodos de gestão de classe ou de avaliação. O professor-formador, em tese, deveria estar à frente de seus colegas, dominando há algum tempo o que eles acabaram de descobrir. Seu papel seria levar-lhes novos elementos, dos quais os outros professores deveriam se apropriar e os quais deveriam transpor para sua sala de aula.

Dessa forma, a formação contínua dos professores assumiu as características de um *ensino* quase interativo, o qual pretendia transmitir novos saberes a professores que não os tinham recebido no período da formação inicial. *Aggiornamento*, este é seu nome em italiano; *recyclage*, assim ele é chamado em algumas regiões de língua francesa: a formação contínua visava – e sempre visa – atenuar a *defasagem* entre o que os professores aprenderam durante sua formação inicial e o que foi acrescentado a isso a partir da evolução dos saberes acadêmicos e dos programas, da pesquisa didática e, de forma mais ampla, das ciências da educação.

De modo surpreendente, durante anos, essas formações contínuas desconsideraram a prática dos professores em exercício: o formador dizia-lhes o que era preciso fazer sem perguntar o que eles faziam. De outra parte, de forma menos prescritiva, expunha novos modelos (pedagogia por objetivos, teoria dos tipos de texto, princípios da avaliação formativa, recurso à metacognição, trabalho por meio de situações-problema), esperando que os profissionais os adotassem e implantassem em suas classes sem levar em consideração a distância entre as práticas vigentes e as inovações propostas. A problemática da mudança não estava no centro da formação contínua. Ela se baseava no postulado racionalista, o qual define que todo novo saber é fonte de novas práticas apenas pelo fato de ter sido aceito e assimilado.

Essas tendências podem ser explicadas: os momentos de formação contínua são curtos ou fragmentados; portanto, é tentador priorizar a informação e os saberes. A consideração das práticas parece um supérfluo, pois o tempo é escasso. A essa "lógica das pressões", podemos acrescentar fatores de outra ordem:

- Os formadores de professores construíram sua identidade, durante muito tempo, em torno de uma especialidade específica, adquirida em sua sala de aula e em formações universitárias complementares na área da lingüística ou da informática, por exemplo; transformaram-se em formadores para *transmitir* esses saberes ou essas tecnologias – ou eventualmente sua experiência –, e não para se interessarem pelas práticas dos colegas; em suma, as pessoas tornam-se formadoras pela mesma razão pela qual se tornaram professoras: para falar, e não para ouvir.
- O planejamento e a preparação técnica e precisa fragilizam-se quando partem das práticas e das representações; quando partimos das perguntas e das práticas dos professores em formação, torna-se inútil construir um currículo; deve-se improvisar, trabalhar intensivamente durante as pausas e entre as sessões para construir uma formação "sob medida".
- Um empreendimento de alto risco é dar a palavra aos professores que participam da formação contínua também em outro sentido: eles podem apresentar dúvidas e sofrimentos com os quais o formador não sabe lidar; criticam o sistema, os programas, a hierarquia, suas condições de trabalho, obrigando o formador a defender o sistema ou a se tornar cúmplice da crítica; colocam problemas éticos e ideológicos insolúveis; criam vínculos sistêmicos com outras dimensões de sua prática que levam o formador aos limites daquilo que domina.

Esses riscos de incompetência e de perda de controle contribuem para a manutenção de diversas práticas de formação contínua dentro do registro da contribuição estruturada de conhecimentos. Por outro lado, não há nenhum motivo para renunciar de modo radical a tais fórmulas, que conservam seu sentido se forem utilizadas com discernimento.

Felizmente, outras modalidades de formação contínua – intervenções em estabelecimentos, acompanhamento de projetos ou de equipes, supervisão – priorizam as práticas e os problemas profissionais. Assistimos, também, à emergência de ofertas de formação deliberadamente centradas na análise das práticas, sem coloração temática, sem um "biombo" didático, transversal ou tecnológico. Mas também é possível limitar o campo de análise a uma disciplina e privilegiar um determinado enfoque. Eis por que certas formações propõem que os participantes reflitam juntos sobre um tema anunciado; por exemplo, sua relação com o saber, a forma como tratam os erros dos alunos (em geral ou em uma disciplina), seu modo de composição e de correção das provas escritas ou seu estilo de regulação dos conflitos.

Podemos acrescentar a essas modalidades orientadas de modo explícito para a análise dos processos e das práticas inflexões menos visíveis no interior das ações de formação temáticas, as quais propõem saberes ou tecnologias. Os formadores não podem ignorar que sua ação modifica muito pouco as práticas se ela se limitar a fornecer informações, a oferecer saberes e a apresentar modelos ideais. Pode-se invocar as "resistências irracionais à mudança", mas será que isso não é muito limitado? Uma parte dos formadores descobriu que sua única oportunidade de transformar as práticas dos professores consiste em criar *vínculos* entre o que eles fazem e o que lhes é proposto. A didática das ciências incita a trabalhar *a partir* das representações dos aprendizes, em vez de ignorá-las. Da mesma maneira, uma nova prática só pode substituir a prática antiga se considerarmos a coerência sistêmica dos gestos profissionais e seu processo de transformação.

Pode ser que a formação contínua torne-se progressivamente o "laboratório" de procedimentos de formação em prática reflexiva, utilizando a situação privilegiada da presença de profissionais experientes e voluntários. Hoje em dia, de forma paradoxal, os modelos conceituais da prática reflexiva e de sua gênese estão baseados sobretudo nas reformas da formação inicial à luz da aprendizagem por problemas e do procedimento clínico. Esperemos que *todos* os formadores – tanto os que participam da formação inicial quanto da contínua – possam fazer parte desse âmbito, o qual deixará de ser exclusividade dos especialistas em análise de práticas e em supervisão. O maior risco seria que a prática reflexiva se tornasse uma especialização suplementar.

A análise de práticas, o trabalho sobre o *habitus*, o trabalho em torno de situações-problema são dispositivos de formação que visam desenvolver a prática reflexiva e a exigem abertamente; no entanto, eles não são suficientes. É importante direcionar as formações temáticas, transversais, tecnológicas, didáticas e mesmo disciplinares (sobre os saberes a ensinar) para uma prática reflexiva, transformando-a no fio condutor de um procedimento clínico de formação presente do início ao fim do curso.

Por isso, este livro, embora não deixe de reconhecer os dispositivos específicos de análise das práticas, visa a uma *problemática mais ampla*, a qual não deve se circunscrever a um dispositivo particular nem ser delegada a uma categoria de formadores.

Para formar um profissional reflexivo deve-se, acima de tudo, formar um profissional capaz de dominar sua própria evolução, construindo competências e saberes novos ou mais profundos a partir de suas aquisições e de sua experiência. O saber-analisar (Altet, 1996) é uma condição necessária, mas não suficiente, da prática reflexiva, a qual exige uma postura, uma identidade e um *habitus* específicos.

Tem-se como objetivo uma prática e uma postura cujo desenvolvimento possa ser estimulado tanto por meio da orientação da análise e do trabalho sobre si mesmo quanto por meio de procedimentos de formações mais globais e de uma relação com o saber inspirados na clínica.

## PLANO DA OBRA

Esta obra tenta aprofundar alguns aspectos da formação de um profissional reflexivo no prolongamento da presente introdução e em outros trabalhos já publicados sobre a formação dos professores (Perrenoud, 1994a, b, c, d, e; 1996c, d, e; 1998a,b, c, d, e; 1991a, c, d; 2000c, d; 2001a, b, c, d).

Busca-se aludir tanto à formação inicial quanto à contínua. Conforme os sistemas, elas apresentam uma forte coerência ou, ao contrário disso, encarnam concepções opostas do ofício e de sua profissionalização. A longo prazo, esperemos que elas sigam a mesma direção e, sobretudo, que não se espere a formação contínua para desenvolver o saber-analisar e uma postura reflexiva.

Pierre Dominicé afirma que não há formação inicial, há apenas formações contínuas, na medida em que sempre partimos de aquisições anteriores. Contudo, nesse processo, a formação profissional básica continua sendo um momento crucial, não só porque fornece meios de sobrevivência ao iniciante, mas porque molda de forma duradoura sua capacidade de aprender, de refletir sobre sua ação e de transformá-la. Ademais, ela coloca problemas institucionais diferentes, especialmente o problema da relação entre instituições de formação e o âmbito escolar, por meio de dispositivos de alternância (Bouvier e Obin, 1998; Clerc e Dupuy, 1994; Raymond e Lenoir, 1999).

Em relação a alguns pontos, trataremos especificamente de formação inicial ou contínua, mas sem criar compartimentos estanques. Na verdade, a análise de práticas e a prática reflexiva não pertencem, de fato, a nenhuma das duas. Entretanto, elas não têm o mesmo sentido e não exigem os mesmos recursos no início da formação ou depois de diversos anos de experiência.

A referência à profissionalização e à prática reflexiva não basta para conceber uma formação dos professores orientada para competências de alto nível. Como já ressaltamos (Perrenoud, 1998b), a qualidade de uma formação inicial depende de sua *concepção*. As idéias básicas de uma formação orientada para a profissionalização e para a prática reflexiva podem ser definidas em nove itens:

1. Uma transposição didática baseada na análise das práticas e de suas transformações.
2. Um referencial de competências-chave.
3. Um plano de formação organizado em torno de competências.
4. Uma aprendizagem por problemas.
5. Uma verdadeira articulação entre teoria e prática.
6. Uma organização modular e diferenciada.
7. Uma avaliação formativa das competências.
8. Tempos e dispositivos de integração das aquisições.
9. Uma parceria negociada com os profissionais.

Não retomaremos aqui todos esses aspectos, que já foram desenvolvidos em outras obras (Perrenoud, 1994a, 1996c). Limitar-nos-emos a alguns esclarecimentos associados em especial ao lugar da prática reflexiva nesse modelo de formação, tanto como *método* indissociável do procedimento clínico quanto como *objetivo* de formação.

O **Capítulo 1**, "Da reflexão na essência da ação a uma prática reflexiva", examina os conceitos básicos: prática reflexiva, abstração reflexiva, reflexão na ação, reflexão sobre a ação, reflexão sobre as estruturas da ação, epistemologia da prática, partindo dos trabalhos fundamentais de Schön. A maioria dos profissionais qualificados é formada na reflexão *para agir*; mas nem por isso deixam de ser profissionais reflexivos, no sentido apresentado aqui, isto é, profissionais capazes de transformar suas próprias maneiras de agir, seus próprios saberes e seus próprios hábitos profissionais em objetos de reflexão. Mostraremos que a reflexão *na* ação é o modo de funcionamento de uma competência de alto nível, enquanto que a reflexão *sobre* a ação é uma fonte de auto-informação e de evolução das competências e dos saberes profissionais.

O **Capítulo 2**, "Saber refletir sobre a própria prática: objetivo central da formação dos professores?", enumera e explicita as razões pelas quais a formação inicial dos professores pode e deve deixar um amplo espaço para a prática reflexiva, seja como método seja como objetivo de formação.

Como método, é inseparável do procedimento clínico e da articulação teoria-prática. Como objetivo, ela participa do movimento rumo a uma maior autonomia e responsabilidade profissionais.

O **Capítulo 3**, "A postura reflexiva: questão de saber ou de *habitus*?", reage contra um corte que parece natural e que tem relação com uma divisão do trabalho que estabelece o seguinte:

– os formadores universitários devem transmitir, pela via mais clássica, os saberes eruditos;
– os formadores de campo devem transmitir saberes práticos em campo.

Esse corte desvia-se do problema essencial: a articulação dessas diversas categorias de saberes e sua integração a *competências*, graças a um *habitus* profissional que permite mobilizá-las com discernimento na ação (Perrenoud, 1996e). Na formação profissional, em última instância, todos os saberes são de ordem "prática" se admitirmos que a prática também é uma reflexão em e sobre a ação. Para que serviria um saber ao qual não pudéssemos nos referir no momento adequado?

Essa concepção exige a cooperação dos diversos formadores e a evolução dos dispositivos de formação inicial em busca de uma inter-relação entre as disciplinas e de um trabalho sobre competências que permita enfrentar numerosas situações complexas. Não sem conhecimentos, mas colocando-os a serviço de uma decisão duplamente eficaz: solucionar da melhor forma possível o problema que surgiu e fazer com que o sistema de ação evolua.

O **Capítulo 4**, "Formar na prática reflexiva por meio da pesquisa?", examina a questão da iniciação à pesquisa na educação como estratégia de formação na prática reflexiva. Em alguns países, a universidade assumiu um importante papel na formação profissional dos professores. Nos Estados Unidos, ela é confiada, principalmente, às faculdades de ciências da educação, no caso do ensino fundamental, e a uma parceria entre as faculdades disciplinares, para o ensino médio. Na Europa, a situação é bastante distinta, e o debate sobre a possibilidade de a formação dos professores ser ou não ser realizada pela universidade permanece em aberto, com grandes variações entre os diversos países. Esse capítulo examina o papel das ciências da educação e analisa quatro ilusões que devem ser abandonadas para instaurar uma formação que seja, simultaneamente, universitária e profissional, fiel ao paradigma reflexivo: a ilusão cientificista, a ilusão disciplinar, a ilusão da objetividade e a ilusão metodológica. A dúvida continua sendo saber se a universidade pode formar competências profissionais de alto nível baseadas no espírito científico, isto é, saberes racionais e competências baseadas também na análise da experiência e da prática reflexiva no contexto de uma alternância e de uma articulação entre tempos de trabalho de campo e momentos de formação mais distanciados da ação pedagógica cotidiana.

O **Capítulo 5**, "Construir uma postura reflexiva com o sabor de um procedimento clínico", tenta sintetizar uma concepção do procedimento clínico que lhe atribui uma dupla ambição:

- trabalhar, por meio do confronto de casos complexos, no desenvolvimento de competências que mobilizem os saberes adquiridos;
- contribuir, junto com outros procedimentos – do ensino clássico ao trabalho por meio de situações-problema –, com a extensão da formação teórica dos profissionais, por adensamento, diferenciação, coordenação dos conceitos e dos saberes adquiridos.

Veremos, então, que o saber-analisar é tanto uma competência almejada quanto um meio de construir novos saberes.

O **Capítulo 6**, "A análise coletiva das práticas pedagógicas como iniciação à prática reflexiva", apresenta um procedimento de formação que parte das práticas, propõe um retorno reflexivo, um esforço de descentralização e de explicitação e tomadas de consciência que possam originar efeitos de formação e mesmo de transformação da identidade ou de mobilização em uma dinâmica de mudança. A análise coletiva de práticas pode constituir um exercício para uma prática pedagógica reflexiva individual ou coletiva. Ela também desenvolve, em cada caso, a formação teórica dos participantes, tanto no que se refere ao âmbito didático quanto no que diz respeito a temas transversais (gestão de classe, relação pedagógica ou diferenciação, por exemplo). Toda a arte do mediador deve estimular a zona de desenvolvimento proximal dos profissionais e encontrar uma "desestabilização ideal" que os coloque em movimento sem fazer com que entrem em crise.

O **Capítulo 7,** "Da prática reflexiva ao trabalho sobre o *habitus*", esboça um procedimento de formação que trabalha de forma explícita e direta com o *habitus* profissional, especialmente com seus componentes *menos conscientes*. Não há uma relação direta entre uma ação passada e uma ação futura. Ela passa por aquilo que, no indivíduo, garante uma certa *permanência* das formas de pensar, de estar no mundo, de avaliar a situação, de agir. Portanto, trabalhar com essa prática é uma forma abreviada de dizer "trabalhar com o que está subjacente nessa prática": a memória, a identidade, as informações, as representações, os saberes, os *savoir-faire*, as atitudes, os esquemas motores, perceptivos ou mentais, as energias, a concentração ou o influxo do qual dependerá a qualidade, a intensidade, a eficácia e a pertinência da "próxima vez". Qualquer análise de práticas evoca as competências e os *habitus* dos profissionais; porém, não consegue ter acesso a eles por falta de ferramentas – ainda que a explicitação e a observação antropológica possam inspirar algumas delas – e por medo de passar, sem perceber, de uma análise do inconsciente prático ou da ação não-refletida a uma "psicanálise selvagem", abrangendo toda a personalidade.

O **Capítulo 8**, "Dez desafios para os formadores de professores", tenta enumerar as implicações das transformações em curso e da orientação para uma prática reflexiva relativa ao ofício de professor e à sua profissionalização. Na formação contínua e na formação inicial, os formadores certamente devem dominar os saberes a serem transmitidos e as ferramentas básicas da formação dos adultos. Além disso, devem realizar procedimentos repletos de paradoxos e contradições.

O **Capítulo 9**, "Prática reflexiva e envolvimento crítico", propõe uma visão de conjunto da problemática, unindo de modo mais claro a postura reflexiva à posição dos professores na sociedade. A dimensão reflexiva não é apenas uma garantia de regulação das práticas profissionais, mas uma forma de estabelecer elos entre a profissão e as missões da escola.

O **Capítulo 10**, "A prática reflexiva entre a razão pedagógica e a análise do trabalho: aberturas", desempenha o papel de conclusão provisória. Ele tentará criar alguns vínculos entre o paradigma reflexivo, a razão pedagógica e a análise do trabalho, retornando à relação entre prática reflexiva e profissionalização.

# 1

# Da Reflexão na Essência da Ação a uma Prática Reflexiva

A idéia de reflexão na ação e sobre a ação está ligada à nossa experiência do mundo. Entretanto, nem sempre o sentido dessas expressões é transparente para nós. É evidente que um ser humano *pensa* constantemente no que faz, antes, durante e depois de suas ações. No entanto, será que isso o transforma em um profissional reflexivo?

Pensamos da mesma forma como respiramos, se entendermos o pensamento da seguinte forma: pensar em algo, exercer alguma atividade mental. Para o dicionário Robert, pensar é "aplicar a mente a um objeto concreto ou abstrato, atual ou não". Onde coloquei minhas chaves? Vou me atrasar! Que frio! Quem encontrei ontem na rua? Aonde iremos nas férias? Todos esses exemplos são atos de pensamento. No entanto, será que "refletir" é apenas pensar no que faremos, fazemos e fizemos?

Pensar e refletir: em numerosos contextos, as duas palavras parecem intercambiáveis. Se quisermos diferenciá-las, diremos que refletir indica uma certa distância. O dicionário *Robert* define da seguinte maneira esse verbo com duplo sentido, próprio e figurado:

I. Remeter por reflexão em uma direção diferente ou à direção de origem.
II. (1672; sentido figurado do precedente "por um retorno do pensamento sobre si mesmo"; refletir sobre si mesmo, "recolher-se", século XVI). Usar a reflexão. Pensar; calcular, procurar, cogitar, concentrar-se, deliberar, meditar, observar, recolher-se, entrar (em si mesmo), fechar-se, ruminar, sonhar.

A metáfora do espelho está muito presente no conceito de *abstração reflexiva* tal como ele foi definido por Piaget (1977): o pensamento torna o próprio objeto e constrói estruturas lógicas a partir de suas próprias operações.

Mesmo em um sentido mais comum, a reflexão pressupõe uma certa exterioridade e, portanto, uma distância mínima diante das urgências da ação. Nesse sentido, o dicionário *Robert* evoca diversas expressões correntes:

– Vamos lá, seja sério, reflita!
– Dê-se ao trabalho de refletir por um momento.
– Deixar tempo para refletir.
– Refletir antes de falar (contar até cem antes de falar).
– Refletir longamente.
– Refletir antes de agir.
– Algo que provoca reflexão, que suscita reflexões que incitam à prudência, à sensatez.
– Deixe-me refletir, vou refletir, peço tempo para refletir (isto é dito quando não se quer tomar uma decisão precipitada).

No âmbito das ciências humanas, a distinção entre pensar e refletir não é evidente, pois não existe uma solução de continuidade entre o pensamento mais próximo da ação, aquele que a guia, e a reflexão mais distanciada. Em vez de contrapor pensamento e reflexão, a corrente desenvolvida por Schön (1987, 1991, 1994, 1996) distingue a reflexão *na ação* e a reflexão *sobre a ação*.

No entanto, essas distinções são bastante flexíveis. Os trabalhos de Schön apresentam inúmeros exemplos extraídos de diversas profissões; porém, com freqüência, os mecanismos mentais subjacentes são conceituados com a ajuda do bom senso. A dois tradutores de Quebec (Dolorès Gagnon e Jacques Heynemand), situados na confluência entre diversas culturas científicas e lingüísticas, devemos a relação entre a prática reflexiva e a noção piagetiana de abstração reflexiva, a qual justifica a diferença entre *refletir para agir e refletir sobre a ação*.

Desse modo, a noção de prática reflexiva remete a dois processos mentais que devemos *distinguir*, principalmente se considerarmos seus vínculos:

• Não há ação complexa sem reflexão durante o processo; a prática reflexiva pode ser entendida, no sentido mais comum da palavra, como a reflexão acerca da situação, dos objetivos, dos meios, do lugar, das operações envolvidas, dos resultados provisórios, da evolução previsível do sistema de ação. Refletir durante a ação consiste em se perguntar o que está acontecendo ou o que vai acontecer, o que podemos fazer, o que devemos fazer, qual é a melhor tática, que desvios e precauções temos de tomar, que riscos corremos, etc. Poderíamos falar, então, de prática *reflexiva*, mas, em francês, esse adjetivo tem uma forte conotação de sabedoria, tem muitas semelhanças com aquele que "conta até cem antes de falar" e medita longamente antes de agir. Essa sabedoria não está ausente no caso da reflexão na ação; entretanto, é um valor que tem relação com uma realidade que, muitas vezes, "não espera". Em casos de urgência, o profissional "reflexivo", temeroso de agir por impulso, poderia não intervir com rapidez, atitude equivalente à atitude daqueles motoristas muito reflexivos, os quais nunca ultrapassam os outros carros. Conforme a natureza da ação em curso, o equilíbrio entre reflexão e ação não pode ser o mesmo. Com Schön, verificamos que a ação realizada pode se desenvolver em alguns segundos ou em alguns meses; tudo depende se considerarmos ação uma operação pontual (como realizar um contra-ataque em um campo de futebol ou uma operação na Bolsa de Valores) ou uma estratégia a longo prazo (por exemplo, estabilizar a situação financeira de uma empresa ou realizar um tratamento médico complexo). A ação humana pode ser comparada a um conjunto de *bonecas russas*: as ações mais pontuais (acalmar uma sala de aula), muitas vezes, fazem parte de uma ação mais global (ajudar a aprender), enquanto as ações de longo alcance dividem-se em numerosas ações mais limitadas.

• Refletir *sobre* a ação já é algo bem diferente. Nesse caso, tomamos nossa própria ação como *objeto de reflexão*, seja para compará-la com um modelo prescritivo, o que poderíamos ou deveríamos ter feito, o que outro profissional teria feito, seja para explicá-la ou criticá-la. Toda ação é única, mas, em geral, ela pertence a uma família de ações do mesmo tipo, provocadas por situações semelhantes. Depois da realização da ação singular, a reflexão sobre ela só tem sentido para compreender, aprender e integrar o que aconteceu. Portanto, a reflexão não se limita a uma evocação, mas passa por uma crítica, por uma análise, por uma relação com regras, teorias ou outras ações, imaginadas ou realizadas em uma situação análoga.

Será que essa distinção é tão clara e nítida como Schön sugere? Na verdade, há mais continuidade que contraste:

– muitas vezes, a reflexão *na* ação contém uma reflexão *sobre* a ação, pois "reserva" questões que não podem ser tratadas naquele momento, mas às quais o profissional promete retornar "com a cabeça fria"; ele não faz isso com regularidade, em contrapartida, esta é uma das fontes da reflexão sobre a ação;

- a reflexão sobre a ação permite antecipar e prepara o profissional, mesmo que essa não seja sua intenção, para refletir de forma mais ágil na ação e para considerar um maior número de hipóteses; os "mundos virtuais" que Schön (1996, p. 332) define como "mundos imaginários em que a cadência da ação pode ficar mais lenta e em que podem ser experimentadas interações e variações de ação" são outros mecanismos para simular uma ação por meio do pensamento; a repetição e a maior precisão das possíveis ações à espera das representações preparam uma visualização imediata dos aspectos mais simples e liberam energiam mental para enfrentar o imprevisível.

Em sua distinção, Schön também embaralha as cartas ao fazer referência a *duas* dimensões diferentes: o *momento* e o *objeto* da reflexão. Entretanto, essas duas idéias não se contrapõem. Refletir *na* ação é o mesmo que refletir, mesmo que fugazmente, *sobre* a ação em curso, sobre seu ambiente e seus limites e seus recursos.

Quanto à cronologia – refletir antes, durante e após a ação –, só parece ser simples se considerarmos que uma ação dura apenas alguns instantes antes de se "extinguir", como se diz a propósito de uma ação judicial. Schön continua embaralhando as cartas, e com razão:

> A ação presente, isto é, o período em que permanecemos na "mesma situação", varia consideravelmente de um caso para o outro e, com freqüência, permite algum tempo de reflexão sobre o que estamos fazendo. Vejamos o exemplo de um médico que aplica um determinado tratamento para curar uma doença, de um advogado que prepara uma causa ou de um professor que se ocupa de um aluno em dificuldade. Nesses casos, trata-se de procedimentos que podem se prolongar por semanas, meses e mesmo anos. Em alguns momentos, tudo flui de modo muito rápido; porém, no intervalo, eles têm todo o tempo possível para refletir (Schön, 1996, p. 331-332).

Se a situação for definida por sua *causa* e seus *desafios* mais que por uma unidade de tempo e lugar, ela pode se desenrolar de *forma intermitente*, às vezes em múltiplos cenários. De repente, entre seus momentos mais intensos, podemos observar períodos de latência, durante os quais o ator pode refletir com mais tranqüilidade sobre o que aconteceu após as operações. Nesse caso, estamos falando de uma reflexão na ação ou sobre a ação? A distinção não resiste a uma análise mais profunda. Propomos que se distinga:

- de um lado, a reflexão sobre uma *ação singular*, que pode acontecer durante a essência da ação, sob ela (antecipação, decisão) ou depois dela (análise, avaliação);

– de outro, a reflexão sobre uma *família de ações semelhantes* e sua estrutura; esta última pode se referir ao profissional ou a um sistema de ação mais complexo do qual ele não passa de uma engrenagem.

Essas distinções, ainda superficiais, permitem entrever três pistas complementares na formação de profissionais reflexivos:

– desenvolver, muito mais do que já fazemos espontaneamente, a capacidade de refletir durante a ação;
– desenvolver a capacidade de refletir sobre a ação sob e além dos momentos de compromisso ativo em uma tarefa ou em uma interação;
– desenvolver a capacidade de refletir sobre o sistema e sobre as estruturas da ação individual ou coletiva.

Esses três aspectos são complementares; na verdade, é raro que um profissional que reflete muito pouco durante a ação reflita de modo intenso antes de agir ou questione-se muito depois dela. Da mesma maneira, a reflexão sobre as estruturas da ação, em geral, está estruturada em uma reflexão regular e precisa sobre a maioria das ações singulares, sejam elas em curso, passadas ou previstas.

Tentaremos agora mostrar a continuidade e o encadeamento desses *objetos* de reflexão e de seus *momentos* no que se refere à prática *pedagógica*.

## A REFLEXÃO DURANTE O CALOR DA AÇÃO

No fogo da ação pedagógica, temos pouco tempo para meditar. Refletimos, principalmente, para decidir o passo seguinte: interromper ou não uma conversa, iniciar ou não um novo capítulo antes do final da aula, aceitar ou não uma desculpa, punir ou não um aluno indisciplinado, responder ou não a uma pergunta insolente, idiota ou descontextualizada, permitir ou não que um aluno se retire da sala de aula, etc.

Cada uma dessas microdecisões (Eggleston, 1989) mobiliza uma atividade mental. Na vivência diária, a atividade parece "pré-refletida" no limite da consciência. Pensamos, mas não somos conscientes desse fato. Não há deliberação interna nem hesitação e, portanto, não há reflexão no sentido mais profundo da expressão.

Às vezes, surge a dúvida: se *pesamos* duas possibilidades ou dois impulsos contraditórios entre um movimento afetivo e a razão que o provoca. Quando não sabemos muito bem o que deve ser feito, em função das circunstâncias, do tempo que falta, do clima da classe, do trabalho realizado, pode haver uma reflexão durante a ação quando o fluxo dos acontecimentos não se interrompe e impede uma verdadeira "parada na ação" (Pelletier, 1995). Desse modo, a não-intervenção também é uma forma de ação, já que essa atitude influenciará, embora de outra forma, o curso dos acontecimentos. Se não decidimos nada, deixamos a situação evoluir e talvez piorar. Assim, a reflexão na ação tem de ser *rápida;* ela guia um processo de "decisão" sem a possibilidade de recorrer a opiniões alheias nem de "pedir um tempo", como ocorre com os jogadores de basquete durante um jogo.

Esse processo pode levar à decisão de não haver intervenção imediata a fim de que haja tempo de refletir com mais tranqüilidade. Isto é o que Pelletier (1995) sugere aos administradores, invocando um "saber de inação" que pode ser interpretado como uma forma de sabedoria incorporada ao *habitus*, o que resulta no adiamento da decisão. Nem todas as indecisões são fatais. Algumas situações justificam o postergar de uma resposta. O professor, quando sente que uma ação rápida demais não seria adequada, tendo em vista que ele está sob o império da emoção ou que não possui todos os elementos de apreciação para tomar uma decisão com pleno conhecimento de causa, por vezes, pode dizer abertamente aos alunos: "Não sei. Vou refletir. Amanhã lhes direi minha decisão". Em outras situações, esse pensamento não é manifestado em voz alta.

Na sala de aula, alguns comportamentos só se tornam problemáticos quando são repetitivos; por exemplo, tagarelice crônica, atrasos regulares, preguiça de trabalhar, agressão constante a um colega, impertinências habituais. Desse modo, a decisão não se refere a uma situação singular, mas a uma série de situações semelhantes, o que nos dá algum tempo para formarmos uma opinião e considerarmos diferentes estratégias. Uma importante parcela da reflexão na ação induz-nos a decidir apenas se devemos agir de forma imediata ou postergar a ação para que possamos refletir mais tranqüilamente.

No caso de se considerar a urgência de uma decisão ou o seu adiamento, os profissionais devem desenvolver uma capacidade reflexiva que possa ser mobilizada "na urgência e na incerteza" (Perrenoud, 1996c):

> Mesmo quando a ação presente é breve, os atores devem ser treinados a pensar naquilo que farão. Entre trocas de bola que duram apenas frações de segundo, um bom tenista aprende a refletir para planejar a próxima jogada. Ele tergiversa um momento, e seu jogo só melhora se ele consegue avaliar corretamente e no tempo de reflexão disponível e integra sua reflexão ao desenrolar normal da ação [...]. De fato, nossa concepção da arte da prática deveria reservar um lugar central às formas pelas quais os profissionais aprendem a criar oportunidades de refletir durante a ação (Schön, 1996, p. 332).

Sem subestimar a *improvisação regulada*, expressão do *habitus* como sistema de esquemas (Bourdieu, 1972, 1980; Perrenoud, 1994a, 1996e, 2001e) que nos dispensa de refletir quando não é necessário nem possível, temos tudo a ganhar se desenvolvermos no período de formação a capacidade de "criar oportunidades de refletir" e de aproveitá-las da melhor maneira possível, controlando o estresse, dirigindo a atenção ao essencial, confiando mais em configurações globais de indicadores que na análise sutil de cada um, tomando decisões a partir de uma mescla de lógica e intuição. Carbonneau e Hétu (1996, p. 86) propõem uma interessante comparação com o comportamento que se tem ao dirigir carros. Eles afirmam que a visão do novato é semelhante à visão noturna, enquanto a do veterano evoca a visão diurna: "... o campo abrangido é muito amplo. Temos a impressão de ter olhos em torno de toda a cabeça; dessa forma, o menor movimento nesse campo logo é detectado e uma parada é imediatamente programada, onde quer que seja". No caso do iniciante, porém, "o campo de visão limita-se à luz projetada pelo carro, e o menor feixe de luz recebido corre o risco de ofuscá-lo".

Durand (1996), que abordou o ensino escolar da perspectiva da ergonomia cognitiva, confirma a grande imbricação entre a percepção e o pensamento nas situações de intensa atividade. Em vez de ser interativo e analítico, o pensamento procede por *Gestalt,* como a percepção, captando de uma só vez um conjunto de elementos que têm sentido e que "desenham" uma decisão que faz parte do contexto, em lugar de ser sua decorrência. Os trabalhos de Varela (1989) sobre a *inação* insistem nos limites da separação clássica – na filosofia ocidental – entre o sujeito e o mundo. Em alguns casos de urgência ou de rotina, o pensamento parece "imerso na ação", ainda que não haja dissolução das operações mentais em genuínos automatismos comportamentais.

Embora a lógica natural e o pensamento desvinculado da ação tenham sido relativamente bem-estudados pela psicologia cognitiva, os modelos de funcionamento do pensamento e do conhecimento na ação ainda parecem muito frágeis e dispersos. No entanto, sugerem que o que, às vezes, denominamos intuição ou golpe de vista são operações que não têm relação com a mágica e que são resultado de uma aprendizagem. Por que deixar esta última nas mãos do acaso? Ela é fruto de um treinamento intensivo em situação de ação autêntica ou simulada. No âmbito da ação pedagógica, é preciso encontrar modalidades adequadas para ela. A imersão em uma sala de aula não é suficiente, pois há a necessidade de uma grande diversidade de configurações, sem que a redundância seja o bastante para intensificar ou adensar a experiência e, dessa forma, acelerar as aprendizagens.

Um treinamento mais intensivo e controlado permitiria aumentar, em tempo real, a regulação cognitiva da ação pedagógica e propiciaria uma reflexão mais distanciada depois da ação. Na verdade, é bastante difícil refletir sobre uma ação totalmente automatizada, que é insignificante para o próprio sujeito. Iniciada no calor da ação, no caso de uma regulação deliberada, a tomada de consciência poderia continuar em um momento mais propício, quando as crianças estivessem ocupadas com outra atividade ou tivessem voltado para casa; dessa forma, o professor poderia assistir outra vez, com calma, ao filme dos acontecimentos.

## A REFLEXÃO DISTANTE DO CALOR DA AÇÃO

Ao distanciar-se da ação, o professor não está interagindo com alunos, pais ou colegas. Ele reflete sobre o que aconteceu, sobre o que fez ou tentou fazer, sobre os resultados de sua ação. Além disso, ele reflete para saber como continuar, retomar, enfrentar um problema, atender a um pedido. Com freqüência, a reflexão longe do calor da ação é, simultaneamente, *retrospectiva* e *prospectiva*, ligando o passado e o futuro, sobretudo quando o profissional está imerso em uma atividade que exige dias e mesmo semanas para ser concluída como um procedimento de projeto.

A reflexão é, na maior parte das vezes, *retrospectiva* quando é subseqüente a uma atividade ou a uma interação, ou a um momento de calmaria. Sua função principal é ajudar a fazer um balanço, a compreender o que deu ou não certo e a preparar o profissional caso a ação se repita. Em tese, sempre há uma eventual "próxima vez". Ela é certa quando refletimos durante uma interrupção ou entre dois *rounds* da mesma luta. A reflexão depois da ação pode – ainda que isso não seja automático – *capitalizar experiência*, ou até transformá-la em *saberes* capazes de serem retomados em outras circunstâncias.

A reflexão é, na maior parte das vezes, *prospectiva* quando ocorre no momento do planejamento de uma nova atividade ou da antecipação de um acontecimento ou de um problema novo (por exemplo, acolher uma criança migrante no meio do ano). Mesmo nesse caso, geralmente o professor baseia-se em experiências pessoais quase transponíveis.

No ofício de professor, a reflexão longe do calor da ação nem sempre é tranqüila. Muitas vezes, ela é realizada entre dois momentos importantes: rouba alguns minutos da rotina de classe quando o professor aproveita o momento em que os alunos estão realizando tarefas sem o seu auxílio ou os mesmos estão no recreio. Ela pode se desenvolver no intervalo de duas aulas, do meio-dia ou do final de uma jornada escolar. Muitas vezes, ela resulta de um problema que deve ser resolvido às pressas; por exemplo, dispensar um aluno da aula de educação física que não se sente bem ou suspeitar do trabalho entregue por outro. A reflexão sobre o que ocorreu ou ocorrerá durante a aula ocupa, de forma quase planejada, grande parte do tempo livre dos professores, seja nos congestionamentos de trânsito, no momento do banho, seja em conversas com colegas ou amigos.

A pressão "física" dos alunos é menos forte nesses momentos, mas, na verdade, um professor dispõe de pouco tempo para repensar todas as ações passadas, presentes ou futuras, as quais mereceriam uma atenção maior. Mesmo distante da sala de aula, ele pode ter uma sensação de urgência, de *zapping* insatisfatório entre diversos problemas, com a frustração de não poder chegar à conclusão de nenhuma hipótese enquanto lê, discute ou forma-se...

Por outro lado, a reflexão sobre a ação renova-se constantemente. Nada é tão efêmero quanto as interações e os incidentes críticos em uma sala de aula. Todos os dias, novos elementos assumem o papel de protagonistas. Dessa forma, na maior parte das vezes, a reflexão sobre a ação é interrompida após ter sido iniciada, devido ao fluxo dos acontecimentos, os quais levam a outras decisões e reflexões – e estas, por sua vez, também são substituídas por fatos mais atuais. A imprensa diária é uma excelente metáfora do que vivencia um profissional imerso na ação: os acontecimentos mais recentes sempre tomam o lugar dos anteriores.

Em contrapartida, podemos nos perguntar: não haverá situações e ações que se repetem, sobre as quais poderíamos refletir como se fossem objetos duradouros ou mesmo permanentes? Sim, mas, então, o profissional passa para outro tipo de registro, que é o da reflexão sobre as *estruturas relativamente estáveis de sua própria ação* e sobre os *sistemas de ação coletiva* dos quais participa.

## A REFLEXÃO SOBRE O SISTEMA DE AÇÃO

Ação: a expressão é ambígua. Algumas vezes, ela designa um ato preciso; outras, refere-se à ação humana de um modo geral. Para acabar com essa ambigüidade, seria melhor falar de *reflexão sobre o sistema de ação* todas as vezes em que o sujeito se distancia de uma ação singular, a fim de refletir sobre as estruturas de sua ação e sobre o sistema de ação do qual faz parte.

Em um primeiro nível, a reflexão sobre nosso sistema de ação questiona os fundamentos racionais da ação: as informações disponíveis, seu tratamento, os saberes e os métodos nos quais ela se baseia. O *debriefing* praticado em algumas profissões – como a pilotagem ou a ação militar – tenta reconstituir o raciocínio que fora seguido durante a ação e identificar seus pontos fracos e inconsistentes: conhecimentos ultrapassados, insuficientes ou indisponíveis na memória de trabalho; informações incompletas ou tendenciosas; inferências precipitadas ou aproximativas; operações muito lentas ou hesitantes; contextualização incorreta do problema; percepção insuficiente dos recursos e das ajudas disponíveis; modelo inadequado de interpretação.

Em algum momento, indubitavelmente, emergirão operações mentais de rotina, efetuadas sem a orientação da parte mais vigilante de nosso cérebro. Quando maior for o número de elementos a serem examinados, maior será a falta de tempo; quando mais pensamos no estresse, mais inevitável será ligar o "piloto automático" sem pensar e sem questionar a validade das rotinas seguidas, sem verificar suas conclusões e sem questionar suas falhas. Mesmo quando partimos de uma releitura da parte consciente e racional da ação, voltamos a evidenciar a parte que corresponde ao inconsciente prático em nossa ação. Ela não se refere apenas a nossos gestos, mas também a nossas operações intelectuais, o que não é surpreendente, pois elas não passam de ações progressivamente *interiorizadas*, as quais se aplicam a representações e a símbolos mais que a objetos.

Não inventamos nossos atos – "concretos" ou "abstratos" – todos os dias. As situações e as tarefas são parecidas e, portanto, nossas ações e nossas operações singulares são *variações de uma trama bastante estável*. Assim como Piaget, podemos chamar essa trama estável de "estrutura da ação" ou *esquema de ação*:

> Com efeito, as ações não se sucedem por acaso, mas repetem-se e aplicam-se de forma semelhante às situações comparáveis. De forma mais precisa, elas se reproduzem como se, aos mesmos interesses, correspondessem situações análogas; porém, elas se diferenciam ou se combinam em um novo arranjo se as necessidades ou as situações mudam. Vamos denominar esquemas de ação tudo aquilo que, em uma ação, pode ser transposto, generalizado ou diferenciado de uma situação com relação à seguinte, ou seja, tudo o que existe de comum nas diversas repetições ou aplicações da mesma ação (Piaget, 1973, p. 23).

Ou ainda:

> Chamaremos de "esquema" *a organização invariável da conduta em um tipo determinado de situações*. Nos esquemas temos de procurar os conhecimentos-em-ato do sujeito, isto é, os elementos cognitivos que permitem que a ação do sujeito seja operatória (Vergnaud, 1990, p. 136).

Um esquema guia a ação (concreta ou mental), mas não impede a variação, a inovação ou a diferenciação a partir da trama memorizada. Na psicologia de Piaget, a ação adaptada é um equilíbrio entre uma assimilação aos esquemas existentes e uma acomodação deles à situação.

Ainda que tenhamos tempo de realizar uma deliberação interna, nossa ação manifesta estruturas estáveis, não por temos agido de forma irrefletida, mas porque nossa decisão percorreu caminhos idênticos frente a problemas idênticos. Temos uma maneira *estável* de enfrentar o conflito, a pressão, a mentira, a ignorância, a agressividade, a incerteza, a desordem. As operações mentais são ações interiorizadas, as quais também dependem de esquemas.

De acordo com Bourdieu, podemos denominar *habitus* o conjunto de esquemas que uma pessoa dispõe em um determinado momento de sua vida. O *habitus* é definido como "um pequeno grupo de esquemas que permitem gerar uma infinidade de práticas adaptadas a situações que sempre se renovam sem nunca se constituir em princípios explícitos" (Bourdieu, 1972, p. 209).

Não somos conscientes de todos os nossos atos e, acima de tudo, não temos consciência de que nossos atos seguem estruturas estáveis. Muitas vezes, a falta de uma consciência clara é "funcional": nossos esquemas nos permitem agir de modo imediato, quase no piloto automático, o que é mais econômico psiquicamente, pelo menos enquanto não nos deparamos com nenhum obstáculo não-habitual. Piaget fala de um *"inconsciente prático"* para ressaltar que alguns de nossos esquemas constituíram-se de forma implícita em função da experiência e apesar do sujeito. Outros, que se originaram em ações inicialmente refletidas e até mesmo na interiorização de procedimentos, tornaram-se rotinas das quais não somos mais conscientes.

Nossa ação sempre é a expressão daquilo que somos; em linguagem usual, isso é conhecido como personalidade ou caráter, e não como *habitus*. Muitas vezes, refletimos sobre nossos esquemas de ação, embora não utilizemos essa expressão erudita. Em geral, para designarmos os aspectos de nosso *habitus* cuja existência pressentimos, falamos em hábitos, em atitudes, em manias, em reflexos, em "complexos", em obsessões, em disposições, em tendências, em rotinas, em traços de caráter. Ainda que não sejamos capazes de descrever com exatidão sua natureza, sua gênese e seu modo de conservação, observamos sua permanência e seus efeitos quase felizes.

Um professor pode ficar com vontade de mudar de *habitus* quando o seu *habitus* o leva, muitas vezes, a ações que não lhe provocam orgulho, como uma tendência a controlar tudo, a desconfiar de todos ou a intervir em todas as disputas entre seus alunos, por mais insignificantes que sejam; ou como uma tendência a minimizar os riscos, a se burlar dos medos

dos alunos ou a responsabilizar seus pais por sua conduta (atrasos, lições de casa não-feitas, indisciplina).

Essa reflexão sobre seus esquemas de ação resulta da tomada de consciência do caráter repetitivo de algumas reações e de algumas seqüências, ou seja, da existência de *cenários* que se reproduzem em situações semelhantes. Essa permanência é uma fonte de identidade, mas também de insatisfação, fazendo com que o ator se torne muito desconfiado, impulsivo, tímido, ansioso, ingênuo, lento, cheio de veleidades ou irritável...

Em geral, a reflexão de um profissional sobre seus esquemas de ação tem origem em casos concretos; no entanto, ele tenta ultrapassá-los para verificar que disposições estáveis explicam por que chegou onde está; por exemplo, um confronto eterno com um aluno que o professor considera rebelde ou preguiçoso. A reflexão sobre uma ou sobre várias ações singulares, mas com a mesma estrutura, acaba, de forma talvez aleatória, na tomada de consciência de uma forma estável e, às vezes, rígida de ser, de pensar e de agir, contrária ao interesse do ator.

Nesse caso, o desafio não se resume a agir de forma diferente na próxima vez que uma situação semelhante ocorrer, mas a se transformar – em alguns aspectos – em *alguém diferente*. Vimos que da reflexão no calor da ação, mais centrada no sucesso de curto prazo, passamos, através de sucessivas etapas, a uma reflexão do sujeito sobre si mesmo, sobre sua história de vida, sobre sua formação, sobre sua identidade pessoal ou profissional e sobre seus projetos.

Além disso, destacamos que essa reflexão torna-se cada vez mais difícil devido à fragilidade de uma parte do *habitus* aos olhos do ator, bem como a suas ambivalências diante da tomada de consciência. O desenvolvimento dos métodos de explicitação (Vermersch, 1994) indica os limites da reflexão selvagem e da tomada de consciência voluntária.

A reflexão sobre a própria ação e sobre os esquemas de ação motiva o ator a inserir-se em sistemas sociais e a relacionar-se com os outros. Todos nós participamos de *sistemas de ação coletiva*. Aportamos nossos *habitus* a esses sistemas, que se enriquecem, empobrecem ou diferenciam com a interação, para que seja possível existir junto com os outros, de forma relativamente estável e harmônica. Bourdieu (1980) introduziu a idéia de uma *orquestração dos habitus*. Ela explica por que é difícil, sozinho, o profissional promover mudanças e justifica as abordagens sistêmicas da terapia e da mudança.

Devido ao seu papel, ao seu saber, à sua responsabilidade ao ministar uma aula, ao tipo de contrato e à relação que ele privilegia, o professor tem mais poder que os alunos no sistema de ação coletiva; porém, não é o único dono dele. Por outro lado, seu *habitus* é fruto do que vivenciou e ainda vivencia em sua classe atual, em outras classes ou em diversos grupos onde entra em um espírito cooperativo com outros atores. A reflexão sobre a ação introduz, então, uma reflexão sobre o relacionamento, sobre nossa forma de criar ou manter vínculos com o outro (Cifali, 1994), assim como sobre as dinâmicas dos grupos e das organizações.

## UMA REFLEXÃO TÃO DIVERSIFICADA QUANTO OS PROFISSIONAIS

Essa diversidade de objetos e de níveis de reflexão é acrescida dos estilos cognitivos e das situações concretas. Não agimos da mesma maneira. Se quisermos saber como um profissional reflete no calor da ação, na ação, sobre seus saberes e sobre seus esquemas de ação ou, ainda, sobre os sistemas de ação coletiva nos quais está envolvido, é preciso observá-lo e interrogá-lo.

Os *fatores motivadores* da reflexão são múltiplos:

- problema a resolver;
- crise a solucionar;
- decisão a tomar;
- ajuste do funcionamento;
- auto-avaliação da ação;
- justificativa frente a um terceiro;
- reorganização das próprias categorias mentais;
- vontade de compreender o que está acontecendo;
- frustração ou raiva a superar;
- prazer a ser salvaguardado a todo custo;
- luta contra a rotina ou contra o tédio;
- busca de sentido;
- desejo de manter-se por meio da análise;
- formação, construção de saberes;
- busca de identidade;
- ajuste das relações com o outro;
- trabalho em equipe;
- prestação de contas.

A reflexão situa-se entre um pólo *pragmático,* onde ela é uma forma de agir, e um pólo *de identidade,* onde é uma fonte de sentido e um modo de ser no mundo.

Os incidentes que provocam essa atitude também são muito diferentes. É difícil dizer *in abstracto* por que refletimos sem nos referirmos a um contexto. Portanto, compreenderemos melhor o mecanismo reflexivo de um profissional se o induzirmos a relatar *episódios reflexivos*. Dessa forma, ele poderá evocar o que *provocou* um determinado episódio. Em oposição a isso, um incidente pode ser apenas "a gota d'água que entornou o copo". Ele sugere uma espécie de limite, levando-nos a dizer, por exemplo, que "não podemos continuar desse jeito".

Entre os incidentes ou acontecimentos que provocam a reflexão, podemos encontrar os seguintes:

- conflito;
- desvio, indisciplina;
- agitação da turma;
- dificuldades de aprendizagem;
- apatia, falta de participação;
- atividade improdutiva;
- atividade que não alcança seu objetivo;
- resistência dos alunos;
- planejamento que não pode ser aplicado;
- resultados de uma prova;
- tempo perdido, desorganização;
- momento de pânico;
- momento de cólera;
- momento de cansaço ou desgosto;
- momento de tristeza ou depressão;
- injustiça inaceitável;
- elementos que surgiram na reunião do conselho de classe;
- chegada de um visitante;
- chegada de um novo aluno;
- boletins a serem preenchidos;
- conselho de orientação a ser dado;
- pedido de ajuda;
- formação desestabilizadora;
- discussão em grupo;
- conversa com alunos;
- conversa com colegas;
- conversa com terceiros;
- entrevista com pais.

Nem todos os professores são sensíveis aos mesmos acontecimentos ou incidentes. Fora de um contexto definido, qualquer um diria que este ou aquele incidente poderia lhe fazer refletir. Na verdade, durante o ano letivo, podem haver filtros pessoais; por exemplo, os momentos de depressão não fariam determinado professor refletir (ele espera que eles passem), enquanto que a perspectiva de preencher os boletins poderia lhe causar uma enorme perplexidade, levando-o a uma reflexão profunda sobre a avaliação.

*Penser la bouche pleine*\* é o título de um belo livro de Schlanger (1983) sobre a epistemologia. Quando e onde refletimos? Os lugares, o tempo e os climas da reflexão também variam. A reflexão está ancorada em uma realidade cotidiana, por vezes prosaica, por vezes burlesca. Nem todos os professores que refletem adotam a pose de "O pensador" de Rodin. Quando refletem no calor da ação, na sala de aula, manifestam estilos bastante diferentes: uns pensam em voz alta ou falam sem dizer nada, o que lhes dá tempo para imaginar algo; outros retiram-se por um instante da interação, atribuindo uma determinada tarefa aos alunos; alguns fecham os olhos, outros escrevem ou desenham, sentam-se ou caminham...

Para refletir *sobre* a ação, sobre os esquemas ou sobre os sistemas de ação, há um campo de possibilidades ainda mais amplo: no lar, o momento de despertar e de dormir; em uma conversa com colegas; no momento de uma leitura; no momento de preparar a aula, de corrigir lições; na hora do chá; na academia de ginástica... No carro ou no ônibus, no supermercado, na praia. Repentinamente ou de forma metódica, em locais apropriados ou em qualquer contexto, sozinho ou acompanhado.

## DA REFLEXÃO OCASIONAL À PRÁTICA REFLEXIVA

Sem dúvida, cada pessoa reflete de modo espontâneo sobre sua prática; porém, se esse questionamento não for metódico nem regular, não vai conduzir necessariamente a tomadas de consciência nem a mudanças. Todo professor principiante reflete para garantir sua sobrevivência (Holborn, Wideen e Andrews, 1992; Woods, 1997); depois, à velocidade de cruzeiro, para navegar um pouco acima da linha de flutuação e, por fim, às vezes, para realizar grandes ambições. Essa reflexão espontânea não o transforma em um profissional reflexivo no sentido utilizado por Schön (1983, 1987, 1991) ou St. Arnaud (1992).

Um "professor reflexivo" não pára de refletir a partir do momento em que consegue sobreviver na sala de aula, no momento em que consegue entender melhor sua tarefa e em que sua angústia diminui. Ele continua progredindo em sua profissão mesmo quando não passa por dificuldades e nem por situações de crise, por prazer ou porque não o pode evitar, pois a reflexão transformou-se em uma forma de identidade e de satisfação

---

\*N. de RT. Significa "Pensar de boca cheia".

profissionais. Ele conquista métodos e ferramentas conceituais baseados em diversos saberes e, se for possível, conquista-os mediante interação com outros profissionais. Essa reflexão constrói novos conhecimentos, os quais, com certeza, são reinvestidos na ação. Um profissional reflexivo não se limita ao que aprendeu no período de formação inicial, nem ao que descobriu em seus primeiros anos de prática. Ele reexamina constantemente seus objetivos, seus procedimentos, suas evidências e seus saberes. Ele ingressa em um ciclo permanente de aperfeiçoamento, já que teoriza sua própria prática, seja consigo mesmo, seja com uma equipe pedagógica. O professor faz perguntas, tenta compreender seus fracassos, projeta-se no futuro; decide proceder de forma diferente quando ocorrer uma situação semelhante ou quando o ano seguinte se iniciar, estabelece objetivos mais claros, explicita suas expectativas e seus procedimentos. A prática reflexiva é um *trabalho* que, para se tornar *regular*, exige uma postura e uma identidade particulares.

Essa postura reflexiva e o *habitus* correspondente a ela não se constroem de forma espontânea. Se desejarmos transformar o ofício de professor em uma profissão plena e integral, a formação – inicial e contínua – deve desenvolver a postura reflexiva e oferecer os saberes e *o savoir-faire* correspondentes.

Em diversos países, há uma evolução neste sentido, mas ainda resta muito a ser feito, talvez porque falte determinação, porque ninguém quer renunciar a alguns aspectos necessários, ou talvez porque não se sabe, na verdade, o que deve ser feito.

Em primeiro lugar, é preciso aceitar algumas perdas: para que os alunos aprendam a se tornar profissionais reflexivos, é preciso renunciar à atitude de sobrecarregar o *currículo* da formação inicial de saberes disciplinares e metodológicos; é preciso reservar tempo e espaço para realizar um procedimento clínico, com resolução de problemas, com a aprendizagem prática da reflexão profissional, em uma articulação entre tempo de intervenção em campo e tempo de análise. Mais que fornecer ao futuro professor todas as respostas possíveis, uma formação orientada para a prática reflexiva multiplica as oportunidades de que os estudantes-estagiários elaborem esquemas gerais de reflexão e ajustes.

Por esse motivo, na formação inicial, na maior parte das vezes, formamos apenas bons iniciantes, cujas competências não deixarão de se ampliar e de se diversificar ao longo dos anos, não só porque houve formações contínuas, mas porque eles possuem *capacidade de auto-regulação e de aprendizagem* a partir de sua própria experiência e do diálogo com outros profissionais. Sendo assim, a formação deve desenvolver as capacidades de auto-socioconstrução do *habitus*, dos *savoir-faire*, das representações e dos saberes profissionais. Trata-se de uma relação com sua prática e consigo mesmo, uma postura de auto-observação, auto-análise, questionamento e experimentação. Esta é uma relação reflexiva a respeito do que fazemos.

Na formação contínua, a situação é um pouco diferente, mas ela poderia se orientar claramente para uma prática reflexiva em vez de limitar-se a ser uma atualização dos saberes disciplinares, didáticos ou tecnológicos.

Em todos os casos, aprende-se a prática reflexiva mediante um treinamento intensivo, o que nos remete não a um pequeno módulo de iniciação à reflexão, mas a formações totalmente dedicadas à análise de práticas e ao procedimento clínico de formação (Imbert, 1992; Cifali, 1991, 1996a; Perrenoud, 1994a; 1998a, d; 2001d).

# 2

# Saber Refletir sobre a Própria Prática: Objetivo Central da Formação dos Professores?

O fato de saber refletir sobre a própria prática não seria a atitude mais compartilhada do mundo? Será que todos os profissionais não refletem sobre o que fazem? Poderíamos impedir que fizessem isso? A reflexão *na* e *sobre* a ação não é própria da espécie humana?

Em uma palavra: por que formar para a reflexão se isso parece ser tão natural quanto é natural respirar? Por que necessitaríamos dessa aprendizagem na formação dos professores se ela já existia? Os estudantes classificados no vestibular ou em outros concursos já não foram iniciados na reflexão desde o ensino médio e não a aplicarão, por ventura, à sua formação e, no futuro, à sua ação profissional?

É verdade que os futuros professores precisam menos de uma formação profissional para aprender a pensar, pois seu itinerário prévio já providenciou isso. No entanto, será que eles possuem as posturas e os hábitos mentais próprios de um profissional reflexivo? Entre a forma comum de refletir e uma prática reflexiva não há a mesma diferença que aquela existente entre a respiração de qualquer ser humano e a de um cantor ou de um atleta?

Estamos falando, nesse caso, em uma postura e em uma prática reflexivas que *sejam a base de uma análise metódica, regular, instrumentalizada, serena e causadora de efeitos*; essa disposição e essa competência, muitas vezes, só podem ser adquiridas por meio de um *treinamento intensivo e deliberado*.

Os trabalhos de Schön estão relacionados a todo tipo de profissões. Eles não dão respostas à questão de saber se o professor é ou deve ser um profissional reflexivo. Surgem, então, duas perguntas específicas: 1. Por que formar os professores para que possam refletir sobre sua prática? 2. Como agir com eficácia nessa busca durante a formação inicial? Vejamos algumas possibilidades de resposta.

## POR QUE FORMAR OS PROFESSORES PARA QUE POSSAM REFLETIR SOBRE SUA PRÁTICA?

Vamos apresentar dez motivos ligados, de forma desigual, às evoluções e às ambições recentes dos sistemas educativos. Em todos os casos, eles traduzem uma visão definida do ofício de professor e da escola. O leitor que não está de acordo com ela não aceitará os motivos apresentados para formar professores que reflitam sobre sua prática. Talvez não aceite nenhum deles.

Entre esses motivos, não há cronologia nem hierarquia. Podemos esperar que uma prática reflexiva:

- compense a superficialidade da formação profissional;
- favoreça a acumulação de saberes de experiência;
- propicie uma evolução rumo à profissionalização;
- prepare para assumir uma responsabilidade política e ética;
- permita enfrentar a crescente complexidade das tarefas;
- ajude a vivenciar um ofício impossível;
- ofereça os meios necessários para trabalhar sobre si mesmo;
- estimule a enfrentar a irredutível alteridade do aprendiz;
- aumente a cooperação entre colegas;
- aumente as capacidades de inovação.

Vejamos cada um desses motivos.

### Compensar a superficialidade da formação profissional

Em geral, nos países desenvolvidos, os professores dominam muito bem os aspectos do conteúdo a serem ensinados. Podemos imaginar que um maior conhecimento da cultura e facilidade de acesso à teoria ampliariam sua imaginação didática e sua capacidade de improvisação, observação, planejamento e trabalho a partir dos erros ou dos obstáculos encontrados pelos alunos. Nunca é inútil saber mais, não para ensinar tudo o que se sabe, mas para se "ter uma margem", dominar a matéria, relativizar os saberes e ter a suficiente segurança para realizar pesquisas com os alunos ou para debater o significado dos saberes.

Sem pretender afirmar que a formação acadêmica dos professores é ideal, temos de reconhecer que ela é inferior à sua formação didático-pedagógica. O desequilíbrio é grande no ensino médio e maior ainda no superior, já que uma parte dos professores ocupa sua função sem ter nenhuma formação didática.

Como é que eles sobrevivem? Os espíritos menos caridosos responderiam que eles reprovam todos os estudantes incapazes de compreender que um curso é ruim. Para os mais otimistas, "o que foi bem concebido é enunciado claramente, e é fácil expressá-lo com palavras": ao ter domínio de conteúdo, os professores seriam *ipso facto* capazes de expô-lo de forma cristalina a estudantes corretamente selecionados, com suficiente nível intelectual para fazer anotações, ler textos e estudar a palavra do mestre com tranqüilidade. Além disso, podemos considerar que os professores universitários, assim como os outros, aprendem com a experiência, melhoram com o passar dos anos e terminam construindo uma forma de *savoir-faire* didática. Chegam a isso apesar de sua ignorância e, às vezes, de seu desprezo pelas ciências da educação, pois sua formação intelectual apurada prepara-os para observar e analisar com frieza o que acontece e para ajustar sua ação em função disso.

Podemos levantar a mesma hipótese no caso dos estudantes que se formam nos Instituts Universitaires de Formation des Maîtres (IUFM), criados na França em 1989. Esses novos professores são formados durante, no mínimo, cinco anos de estudo, mas passam por apenas um ano de formação estritamente profissional, que é o último ano; todo o estudo precedente (formação disciplinar e preparação do concurso) é orientado de forma marginal ao ensino e à aprendizagem, principalmente no que se refere ao domínio dos conteúdos a serem ensinados. No entanto, eles conseguem fazer um trabalho razoável em sua classe, como indicam as primeiras pesquisas. Por quê? Sem dúvida, porque seu nível de formação torna-os capazes de aprender com a experiência, analisando o que fazem e ajustando então sua ação profissional.

Poderíamos chegar à conclusão de que, para saber refletir sobre a prática, basta dominar instrumentos gerais de análise objetiva e contar com um treinamento sobre pensamento abstrato, debate, controle da subjetividade, enunciado de hipóteses e observação metódica. Por isso, uma formação em pesquisa pode, em certa medida, preparar para uma prática reflexiva, ou pode ocorrer o processo inverso (Perrenoud, 1994a).

Em contrapartida, para os professores do ensino médio, e ainda mais para os professores do ensino fundamental, esse nível de formação não é a regra; em muitas partes do mundo, não se pode contar com longos períodos de estudos para desenvolver os meios de uma prática reflexiva espontânea. Por outro lado, não existe muita certeza de que a inteligência, o rigor e o bom senso sejam suficientes para sustentar uma reflexão que aumente a eficácia do ensino. Poderíamos lançar a hipótese um pouco cínica de que muitos professores fazem com que sua prática evolua a partir de um ponto de vista muito egocêntrico, até eles encontrarem o ponto ideal ou, pelo menos, o mínimo de equilíbrio e de funcionamento econômico. Depois disso, colocam o piloto automático... Da mesma forma que alguém que sente frio reflete sobre isso até seu problema ser resolvido; depois não pensa mais nisso...

Isso ressalta a importância, em uma formação sobre prática reflexiva, de uma abordagem sistêmica, da consideração das necessidades dos *alunos* e de uma preocupação por *democratizar* o acesso aos saberes. Uma prática reflexiva que oriente o professor a identificar os alunos "menos dotados" para que ele os ignore e os alunos menos cooperativos para que ele os neutralize com eficiência não melhora a qualidade do ensino, mas apenas contribui para a comodidade do profissional... Uma prática reflexiva não é apenas uma competência a serviço dos interesses do professor, é uma expressão da *consciência profissional*. Os professores que só refletem por necessidade e que abandonam o processo de questionamento quando se sentem seguros não são profissionais reflexivos.

Não seria um paradoxo exigir que uma formação profissional que já é considerada demasiado curta também se ocupasse de preparar os futuros profissionais para refletir sobre sua prática? Não seria melhor colocar no currículo todas as competências profissionais, em vez de tentar cobrir as lacunas mediante uma prática reflexiva?

Sem criticar nesse momento as formações profissionais mais superficiais – ao contrário, exortando para que aumente o espaço dos saberes e das competências *para* ensinar –, seria absurdo esperar que uma formação inicial, por mais completa que fosse, pudesse antecipar todas as situações que um professor encontraria em algum momento do exercício de sua profissão e oferecer-lhe todos os conhecimentos e as competências que, algum dia, poderiam ser úteis a ele. Em diversos estágios, todos os professores são autodidatas, condenados, em parte, a aprender seu ofício na prática cotidiana.

Uma postura e uma prática reflexivas fazem com que essa aprendizagem seja experienciada de forma positiva, ativamente organizada, abnegando da simples sobrevivência. Portanto, aplica-se à formação inicial esse ditado chinês: "É melhor ensinar a pescar que dar o peixe".

## Propiciar a acumulação de saberes provenientes da experiência

Nem toda experiência gera automaticamente aprendizagens. Uma rotina eficaz tem justamente como virtude dispensar todo questionamento. O ser humano aspira ao encontro dessas rotinas, à ação sem desespero. Nesse caso, sua experiência só é fonte de auto-informação no sentido restrito de reforço daquilo que está funcionando bem.

Mesmo quando sua experiência ainda não é um longo rio sereno ou quando surgem corredeiras inesperadas, a reflexão provocada por elas não desemboca necessariamente em saberes capazes de serem reaproveitados em outras situações. Uma parte da reflexão sobre a ação produz um ajuste pragmático. O professor aprende, por exemplo, a dar orientações mais precisas para evitar mal-entendidos, para controlar as conversas paralelas à aula, para prevenir a agitação, para formular as provas de uma maneira que facilite as correções, para não iniciar uma atividade quando não há tempo suficiente para terminá-la antes do fim do período letivo, etc. Essas aprendizagens se traduzem em novas condutas, as quais, sem dúvida, são acompanhadas, ao menos na sua origem, de um raciocínio quase explícito. No entanto, depois que o problema tiver sido resolvido, o professor pode ligar de novo o piloto automático.

Existe acúmulo de saberes, ou seja, conhecimentos minimamente ordenados, os quais podem ser generalizados quando ocorrem situações similares? Será que o ajuste produz uma "teoria", um princípio explicativo, uma heurística, capazes de serem aproveitados? Ou será que ele se limita a uma simples adaptação *da* prática, a qual dá resultados mais satisfatórios sem que, na verdade, se saiba o porquê? Quando os estudantes-estagiários interrogam os formadores de campo, muitas vezes recebem respostas constrangidas e imprecisas quando querem saber *por que* o profissional experiente faz o que faz. Sem dúvida, todo gesto profissional teve uma justificativa em sua origem, mas, com freqüência, ela se perde na noite dos tempos. Na maior parte dos casos, a memória dos profissionais é deficiente.

O desenvolvimento de uma prática reflexiva é aprender a obter diversos benefícios da reflexão:

– um ajuste dos esquemas de ação que permita uma intervenção mais rápida, mais direcionada ou mais segura;
– um reforço da imagem de si mesmo como profissional reflexivo em processo de evolução;
– um saber capitalizado, que permite compreender e dominar outros problemas profissionais.

Quais são os ingredientes necessários para ir além do benefício imediato? Sem dúvida, curiosidade e vontade de saber mais, ingredientes que distinguem aqueles que fecham um livro depois de terem encontrar a informação desejada daqueles que adoram a brincadeira e continuam a ler...

A preguiça intelectual inibe a prática reflexiva. Esta última representa um *trabalho* do espírito, tanto na essência da ação como no momento posterior a ela. Ainda que esse trabalho seja livremente escolhido e vivenciado de modo construtivo, ele exige energia e obstinação. Os professores que querem delegar suas preocupações profissionais para a escola e que não gostam de desesperar-se não se tornam profissionais reflexivos, e o mesmo acontece com aqueles profissionais sobrecarregados por preocupações referentes a dinheiro ou à saúde, a tarefas familiares ou à vida social.

Entretanto, trabalho e disponibilidade não bastam. Dois outros ingredientes também parecem ser necessários:

– uma forma de método, de memória organizada, de perseverança;
– contextos conceituais que sirvam de estruturas de acolhimento.

O método pode ser constituído de rituais, de formas de escrita, de conversas regulares com colegas, com amigos ou com o gato... Evidentemente, sempre é favorável interagir com outros profissionais do ensino ou com "amadores esclarecidos".

Não é possível avançar muito se refletirmos ou debatermos sem recorrermos a certos saberes. A experiência singular só produz aprendizagem se ela estiver estruturada em *conceitos*, se estiver vinculada a saberes que a tornam inteligível e inserem-se em alguma forma de regularidade. Sabemos que o conhecimento desenvolve-se em rede, que construímos *campos conceituais* (Vergnaud, 1990, 1994, 1996) mais que conceitos isolados, que a aprendizagem é um valor agregado que depende do capital já investido. Por isso, os principiantes logo se entediam quando fazem estágio em uma sala de aula: como não têm estruturas conceituais diferenciadas, têm a impressão de ver "sempre a mesma coisa": o professor, os alunos e as tarefas.

Por outro lado, um profissional reflexivo nunca deixa de se *surpreender*, de tecer vínculos, porque o que ele observa alude aos seus marcos conceituais, que podem provir de uma longa prática reflexiva pessoal e de saberes *privados*, que ela permitiu ser construída ao longo dos anos. Em geral, a reflexão é mais fecunda se também for cultivada com leituras, formações e saberes acadêmicos ou profissionais construídos por outros, seja pesquisadores seja profissionais. Esperamos que os saberes desencadeados pela experiência sejam fecundados por uma grande cultura na área das ciências da educação. Algumas noções de gestão mental sobre professores eficazes, análise transacional ou programação neurolingüística (PNL) podem funcionar como marcos conceituais e pontos de ancoragem da experiência, apesar do rigoroso julgamento de um certo número de pesquisadores sobre a validade das referidas teorias.

O capital de saberes acumulados tem uma dupla função: ele guia e espreita o olhar durante a interação; em seguida, ajuda a ordenar as observações, a relacioná-las a outros elementos do saber, a "teorizar a experiência". Ele realizará melhor essa dupla função se a formação tiver treinado o estudante sobre a relação entre saberes teóricos gerais e situações singulares.

Em caso contrário, o professor em formação pode se apropriar dos saberes didáticos e pedagógicos necessários para ser aprovado nos exames; porém, será incapaz de mobilizá-los em uma sala de aula e, portanto, de enriquecê-los por meio da experiência. Essa forma branda de esquizofrenia não é imaginária: alguns professores construíram certos saberes durante seus estudos e outros o fizeram pela prática, mas essas duas esferas não se comunicam, já que a articulação entre os saberes acadêmicos e aqueles provenientes da experiência cotidiana nunca foi valorizada nem *exercitada*.

Nessa etapa, já podemos entrever como seria absurdo transformar a aprendizagem de uma prática reflexiva em uma formação "metodológica" dissociada das formações didáticas, transversais e tecnológicas. Aprendemos a refletir sobre os aspectos importantes da prática, e não com situações ou exemplos insignificantes.

### Tornar possível uma evolução para a profissionalização

A profissionalização do ofício de professor pode parecer um *slogan* inócuo se os professores recusarem a autonomia e as responsabilidades ligadas a ela. Por que fariam isso? Muitas vezes, trata-se de uma escolha: alguns professores não aspiram ao exercício de uma profissão, porque lhes convêm respeitar o programa, a grade de horários e os procedimentos prescritos. Outras vezes, eles não têm a identidade nem a relação com a existência que lhes permitiria considerar a si mesmos atores responsáveis e autônomos, tanto no trabalho quanto em sua vida privada ou social.

Podemos levantar a hipótese de que, para a maioria, essa recusa não exprime uma escolha ideológica nem um mal-estar existencial. Ela provém de um cálculo racional: todos pressentem que, a fim de obter uma grande autonomia profissional sem assumir enormes riscos, é preciso ter muita autoconfiança, baseada em competências precisas, em amplos saberes, em capacidades de discernimento, de antecipação, de análise e de inovação. Sendo assim, nem todos têm essa confiança.

A formação na prática reflexiva não é o único trunfo, mas é uma *condição necessária*. Para assumir sua autonomia e reivindicá-la *a fortiori*, é preciso poder dizer: "Em algum momento terei de tomar decisões difíceis e não poderei me esconder atrás das autoridades ou dos especialistas. Mas sei que vou conseguir, ainda que nem imagine atualmente o que vou fazer, pois acho que domino os meios de analisar a situação e de escolher o caminho correto". Nenhum profissional está protegido da dúvida, do fantasma do erro fatal; ele sabe que não é infalível; contudo, sua confiança em seu discernimento é suficiente para enfrentar o risco com mais satisfação do que com medo.

Nenhum médico, pesquisador, engenheiro, jornalista, advogado chega a essa relativa tranqüilidade graças a um pensamento positivo ou a uma elevada auto-estima. Com certeza, todos eles foram formados e treinados em uma prática reflexiva, sob condições de incerteza e estresse; às vezes, em total solidão ou em confronto com seus pares e com o conflito sociocognitivo.

A profissionalização está presente na mente dos profissionais e na mensagem que eles enviam aos outros atores. Um professor que se distancia da ortodoxia pode conservar a total confiança de seus alunos, dos pais, dos colegas e dos seus superiores se todos considerarem que ele "sabe o que faz" e que conta com os recursos de sua autonomia.

Quem ousaria se queixar do fato de que os profissionais reflexivos são fruto de felizes trajetórias pessoais? Se quisermos oferecer os mesmos recursos à maioria, não podemos confiar apenas no acaso; é importante formar profissionais deliberadamente em uma prática reflexiva e reforçar a identidade correspondente.

## Preparar para assumir uma responsabilidade política e ética

Atualmente, as finalidades da escola são muito confusas e as condições de exercício da profissão são tão heterogêneas que não é mais possível reclamar dos textos para ficar com a consciência tranqüila. Com o pretexto de que isso está no programa, devemos nos obstinar em ensinar gramática a crianças que não sabem ler? Devemos ficar horas e horas apresentando autores e obras literárias a adolescentes em busca de um genuíno diálogo com os adultos? Devemos ensinar rudimentos de genética a jovens que não compreendem como a Aids é transmitida? Podemos explicar a revolução de 1910 a alunos que não sabem onde fica a China ou que têm uma idéia muito vaga das grandes etapas da história humana?

Os professores têm de enfrentar um número crescente de dilemas, produto da defasagem entre os programas e o nível, os interesses e os projetos dos alunos; esses dilemas também estão relacionados à sobrecarga de conteúdos dos programas e à ilusão que sugere que seria possível dispor das horas previstas nos textos para ensinar, enquanto uma parcela do tempo de aula é utilizada para gerenciar transições, para prevenir ou combater a desordem; em suma, para (re)criar as condições do trabalho pedagógico. A heterogeneidade das classes obriga a optar, de forma quase lúcida, por trabalhar mais com *alguns alunos*, sacrificando uns em detrimento de outros.

Muitas vezes, os professores têm de enfrentar sozinhos esses dilemas, porque os textos são imprecisos, contraditórios ou inócuos, tendo em vista que seus superiores os aconselham a "fazer da melhor forma possível" ou que seus colegas vivem situações diferentes. O que deveria ser resolvido pelo sistema educacional, na verdade, é devolvido aos estabelecimentos escolares e aos professores, não por uma vontade positiva de aumentar sua autonomia, mas por impotência da classe política e dos poderes organizadores de desenvolver uma política e uma ética coerentes e duradouras.

O profissional pode se voltar a seus próprios valores se eles forem capazes de guiá-lo sem hesitação e de fazê-lo investir na luta contra o fracasso e contra o elitismo, na educação para a cidadania ou na instrução propriamente dita, na negociação ou na sanção. Alguns profissionais têm o azar e a sorte de *duvidar*. Eles não têm certeza de saber que linha de conduta devem adotar. Nesse caso, eles precisam dispor dos recursos intelectuais capazes de reconstruir *certezas provisórias*. Isso poderá ser alcançado com maior facilidade se trabalharem em equipe, mas não os dispensará de refletir, de pesar os prós e os contras, de pensar nas contradições e de buscar um ponto de equilíbrio desconfortável, que representa um frágil compromisso entre valores e finalidades contrapostos.

Ao contrário do que podemos imaginar, uma prática reflexiva não se limita à ação; ela também tem vínculos com suas finalidades e com seus valores subjacentes. Refletimos sobre o *como*, mas também sobre o *porquê*. Por outro lado, mesmo a questão relacionada ao "como" suscita algumas questões éticas: é justo motivar os alunos oferecendo-lhes guloseimas? É oportuno comunicar aos pais que o filho fuma haxixe? É justo separar dois amigos com o pretexto de que conversam muito? É correto ameaçar com uma punição coletiva um grupo solidário a um grupo baderneiro? O desejo de educar e de instruir não justifica todos os métodos; porém, onde estão os limites precisos? A ação pedagógica é uma violência: ela muda o outro, invade sua intimidade, tenta seduzi-lo ou pressioná-lo. Todos os educadores utilizam a fórmula mágica estigmatizada por Alice Miller (1984): "É pelo seu bem". Será que ela justifica plenos poderes?

Não enfrentamos esses dilemas nem com um catecismo nem com um código de ética. Se fosse suficiente aplicar um princípio, não haveria dilema. A formação e os textos não podem dar uma resposta nem sequer um conselho. Ela pode ajudar cada um a construir seu julgamento devido a um treinamento que explicite, de forma simultânea, a situação, as alternativas e os desafios. A postura e as competências reflexivas não garantem nada; contudo, ajudam a analisar os dilemas, a construir escolhas e a assumi-las.

### Poder enfrentar a crescente complexidade das tarefas

O ensino não é mais como era antes:

- os programas renovam-se cada vez mais rapidamente;
- as reformas sucedem-se sem interrupção;
- as tecnologias tornam-se incontornáveis;
- os alunos estão cada vez menos dóceis;
- os pais transformam-se em consumidores de escola muito atentos e exigentes, ou se desinteressam de tudo aquilo que acontece na sala de aula;
- as estruturas tornam-se cada vez mais complexas (ciclos, módulos, percursos diversificados);
- a avaliação deve se tornar mais formativa e a pedagogia mais diferenciada;
- o trabalho em grupo já é um valor assumido pela instituição que, além disso, deseja e mesmo exige que os estabelecimentos escolares anunciem e realizem projetos.

Onde estão a tranqüilidade e a solidão de outrora? Podemos ironizar o mito da idade de ouro. Matizar certas constatações precipitadas. Perceber que subsistem algumas zonas preservadas, enquanto outras já eram consideradas "de alto risco" há 30 anos. De modo geral, as condições de exercício do ofício de professor tornaram-se muito mais complexas e, às vezes, se degradaram ao mesmo tempo em que aumentaram as ambições dos sistemas educativos. No início do século XX, a França escolarizava 4% de uma classe do ensino médio. Um século depois, ela leva cerca de três quartos dos jovens à universidade!

A explosão demográfica, os movimentos migratórios, a democratização dos estudos, a urbanização, a terceirização e as reestruturações da economia fazem os professores entrar em contato com novos públicos. Ao mesmo tempo, torna-se cada vez menos cômodo resolver os problemas livrando-se dos alunos que os provocam, pois as condições de emprego tendem a ampliar a escolaridade básica e a dissuadir os jovens de ingressar no mercado de trabalho, parecendo cada vez mais indefensável sua relegação.

Ainda nesse ponto não basta refletir para que as dificuldades concretas da profissão se dissipem. No entanto, a reflexão permite transformar o mal-estar, as revoltas e os desânimos em *problemas*, os quais podem ser apresentados e talvez resolvidos com método. Demonizar a violência como uma fatalidade, com medo e impotência, não é o mesmo que vivenciá-la como um fenômeno que pode ser explicado e controlado por meio de uma ação coletiva (Pain, 1992; Pain, Grandin-Degois e Le Goff, 1998).

Uma prática reflexiva autoriza uma relação mais *ativa* que *queixosa* com a complexidade. Os estabelecimentos onde ela é referência de um modo de existência profissional se mobilizam e impõem medidas que, mesmo não alterando a aparência das coisas, dão uma sensação de coerência e de controle sobre os acontecimentos. Chegamos àquilo que os anglo-saxões denominam *empowerment*, um termo de difícil tradução, o qual designa uma relação ativa e autônoma com o mundo, contrapondo-se à dependência e à resignação (Hargreaves e Hopkins, 1991; Gather Thurler, 2000).

A prática reflexiva não é suficiente, mas é uma condição *necessária* para enfrentar a complexidade. Se ela não existir, a experiência decepcionante de um ativismo ineficaz resultará, outra vez, na inércia. Nesse sentido, podemos perceber que:

– uma prática reflexiva limitada ao bom senso e à experiência pessoal não oportuniza resultados satisfatórios;
– o profissional precisa de *saberes* que ele não pode reinventar sozinho;
– a reflexão aumentará seu poder desde que esteja assentada em uma ampla cultura no âmbito das ciências humanas.

### Ajudar a viver um ofício impossível

Junto à política e à terapia, o ensino era, para Freud, um dos três ofícios *impossíveis*. Sem dúvida, poderíamos acrescentar o serviço social, a educação especial e alguns outros ofícios humanistas que visam, assim como Dom Quixote, a objetivos fora do alcance da ação ordinária (Boumard, 1992; Cifali, 1986; Imbert, 2000).

Nesses ofícios, o fracasso é uma possibilidade que nunca pode ser excluída de antemão. Talvez até seja a mais provável. Entretanto, ela nunca é certa. A competência e a consciência profissionais consistem em tentar tudo o que for possível para conjurar o fracasso. Portanto, não podemos nos precipitar e "vestir luto" pelo sucesso buscando proteção definitiva das decepções. Necessariamente, passamos de esperanças para desilusões. Como evitar os efeitos devastadores dessa perversa oscilação? Existem diversos caminhos e entre eles estão o cinismo ou a fé ilimitada no ser humano. Em meio a esses extremos, os profissionais devem esperar o tempo que for necessário para agir com determinação e, ao mesmo tempo, esperar o pior, para não desmoronar em caso de desilusão. Portanto, uma prática reflexiva é duplamente útil:

– por um lado, ela permite observar com lucidez nossa própria atuação e tomar distância com relação a seus fantasmas de onipotência ou de fracasso; se fosse pedagogo, Frankestein seria menos perigoso caso se tornasse um profissional reflexivo (Meirieu, 1996);
– por outro, ela ajuda a considerar as particularidades de cada caso, a encontrar um caminho entre o gozo masoquista da autoflagelação e a tentação do fatalismo.

Para exercer com serenidade uma profissão humanista, é preciso saber perfeitamente o que depende da ação profissional e o que não está ao alcance dela. Não é possível carregar todo o peso do mundo, assumir todas as culpas e sentir-se constantemente culpado; mas, ao mesmo tempo, não podemos fechar os olhos, perceber o que poderíamos ter feito se tivéssemos compreendido melhor o que estava acontecendo, se tivéssemos sido mais ágeis, perspicazes ou convincentes. Aprendemos com a experiência, estreitando cada vez mais a margem em que a competência profissional *faz diferença*. Para ver tudo isso com maior clareza, às vezes temos de reconhecer que teríamos podido fazer algo melhor, compreendendo ao menos por que não conseguimos. A análise não suspende o julgamento moral, não vacina contra toda culpa; porém, incita o profissional a aceitar que não é uma máquina infalível, a assumir suas preferências, hesitações, lacunas, falhas de memória, preconceitos, desgostos e atrações, entre outras fraquezas inerentes à condição humana.

### Oferecer os meios de trabalhar sobre si mesmo

Em uma profissão humanista, é primordial que a parte interessada não faça *parte do problema*. Isso não significa que ela seja sua principal fonte, ainda que isso possa acontecer. Ela, no mínimo, participa do *sistema de ação* cuja disfunção gera o problema. É raro que um professor seja desrespeitado sem motivo. Em geral, isso não ocorre porque este é seu desejo secreto, mas porque alimenta as tendências dos alunos, por exemplo, mediante uma alternância incompreensível entre sedução amistosa e repressão feroz. Raras vezes, um problema irrompe e é instigado no mesmo instante. Na maior parte das vezes, há sinais precursores, um processo evolutivo que, quando ultrapassa um certo limite, de repente, é percebido como insuportável. Portanto, há uma *gênese*, cuja resultante é o estado presente do problema. Mesmo que haja um "bode expiatório", um ator que represente o problema, mesmo que ele constitua o ponto de partida da história, a abordagem sistêmica ensina-nos que raramente ele está sozinho, que suas maneiras iniciais de ser e agir suscitaram reações, as quais, por sua vez, modificaram e até mesmo agravaram sua conduta.

O professor não vê esse ponto de vista com bons olhos, pois ele o transforma em uma das fontes do problema e, ao mesmo tempo, no agente privilegiado da solução. Para aceitar *fazer parte do problema*, ele deve ser capaz de reconhecer em si mesmo atitudes e práticas das quais não é consciente e que, inclusive, se esforça para ignorar. Não é agradável admitir que não controlamos todos os nossos atos e todas as nossas atitudes, e é ainda mais desagradável perceber que o que ignoramos nem sempre é aceitável...

Uma reflexão sobre a prática pode permanecer em um âmbito puramente técnico, conduzindo o professor a "retificar um erro"; o mesmo acontece com um engenheiro quando ele percebe que estava omitindo um determinado parâmetro ou não estava utilizando o método mais adequado de cálculo. Mesmo nesse caso, há um desafio relacional e narcisista: o mundo do trabalho está repleto de pessoas que não querem, por amor próprio e por medo de perder o respeito dos outros, admitir que seu desempenho é ruim. O professor age ante um público que nem sempre é compreensivo – seus alunos – e, por meio de suas representações, ante seus pais e ante outros professores da escola. Até mesmo um erro técnico sempre corre o risco de ser interpretado como falha, falta de humanidade, leviandade...

Na maior parte das vezes, a reflexão não evidencia um erro estritamente técnico, mas uma postura inadequada, um preconceito sem fundamento, uma indiferença ou uma imprudência culpáveis, uma excessiva impaciência, uma angústia paralisante, um pessimismo ou um otimismo exagerados, um abuso de poder, uma indiscrição injustificada, uma falta de tolerância ou de eqüidade, uma falta de antecipação ou de perspicácia, um excesso ou uma falta de confiança, um acesso de preguiça ou de desenvoltura; em suma, *atitudes e práticas* relacionadas aos alunos, ao conhecimento, ao trabalho, ao sistema, bem como à competência propriamente didática ou administrativa do professor.

Em outras profissões humanistas, a reflexão sobre essas questões pode ser realizada por meio de um diálogo com um *supervisor*, o qual ajuda o profissional a permanecer lúcido sem se desvalorizar. Poucos professores têm essa possibilidade, já que estão condenados a trabalhar sobre si mesmos na solidão total ou, se tiverem sorte, em uma relação de confiança com alguns colegas. Dessa forma, a formação prepara as pessoas, de certa maneira, para se tornarem "seu próprio supervisor", seu próprio interlocutor, ao mesmo tempo, benevolente e exigente.

### Estímular para enfrentar a irredutível alteridade do aprendiz

Conforme sua profissão, o professor tem de enfrentar todos os dias a alteridade dos alunos e de seus pais. Alguns se parecem com ele, provêm do mesmo ambiente social, compartilham alguns de seus gostos e valores e, por esse motivo, parecem-lhe um pouco menos estranhos; outros, porém, falam uma língua que ele não compreende, vêm de um país para onde ele nunca foi ou são oriundos de uma cultura cujos valores ele não compartilha e da qual não domina os códigos, relacionados, por exemplo, à higiene, à ordem, ao trabalho, às artimanhas, à partilha, à pontualidade e ao ruído. A essas distâncias culturais (Perrenoud, 1996b, 1996i, 1997b) deve-se acrescentar a alteridade que existe mesmo entre pessoas que pertencem à mesma geração, ao mesmo sexo ou à mesma família, em decorrência da diversidade das personalidades e das histórias de vida.

Como mostram os psicanalistas (Cifali, 1994; Imbert, 1994, 1996), o fato de nos assumirmos como somos sempre é determinado e corroído pela história de nosso relacionamento com os outros desde a primeira infância. Medos, amores e ódios, vontade de dominação e todos os tipos de sentimentos ocultos, por vezes violentos e perturbadores, sempre podem ser reativados em uma relação atual, por mais profissional que seja. Muitas vezes, a raiva que uma tênue extravagância ou uma inocente brincadeira talvez suscitem só pode ser explicada se ela for relacionada a acontecimentos passados, sem qualquer vínculo com a escola.

Quando refletimos sobre nossa prática também trazemos à reflexão a nossa história, nossos *habitus*, nossa família, nossa cultura, nossos gostos e nossas aversões, nossa relação com os outros, nossas angústias e nossas obsessões. Visando preparar-se para isso, não basta ler Freud ou Bourdieu em uma edição de bolso, ainda que isso não seja inútil. A formação deve acrescentar ao *olhar sobre si mesmo* um pouco de sociologia e de psicanálise, dando-lhe, sobretudo, um *status profissional*, claro e positivo. Nem narcisismo, nem autodesvalorização: deve-se buscar a compreensão de onde vêm nossas relações com os outros.

### Possibilitar a cooperação com colegas

A cooperação profissional sempre está na ordem do dia. Seus motivos são muito razoáveis, inclusive o da rejeição da solidão do profissional. No entanto, seus mecanismos são menos transparentes: na cooperação, há transparência e segredo, partilha e concorrência, desinteresse e cálculo, poder e dependência, confiança e medo, euforia e raiva. Mesmo entre dois técnicos que estão consertando um sistema de aquecimento, entre dois programadores que concebem juntos um determinado *software*, entre dois mecânicos que desmontam um motor, há negociação e espaço para divergências que nem sempre são racionais. Quando convivemos com alunos e com intervenções em grupos, não é de se surpreender que nem sempre a cooperação seja serena e neutra, que nunca seja a simples conjugação eficaz de competências e de forças.

Além disso, negociamos com alunos, com colegas, com os pais, com a administração, com as autoridades locais, ou seja, com atores cujos objetivos nem sempre vêm ao encontro dos nossos. Cada um deles defende ponto de vista e interesses diferentes e até mesmo opostos. Nesse caso, a cooperação pode ser abertamente conflituosa.

Isso, às vezes, ocorre até mesmo em uma equipe sólida. No trabalho em equipe, sobretudo em uma profissão humanista, temos de "expor nossa parcela de loucura" (Perrenoud, 1994f, 1996c). Temos de nos confrontar com o outro sobre grandes questões filosóficas – temos o direito de punir? – e sobre pequenos detalhes – devemos pendurar as mochilas? –; em geral, o desacordo sobre as questões filosóficas é menos grave que as pequenas divergências...

Nenhum envolvimento de pessoas em um grupo é simples; qualquer grupo, mesmo unido, é ameaçado por divisões, conflitos, abusos de poder, desequilíbrios entre as retribuições e contribuições de seus membros. Essas divergências provocam sensações de injustiça, exclusão, revolta e humilhação. Até mesmo as equipes mais experientes sofrem dessas atribulações; no entanto, em geral, sabem prevê-las e contê-las, evitando que elas resultem em crises. Para garantir esse tipo de funcionamento, é preciso, acima de tudo, *conversar*, de tal forma que não agrave as tensões, os não-ditos ou as mágoas, mas que permita que eles sejam *explicados*.

Os únicos que podem adotar essa forma de metacomunicação são os professores que se dedicam a alguma forma de prática reflexiva e metacognição. Eles compartilham impressões e análises com os colegas, o que não é fácil, mas inicia a discussão. O silêncio, a negação de fazer parte do problema, a busca do "bode expiatório", o psicodrama ou a crise nervosa exprimem emoções, mas também demonstram falta de distanciamento e análise do que está sendo discutido. A capacidade de reflexão de cada um é um ingrediente da análise coletiva do andamento do grupo e um dos principais trunfos no ajuste das relações profissionais em equipe (Gather Thurler, 1994, 1996).

## O aumento das capacidades de inovação

Em última instância, inovar é transformar a própria prática, o que não pode acontecer sem uma análise do que é feito e das razões para manter ou mudar. A *fonte* da inovação endógena é a prática reflexiva, que é a mobilizadora de uma tomada de consciência e da elaboração de projetos alternativos. Quanto às inovações propostas por outras pessoas fora do grupo (colegas, direção do estabelecimento, formadores ou ministério), elas só podem ser acolhidas e assimiladas se forem *congruentes* com as práticas em vigência. Para saber se quer adotar uma abordagem comunicativa do ensino de línguas, um professor reflexivo examina o espaço da comunicação em sua prática atual. Ele procede da mesma maneira se é aconselhado a dialogar mais com os pais, a introduzir uma avaliação formativa ou a instaurar um conselho de classe. Entre "já estou fazendo isso, não é nada de novo para mim" e "não tem identidade com meus valores, hábitos e com o que sei fazer", há espaço para muitas outras apreciações.

Reencontramos as posturas e as competências reflexivas na convivência coletiva diante da inovação (Gather Thurler, 1992, 1993, 1998, 2000). A análise das inovações propostas é uma forma de julgá-las e de verificar quais são os pontos de acordo e desacordo com os colegas. Em todos os estabelecimentos escolares, em todas as equipes inovadoras, encontramos uma grande concentração de professores cuja prática reflexiva transformou-se em uma forte identidade.

Por outro lado, constatamos que tais inovadores continuam sendo uma minoria, além de insuficientes para mudar o sistema. A ampliação das bases da mudança é uma razão suplementar para desenvolver a postura e as competências reflexivas no âmbito da formação inicial e contínua.

## Em uma palavra: é preciso saber construir sentido

Esses dez motivos para formar os professores e para motivá-los a refletir sobre sua prática poderiam ser resumidos em uma idéia principal: a *construção do sentido*, seja do trabalho e da escola (Develay, 1996), seja da própria vida, pois dificilmente eles podem ser separados em uma profissão humanista e, em geral, em uma sociedade na qual o trabalho é fonte crucial de identidade e de satisfação, mas também de sofrimento (Dejours, 1993). Talvez haja sentido na imobilidade, na falta de decisão e na mais absoluta rotina. Em outras palavras, uma vida tranqüila e metódica pode *anestesiar a busca de sentido*, levando as pessoas a *nunca* se perguntarem o porquê, com que direito e em virtude de que sonhos escolhem determinados caminhos.

O ofício de professor e a escola enfrentam demasiadas mudanças e crises para que essa tranqüilidade ainda possa ser defendida. Devido ao avanço no ciclo de vida profissional, à expectativa de alcançar alguns objetivos, à perda de certas ilusões, à usura mental e ao tédio dos profissionais, às tomadas de consciência, às reformas de todo tipo, à heterogeneidade do público escolar, à degradação das condições de trabalho ou de recursos, a questão do sentido do ensino e da escola torna-se ainda mais importante. Ela não pode obter uma resposta satisfatória definitiva. Mesmo no curto período de um ano letivo, ocorrem microacontecimentos, fases de depressão, momentos de euforia, conflitos, chegadas e partidas, decisões difíceis ou satisfações que fazem o moral e o clima flutuarem, fatores que incitam à reconsideração do significado da profissão.

A formação em uma prática reflexiva não responde, como tal, à questão do sentido. No entanto, ela permite suscitar o problema, oferece algumas ferramentas e estimula uma forma de sensatez, a qual consiste em abandonar as certezas, os problemas definitivamente resolvidos e os pareceres egocêntricos. O profissional reflexivo vive na *complexidade* "como um peixe dentro d'água", ou, pelo menos, sem revolta e sem a nostalgia incurável do tempo em que tudo representava segurança.

## TREINAMENTO INTENSIVO PARA A ANÁLISE

A prática reflexiva, como seu nome indica, é uma *prática* cujo domínio é conquistado *mediante a prática*. É claro que é importante nomeá-la, suscitar uma adesão a essa figura *particular* do profissional. Contudo, o passo decisivo só é dado quando a reflexão transforma-se em um componente duradouro do *habitus* – essa "segunda natureza" responsável pelo fato de que, a partir de certo limite, torna-se impossível não fazer mais perguntas, exceto depois de uma cura de desintoxicação!

Na formação inicial, como é possível transformar um estudante em um profissional reflexivo? Estamos distantes do objetivo de poder responder essa pergunta, apesar de diversas tentativas (Tabaschnick e Zeichner,

1990; Holborn, 1992; Valli, 1992). Naturalmente, é preciso contar com a adesão dos interessados; para tanto, deve-se ter um programa orientado com clareza para a prática reflexiva e um contrato de formação explícito. Se os estudantes esperam respostas categóricas, receitas e rotinas, o empreendimento não poderá ser bem-sucedido.

Entretanto, não basta dirigir-se apenas a estudantes que sentem uma simpatia inicial por essa figura do professor, porque, a princípio, nesse aspecto, há muitas ambivalências; em segundo lugar, porque é difícil representar a dimensão reflexiva de uma prática antes mesmo de haver começado a formação profissional. Por fim, isso ocorre porque os estudantes que seguem esse caminho querem se tornar professores por motivos muito pessoais e vivenciam seus estudos como um mal necessário, sem aderir ao referencial de competências e à figura do professor subentendidos no plano de formação e sem sequer se interessar por eles. Portanto, em um programa de formação, deparamo-nos com estudantes que, em alguns aspectos, já são indivíduos reflexivos e com outros para os quais isso representa uma mudança de identidade à qual – aberta ou dissimuladamente – resistirão com todas as forças...

Todas as formações profissionais preparam para resolver problemas com a ajuda de métodos, baseados nos saberes teóricos ou na experiência coletiva. Deve-se refletir sobre sua aplicação, pois, à medida que a complexidade das tarefas aumenta, é necessário considerar a pertinência de vários métodos e combiná-los, bem como inventar outros para enfrentar a singularidade da situação. Essa reflexão é sinônimo de competência a ser *julgada por si mesma*, sem aplicar mecanicamente procedimentos prontos. Nesse sentido, qualquer atividade um pouco complexa possui um componente reflexivo.

Assim como todos, um profissional reflexivo questiona sua tarefa, as estratégias mais adequadas, os recursos que devem ser reunidos, o *timing* a respeitar. Contudo, também faz *outro* tipo de perguntas sobre a legitimidade de sua ação, as prioridades, a parcela de negociação e de consideração dos projetos das outras pessoas envolvidas, a natureza dos riscos necessários, o sentido do empreendimento, a relação entre a energia gasta e os resultados esperados. Ademais, questiona a organização e a divisão do trabalho, as evidências que veiculam a cultura da instituição e a da profissão, as diretrizes da contextualização, os saberes estabelecidos e o aspecto ético, que permeia todos esses aspectos.

Entre a reflexão *no interior* da tarefa e do sistema e a reflexão *sobre* a tarefa e o sistema, não existe solução de continuidade. O profissional reflexivo não é um contestador patente, o qual pesquisa as falhas do sistema. Ele reflete inicialmente sobre os problemas profissionais com os quais se depara, em seu nível, sem se proibir, às vezes, de apontar as falhas que um assalariado mais "razoável" ou não perceberá, ou não perseguirá. Com freqüência, a reflexão sobre os problemas evidencia falhas na divisão, na organização ou na coordenação do trabalho, e o bom senso é que define os ajustes a serem feitos nesse nível, que vão além de esforços inúteis para compensar uma estrutura malconcebida ou malpilotada.

Da forma como a entendemos nesse contexto, a prática reflexiva é uma *relação com o mundo*: ativa, crítica e autônoma. Por isso, depende mais da *postura* do que de uma estrita competência metodológica. Uma formação em resolução de problemas, mesmo no sentido amplo, incluindo sua identificação e renunciando a todo procedimento padronizado, não é suficiente para formar um profissional reflexivo.

Ainda que não pretendamos propor um programa e menos ainda uma unidade específica de formação, a seguir apresentaremos algumas orientações.

### Trabalhar com a história de vida

Nada é menos anódino que a reflexão, sobretudo se estivermos dispostos a refletir sobre problemas insolúveis, sobre dilemas, sobre a questão da finalidade e do sentido. Abrimos, então, a caixa de Pandora, sem saber se poderemos fechá-la novamente.

Algumas trajetórias pessoais induzem, desde a mais tenra idade, a uma postura reflexiva, enquanto outras socializações acostumam as pessoas com um mundo "em ordem":

- em algumas famílias, tudo se discute de modo rotineiro, ou seja, a prática reflexiva é uma dimensão da cultura; em outras, todas as perguntas legítimas têm apenas uma resposta, e as outras são guardadas nos recantos da mente antes de serem esquecidas;
- alguns projetos escolares desenvolvem uma postura reflexiva; porém, infelizmente, essa não é a dimensão dominante do ofício de aluno em todas as escolas;
- diversas experiências de vida, fora do âmbito familiar e escolar, podem predispor a uma prática reflexiva: viagens, trabalhos temporários, participação em diversas causas ou redes; outras experiências, porém, não levam a isso.

Sendo assim, no âmbito da formação inicial, encontramo-nos diante de uma grande diversidade de histórias de vida, a qual gera uma grande diversidade de posturas com relação a múltiplos aspectos, sobretudo no que se refere ao espaço e ao valor da reflexão em e sobre a ação. Ainda que seja bastante difícil, seria absurdo ignorar, em um contexto universitário, a relação de cada um com a reflexão, verificar o que faz esse aluno refletir, as perguntas que ele se autoriza a (se) fazer, os limites que estipula à sua curiosidade ou à sua perspicácia. Um excesso de esclarecimento motiva a recordação do passado familiar, expõe ao julgamento dos outros, invade a intimidade do funcionamento intelectual e da relação com a vida.

Desse modo, talvez a melhor solução seja a de não atacar o problema frontalmente. Talvez seja mais sensato multiplicar os espaços – em torno de um debate ou de um problema – nos quais se oferece tempo para evocar a história de vida e os condicionamentos dos quais cada um é produto, sem focalizar a dimensão reflexiva. Há tantas atitudes e formas de ação que remetem à cultura familiar ou ao passado escolar do estagiário, que não faltarão oportunidades de ampliar a sua consciência do "*habitus* reflexivo" a propósito de diversos outros desafios: conflitos, decepção, medo, sobrecarga, tédio, rejeição de uma disciplina ou de algumas atividades, etc. Além disso, os formadores devem possuir as competências exigidas (Dominicé, 1990).

### Uma questão de ritmo

A fim de se tornar e permanecer leitor, é preciso uma leitura ágil, sem demasiado esforço, pois, caso contrário, a leitura seria um castigo. Pode-se dizer o mesmo da prática reflexiva. Quando sonhamos com um mês de férias porque nos desesperamos durante algumas horas, é claro que, na medida do possível, evitaremos experiências tão desgastantes e dolorosas. Vou utilizar uma metáfora: a prática reflexiva pode, como o *jogging*, se tornar um hábito, um gasto de energia integrado à vida cotidiana.

Sendo assim, de modo paradoxal, a formação na prática reflexiva pode transformar a reflexão em uma rotina que, apesar de não ser relaxante, pode ser experimentada sem esgotamento e sem estresse. Um dos fatores, o mais fácil de ser trabalhado, tem relação com o domínio dos recursos intelectuais da reflexão: hábito de duvidar, de se surpreender, de fazer perguntas, de ler, de anotar algumas reflexões, de debater, de refletir em voz alta. Todas essas atividades são métodos para dividir os problemas em séries, para dividir as tarefas, encontrar informações e obter ajuda.

Devemos acrescentar a isso os saberes teóricos que colaboram para transformar palavras em estados de espírito, para formalizar a experiência, para considerar hipóteses, para modelar o real. No entanto, esses saberes só são úteis se conseguimos mobilizá-los fora do contexto dos cursos e dos exames para analisar situações singulares. Assim, a formação em uma prática reflexiva é aprender a operar e até a "fazer malabarismos" com idéias, a levantar hipóteses, a seguir intuições, a superar contradições. A relação escolar com o saber, quando é séria e dependente, sem distanciamento crítico e sem espírito lúdico, não é favorável a uma prática reflexiva, a qual exige que se pense por si mesmo e que se utilizem os saberes de forma pragmática e ousada.

## A função de todos os formadores

A prática reflexiva pode ser orientada de forma *específica* em seminários de análise das práticas, em grupos de reflexão sobre problemas profissionais, em oficinas de escrita clínica, em estudos de caso ou de histórias de vida, ou, ainda, em estudos dos ensinamentos orientados para a metodologia da observação ou da pesquisa. Os objetivos a serem atingidos remetem à postura, ao método, à ética e aos *savoir-faire* de observação, de moderação e de debate.

Porém, o desenvolvimento do *saber-analisar* (Altet, 1994, 1996, 1998) não conseguiria alcançar os objetivos perseguidos se ficasse isolado nessas unidades especializadas. Ao trabalhar com outras dimensões da formação, disciplinares, didáticas, transversais ou tecnológicas, os formadores podem contribuir para desenvolver uma postura e competências reflexivas.

Assumir o conjunto das unidades de formação, por todos os professores, só é possível se eles compartilharem um referencial comum: o profissional reflexivo como *figura emblemática* do professor que deseja formar. Ele não exige um acordo profundo sobre a conceituação da metacognição, da reflexão, da regulação, do papel dos saberes ou da experiência. Uma *convergência global* é suficiente. A diversidade dos enfoques aumentará as possibilidades de os estudantes optarem por este ou por aquele caminho e enriquecerá seu campo de possibilidades: pode-se estimular o desenvolvimento da prática reflexiva ao analisar protocolos, ao assistir a vídeos, ao observar planejamento didático, ao convidar a escrever um diário, ao trabalhar com situações ou com dilemas ou ao organizar debates.

Quanto aos formadores, é desejável que a "reflexão sobre a reflexão" ultrapasse os limites do bom senso, mas sem padronizar os enfoques. O debate sobre a prática reflexiva também pode ser um terreno privilegiado de confronto entre as epistemologias dos formadores e suas respectivas visões do ofício de professor e da formação inicial.

Formadores de campo devem estar envolvidos no processo de ensino. Em uma formação como esta pede-se que sejam profissionais reflexivos mais que professores exemplares e que aceitem compartilhar suas interrogações e dúvidas, bem como suas convicções e suas certezas, com os estagiários (Perrenoud, 1994c, 1998c; 2001d).

## A alternância, condição e a motivação da análise

Aprende-se a analisar analisando, assim como se aprende a caminhar caminhando. Sem excluir indicações metodológicas, a formação pertence à categoria de *treinamento,* e o formador desempenha o papel de um *treinador,* o qual observa, sugere caminhos, indica funcionamentos mentais ou relacionais que impedem observar, escutar, compreender ou imaginar.

Além da adesão dos formadores e dos estudantes a esse paradigma, o plano de formação deve lhes oferecer *tempo* para analisar situações concretas, em todos os tipos de contextos, com todos os tipos de parceiros. Inevitavelmente, esse tempo será disputado com outros componentes da formação. Portanto, é importante resolver duas questões com uma só atitude: construir saberes e competências específicas enquanto os estudantes são treinados no âmbito da análise. Isso só é possível em um *procedimento clínico* de formação (Imbert, 1992, 1996; Perrenoud, 1994a) e em um dispositivo rigoroso de alternância e de articulação entre o que acontece em campo de pesquisa e uma reflexão mais distanciada (Perrenoud, 1996h, 1998a).

## Os guardiões éticos

Como vimos, a prática reflexiva também tem afinidades com normas, valores, justiça e poder. Portanto, é válido trabalhar suas dimensões axiológicas e éticas em outros contextos mais complexos, mas também em contextos "reais".

Não estamos pensando em cursos de ética, mas em uma forma de treinamento para identificar, explicitar e tratar *dilemas*. O objetivo dessas unidades de formação não é fornecer aos estudantes os mesmos valores, mas desenvolver em todos eles uma forma de sensibilidade, de descentralização ou de método para lidar com as dimensões éticas de sua prática.

Com bastante freqüência, por exemplo, um grupo de análise de práticas não obtém bons resultados, seja porque seus participantes têm receios de magoar os outros e, por esse motivo, negam-se a formular as perguntas pertinentes, seja, ao contrário disso, porque se comportam de forma grosseira e desgastam a relação através de um questionamento demasiado invasivo ou interpretações muito dolorosas de serem ouvidas.

## Desenvolver uma antropologia da prática

Qualquer reflexão sobre a prática mobiliza uma *teoria da prática e do ator*. Ela pode ser erudita ou ingênua, explícita ou implícita, e está relacionada às causas da ação, à consciência e à inconsciência, à parcela de responsabilidade e de dependência, ao determinismo e ao livre arbítrio.

Uma formação no âmbito da prática reflexiva deve conter uma iniciação às ciências do espírito e da ação, à psicologia cognitiva, à psicanálise, à sociologia das práticas e do *habitus*, à hermenêutica, à pragmática lingüística e às teorias da ação comunicacional, à teoria das organizações e da análise estratégica, à teoria das decisões e aos trabalhos sobre os saberes e sobre as competências.

Esses contextos teóricos também se justificam por outros motivos. Eles subentendem alguns enfoques didáticos e transversais do ofício de professor, dos programas e das aprendizagens escolares.

Em contraponto, seria proveitoso extrair desse conjunto de teorias os saberes mais úteis para a análise das práticas e articulá-los a um treinamento metodológico. Os recentes trabalhos sobre as *competências*, sobre o *habitus* e sobre os *saberes de ação* (Argyris, 1995; Barbier, 1996; Le Boterf, 1994, 1997, 2000; Paquay et al., 1996; Perrenoud, 1996c, e) permitem, por exemplo, integrar um grande número de noções e visões disciplinares. Esse conjunto organizado de visões complementares poderia ser chamado de *antropologia da prática* (Bourdieu, 1972, 1980, 1993).

## ISSO É APENAS O COMEÇO...

O saber-analisar só se deteriora se não for utilizado! Alguns professores, os quais o adquiriram na etapa de formação inicial, sempre o utilizarão em qualquer circunstância, já que a prática reflexiva tornou-se parte de sua identidade profissional. Outros, se têm a sorte de trabalharem em um ambiente tranqüilo, deixarão de refletir após haver dominado as dificuldades iniciais. Sabe-se que, à medida que sua carreira se consolida, muitos professores optam por escolher zonas residenciais nobres e os cursos mais cobiçados. Essa migração pode ser interpretada como uma fuga, como um sonho de tranqüilidade. Entretanto, nessas zonas e nesses cursos também há alunos que sofrem, fracassam ou abandonam o estudo; porém, não são suficientes para colocar o sistema educativo e a profissão em crise.

Por fim, seria absurdo o desenvolvimento da prática reflexiva durante a formação inicial para, no futuro, despreocupar-se com ela. Essa é a função dos inspetores, dos diretores, da formação contínua, dos sindicatos, do corpo docente. Diversos professores iniciantes, que chegam a um determinado estabelecimento escolar com uma postura reflexiva, abandonam-na quando ouvem comentários de que estão aborrecendo todos com perguntas que ninguém quer ouvir.

Portanto, podemos desejar que a prática reflexiva seja um referencial para os inovadores, formadores, autores de recursos e métodos de ensino e também para a direção e que não se perca nenhuma oportunidade de estimulá-la oferecendo espaço e recursos: seminários de análise de práticas, grupos de trocas sobre problemas profissionais, acompanhamento de projetos, supervisão e auxílio metodológico.

# 3

# A Postura Reflexiva: Questão de Saber ou de *Habitus*?

Cada vez mais, a formação profissional dos professores é responsabilidade das universidades ou dos institutos de ensino superior. Por isso, as instituições universitárias são fascinadas pelos saberes, o que é normal, pois sua vocação fundamental é a de enriquecê-los e transmiti-los. Desse modo, elas podem se sentir seduzidas a pensar na formação dos professores essencialmente como transmissão de saberes: em primeiro lugar, os saberes de referência, os saberes a serem ensinados; em segundo lugar, mais tardia e timidamente, saberes pedagógicos e didáticos, aqueles "para ensinar". No entanto, estes últimos não são unânimes. Alguns apenas contestam sua utilidade, afirmando que, para ensinar, ter o domínio dos conhecimentos da disciplina é o bastante. Outros – os partidários das ciências exatas –, negam às ciências humanas o *status* de saberes suficientemente válidos para servir de base a uma ação racional. Entre os que atribuem importância aos saberes pedagógicos e didáticos; porém, não há consenso sobre a importância e sobre os fundamentos dos saberes envolvidos.

Acrescenta-se a esse debate clássico, relativo aos saberes provenientes da pesquisa, um questionamento mais recente sobre a articulação desses saberes "eruditos" com o que se chama de "práticas", que nomeamos "saberes de ação" (Barbier, 1996). Assim são designados os saberes declarativos ou procedimentais que não são produzidos pela pesquisa, mas que constituem a cultura profissional ou constituem "saberes de experiência". Além disso, são considerados os saberes "que não existem" (implícitos e mesmo inconscientes). As tipologias dos saberes dos professores multiplicam-se: saberes eruditos, saberes comuns; saberes formais, teóricos, tácitos, praxiológicos, práticos, profissionais; saberes de ação, saberes de experiência (Barbier, 1996; Chartier, 1998; Elbaz, 1993; Favre, Genberg e Wirthner, 1991; Gauthier, Mellouki e Tardif, 1993; Gauthier, 1997; Lani-Bayle, 1996; Martin, 1993; Perrenoud, 1994d, 1996c, g; Raymond, 1993a, b; Tardif, M., 1993a, b, c; Tardif e Gauthier, 1996; Tardif, Lessard e Lahaye, 1991). Não pretendemos aumentar ainda mais o número dessas tipologias, mas situar os saberes declarativos, procedimentais e condicionais em relação aos gestos profissionais e às competências dos professores, particularmente no que diz respeito às dimensões reflexivas da prática.

Como sabemos, uma prática reflexiva não é uma prática específica nem um componente autônomo do ofício de professor, como o planejamento de uma seqüência didática, a moderação de um conselho de classe, o trabalho a partir dos erros dos alunos ou a realização de procedimentos de projeto. A prática reflexiva não pode ser desvinculada do *conjunto* da prática profissional. Portanto, a formação de profissionais reflexivos não deve se limitar a acrescentar um "módulo reflexivo" ao plano de formação. Sem dúvida, também seria oportuno propor seminários centrados na análise, cujo principal desafio seria o desenvolvimento de um saber-analisar. No entanto, esse seria apenas um complemento a uma orientação à prática reflexiva comum ao conjunto das unidades de formação.

Como pensar a transposição didática e a formação metódica de uma postura reflexiva e de um saber-analisar que afetariam todos os setores da prática? No fim, tudo dependerá da forma e do grau de adesão dos formadores ao paradigma reflexivo. Só um formador reflexivo pode formar professores reflexivos, não só porque ele representa como um todo o que preconiza, mas porque ele utiliza a reflexão de forma espontânea em torno de uma pergunta, de um debate, de uma tarefa ou de um fragmento de saber.

Por outro lado, não é muito útil situar esse problema no contexto mais amplo da formação de competências e de um *habitus* profissional. Quando a universidade pretende oferecer formação profissional, é importante que, sem abandonar a linguagem dos saberes, ela acabe com a ilusão conforme a qual o próprio saber constitui um meio de ação! Ela não deve manter a ilusão de que, para passar da teoria à prática, bastam saberes procedimentais. Ela tem de reconhecer que a aplicação dos saberes a situações complexas necessita de outros recursos cognitivos (Perrenoud, 2000a, b, 2001d).

Porém, isso não é fácil. Ao assumir a formação dos professores, com freqüência as universidades resistem quando têm de integrar esses "saberes práticos" ao seu currículo. Sua transmissão é delegada aos responsáveis pelos estágios e aos estabelecimentos escolares. Por esse motivo, como transmite essa missão aos formadores de campo (orientadores pedagógicos, professores dos estágios), a instituição não precisa mais se questionar com seriedade sobre a natureza desses saberes. Ela pode elaborar um plano de formação extremamente explícito quanto aos saberes disciplinares, didáticos, pedagógicos e sociológicos, enquanto os saberes de ação – por exemplo, aqueles referentes à gestão de classe – são abandonados, ou são designados menos por seu conteúdo do que pelo espaço e tempo dedicados à sua aprendizagem, aos estágios e à classe. Para as universidades, é ainda mais difícil dar atenção à formação dos *esquemas* de pensamento e de decisão, dos quais depende a aplicação dos saberes em uma situação complexa. Como destaca Bourdieu (1980), o conhecimento de princípios ou de regras negligencia a maneira e o momento *oportunos* para aplicá-los. Em que nos baseamos para decidir se um determinado saber é pertinente em determinada situação? Essa decisão pode ser objeto de um saber metodológico ou de uma espécie de "jurisprudência", de um "saber sobre o saber", que definiria quando uma determinada regra pode ser aplicada, com que nuanças, exceções ou precauções. Também é preciso saber que jurisprudência deve ser aplicada, e que não há nada nos livros sobre essa questão... A competência do advogado é resultante da escolha mais adequada, isto é, do fato de relacionar a situação de seu cliente com o conjunto dos textos pertinentes. Da mesma maneira, ainda que conheça todos os tratados de medicina, um médico pode se sentir impotente diante de um paciente se não souber mobilizar de forma correta todos esses saberes. Para identificar saberes pertinentes, podemos apelar, em parte, aos saberes "convencionais", os quais supostamente descrevem o momento oportuno de aplicar saberes procedimentais... Em última instância, porém, não são os saberes que guiam a mobilização de outros saberes, mas aquilo que, de acordo com Piaget e Bourdieu, denominaremos *esquemas* de ação e de pensamento, os quais formam o *habitus* do sujeito.

Para pensar a formação de um profissional reflexivo, antes de mais nada é preciso aprofundar os desafios de formação no triângulo saberes-competências-*habitus*.

## UMA TRANSPOSIÇÃO DIDÁTICA COMPLEXA

A noção de cadeia de transposição didática (Chevallar, 1991) designa o conjunto das transformações sofridas pelos conteúdos culturais em seu processo de escolarização, da elaboração dos programas às escolhas do professor sozinho em sua sala de aula. Receia-se que, a cada nova etapa, ocorram descontextualizações, simplificações, desperdícios, esquematizações e mesmo traições, além de emergências. Algumas disciplinas escolares, como a geografia ou a língua materna, originariamente foram "invenções" internas da escola, adotadas pela sociedade, que depois se transformaram em campos do saber acadêmico. Ademais, sabemos que, no interior das disciplinas, como no caso da matemática, algumas noções, embora não tenham sido totalmente inventadas pela escola, no mínimo se desviaram muito de seu sentido inicial.

**A cadeia de transposição didática**

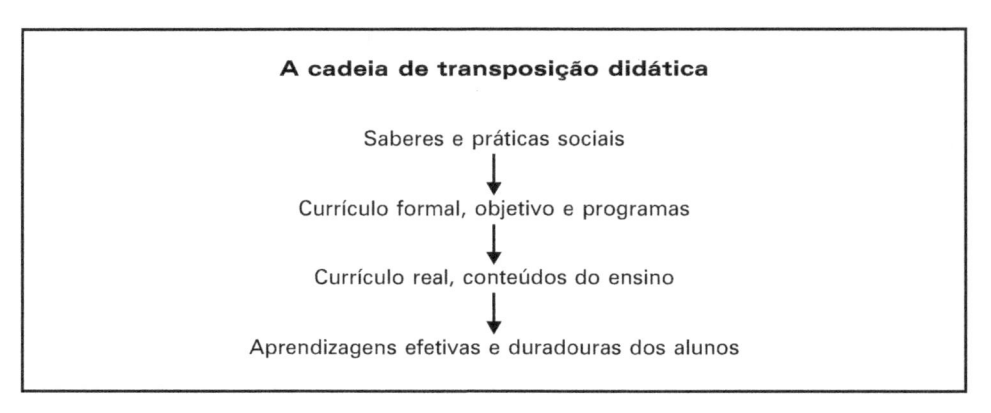

Saberes e práticas sociais
↓
Currículo formal, objetivo e programas
↓
Currículo real, conteúdos do ensino
↓
Aprendizagens efetivas e duradouras dos alunos

**Figura 3.1**

A *cadeia clássica de transposição* (Figura 3.1) também é acompanhada de defasagens desiguais entre o momento em que um saber se origina na sociedade – inclusive entre a comunidade erudita – e aquele que é ensinado em determinado nível do currículo escolar. Em algumas situações, os programas são revistos constantemente para se ter em vista a pesquisa; porém, em outros, por diferentes e, às vezes, legítimos motivos – por exemplo, para não se agravar o caráter seletivo do currículo –, são conservados nos programas saberes um pouco datados em comparação aos avanços da ciência, mas que podem ser ensinados em determinados níveis.

Na cadeia de transposição didática, os saberes são transformados não porque há perversidade ou má-fé, mas porque isso é indispensável para ensiná-los e avaliá-los, dividir o trabalho entre os professores, organizar planos e metas de formação e gerenciar progressões anuais de algumas horas de curso por semana. Esses objetivos, necessários do ponto de vista didático, envolvem operações de corte, simplificação, estilo, codificação dos saberes e práticas de referência.

No âmbito da formação profissional, esse esquema é ainda mais complexo. A acepção corrente da noção de transposição na didática da matemática, por exemplo, refere-se à escolarização de saberes *acadêmicos*. Pode-se utilizar o mesmo raciocínio em disciplinas como história, geografia, biologia, física, química ou economia: é preciso extrair programas adaptados a uma determinada faixa etária e a um determinado curso de um corpo identificável de saberes teóricos. O problema se complica no caso das línguas. Todos sabem que a lingüística rege apenas uma parcela limitada dos conteúdos do ensino do francês, por exemplo. Em sua essência, eles não são a transposição de saberes acadêmicos, mas normas e práticas sociais da língua, materializadas, sobretudo, nos *corpus* dos escritos sociais e das práticas orais.

Na formação profissional, deparamo-nos com um problema muito mais difícil. Com certeza, existem *saberes* em questão – acadêmicos, científicos e técnicos –, mas também há saberes próprios de cada profissão, os quais não derivam da ciência nem da técnica, mas que não deixam de ser indispensáveis. Uma formação universitária apurada não impede que um profissional também tenha de mobilizar saberes profissionais constituídos, os quais não são acadêmicos no sentido clássico do termo, ainda que tenham sido codificados. Ele também tem de recorrer a saberes provenientes de sua experiência pessoal, os quais são ainda menos organizados, formalizados e verbalizados que os saberes profissionais.

Portanto, no âmbito da formação inicial, é importante ensinar saberes profissionais em seu sentido amplo, expandindo os saberes teóricos oriundos das ciências da educação aos saberes procedimentais deles derivados, transmitidos pela cultura profissional ou estabelecidos pela formalização dos saberes de experiência até então implícitos. Atualmente, eles estão no centro dos trabalhos sobre a especialidade dos profissionais e permitem identificar saberes que não têm nome nem *status* científico, mas cuja validade parece se sustentar em sua eficácia na ação. Na construção de um currículo de formação inicial dos professores, esses saberes merecem uma consideração mais ampla. A tarefa não é fácil. Enquanto as teorias eruditas são encontradas nos livros e defendidas por grupos de pressão, os saberes dos profissionais não possuem a mesma legitimidade e visibilidade.

A transposição dos saberes acadêmicos tenta permanecer o mais próximo possível do estado da pesquisa, tal como isso é definido pelas instituições científicas mais legítimas. A referência é clara, porque, em nossa sociedade, a ciência está organizada. Há instituições e mídias autorizadas a serem suas porta-vozes: as universidades, os centros de pesquisa, as sociedades acadêmicas, as revistas e os acervos científicos reconhecidos.

No caso dos saberes múltiplos mobilizados em uma prática profissional, é muito mais difícil estabelecer uma referência, pois as práticas de uma mesma profissão formam uma *aura nebulosa*, no seio da qual a diversidade é a regra. Às vezes, a fragilidade dos atos e dos saberes profissionais é muito grande, embora sua observação direta não seja fácil. Além disso, ninguém é o porta-voz autorizado de todos os profissionais e ninguém pode dizer qual é *a* prática pedagógica que serve de referência atualmente. Nem de fato nem de direito, ninguém tem o monopólio da palavra nesse âmbito. Diversas concepções da prática se confrontam. Apesar de sua legitimidade e sua influência serem desiguais, nenhuma voz é suficientemente forte para "calar" as outras, como, por exemplo, a voz daqueles que dizem que a prática docente é um dom da pessoa e que a formação é inútil.

De fato, a prática docente não existe. Há variadas possibilidades de práticas, por vezes irreconciliáveis. Para construir um plano de formação, deveríamos nos referir mais a umas que a outras? Em caso positivo, a quais delas?

Se, supostamente, resolvermos esse problema, logo nos depararemos com outro: a transposição didática pode se limitar a isolar saberes em jogo nas práticas de referência, a codificá-las e transmiti-las, sem perguntar o que é que permite sua mobilização e integração em uma situação de trabalho? Um médico não é a soma da erudição de um farmacêutico, de um biólogo, de um patologista, etc. Ele é um *clínico*, cuja competência é convocar os saberes pertinentes *com discernimento* para diagnosticar e agir terapeuticamente.

No âmbito da formação, essa prática pode ser transposta de modo direto? Nesse ponto, podemos compartilhar as dúvidas de Joshua (1996), ainda que não apoiemos sua resposta. Com certeza, podemos "extrair" saberes de uma prática, como extraímos um diamante de sua rocha de origem, e ensiná-los como tais, mediante a transposição necessária. No ofício de professor, se esse trabalho fosse realizado com toda a seriedade, teríamos, sem dúvida, uma lista interessante daquilo que Gauthier, Mellouki e Tardif (1993) chamam "base de conhecimentos" dos professores (Gauthier, 1993a, b; Gauthier, 1997; Reynolds, 1989).

Por outro lado, estaria resolvido, dessa forma, o problema da formação prática? Claro que não, exceto para assimilar uma formação "prática" à assimilação puramente intelectual de saberes "práticos" codificados. Talvez nos sentíssemos seduzidos a representar o profissional como um "sistema especializado", igual àqueles construídos pela inteligência artificial, dotado de uma ampla base de conhecimentos e de um "motor de inferência" que, diante de um problema, permite pesquisar e aplicar os conhecimentos e as regras pertinentes. Com a presença do motor de pesquisa (o espírito humano), a formação teria apenas de enriquecer a base de conhecimentos...

Entretanto, não é assim que o ser humano funciona. Ele é, ao mesmo tempo, mais e menos eficaz que um computador. É menos eficaz porque não é capaz de armazenar todos os saberes da humanidade sobre um determinado tema, de percorrer metodicamente sua "base de conhecimentos" em uma fração de segundo e de combinar, de forma ainda mais rápida, os conhecimentos e as regras identificados para produzir uma decisão. Porém, o ser humano sabe discernir configurações (*Gestalt, pattern*) e adotar estratégias analógicas ou heurísticas que lhe permitam efetuar transferências e inventar soluções originais mais qualificadas que as de qualquer computador. Isto é o que a inteligência artificial se esforça para compreender para poder programá-lo. Portanto, distanciamo-nos da imagem do espírito como justaposição de informações e de mecanismos de inferência. Por outro lado, uma parcela da ação humana não mobiliza saberes identificáveis nem raciocínios; porém, funciona em uma forma de *inconsciente prático,* cujos mecanismos exatos são difíceis de ser reproduzidos.

Na formação profissional, não se pode transformar novamente as práticas de referência (Martinand, 1986, 1994, 1995) em saberes *sobre* tais práticas, nem os saberes que elas mobilizam, sejam eles quais forem. Além disso, não é possível ensinar de modo direto as práticas, exceto talvez nas profissões em que o aprendiz é formado pela imitação do professor, com uma mediação do olhar, por vezes com a orientação dos gestos e de algumas palavras. Nesse caso, ainda se trata de uma transposição didática? Com certeza, mas estamos bem distantes da reformulação e da simplificação dos saberes eruditos que a didática da matemática associa à noção de transposição (Chevallard, 1991).

Por outro lado, também há uma discussão dos problemas teóricos gerais que propõe a transposição a partir de práticas (Perrenoud, 1998e). Limitar-nos-emos a considerar que a formação dos professores conjuga necessariamente diversas modalidades:

- a transmissão de saberes e sua apropriação;
- a "imitação inteligente" de gestos profissionais;
- a construção de competências e de posturas em função de um treinamento quase reflexivo;
- a construção do *habitus* profissional por meio da interiorização de limites e da estabilização de esquemas de ação.

A formação inicial pretende abranger todos esses processos, mas em cada um deles deve inventar uma forma *específica* de transposição.

A transmissão de saberes parece corresponder à forma mais simples, já que permanecemos no universo dos conteúdos. Entretanto, não devemos esquecer que o estudante só se apropria dos saberes por meio de uma *atividade,* orientada por condições e situações de aprendizagem. Essa perspectiva construtivista incita-nos a considerar que a transposição de saberes eruditos não se limita a uma operação sobre seus conteúdos, mas abrange também sua "aplicação em uma situação concreta", por exemplo em um projeto, em uma situação-problema ou mesmo em um exercício convencional.

O domínio das três outras modalidades de formação não nos permite nenhuma fuga: a formação não é mais transmissão de conteúdos, mas *construção de experiências formativas* pela aplicação e estimulação de *situações de aprendizagem*. Por que ainda deveríamos falar de transposição? Porque essas experiências e essas situações continuam sendo *elos* que fazem parte de um conjunto de transformações provenientes das práticas profissionais dos especialistas.

Portanto, tanto a noção de transposição quanto o esquema da cadeia de transposição tornam-se ainda mais complexos e dão origem à noção de *competência*, concebida como capacidade de mobilizar diversos recursos cognitivos visando agir em uma situação complexa (Bosman, Gerard e Roegiers, 2000; Le Boterf, 1994, 1997, 2000; Perrenoud, 1996c, 1997a, 1999a, 2000a, b; Roegiers, 2000).

**Transposição didática a partir de práticas**

Práticas sociais
↓ (1)
Observação e descrição detalhada das práticas
↓ (2)
Identificação das competências utilizadas nas práticas
↓ (3)
Análise dos recursos cognitivos mobilizados (saberes, etc.) e dos esquemas de mobilização
↓ (4)
Hipóteses quanto ao modo de gênese das competências em situação de formação
↓ (5)
Dispositivos, situações, conteúdos planejados da formação = currículo formal
↓ (6)
Dispositivos, situações, conteúdos efetivos da formação = currículo real
↓ (7)
Experiência imediata dos formandos
↓ (8)
Aprendizagens duradouras dos formandos

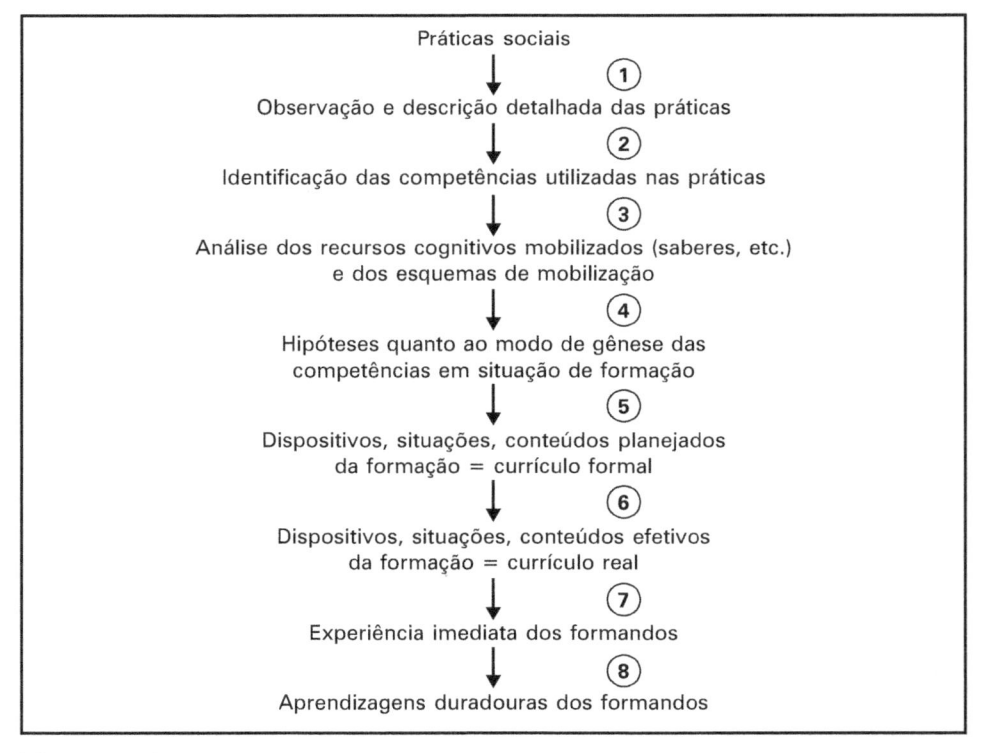

**Figura 3.2**

A Figura 3.2 (Perrenoud, 1998e) mostra que a cadeia de transposição amplia-se porque as etapas intermediárias se multiplicam: passamos das práticas à sua descrição detalhada (Etapa 1); desse ponto à identificação das competências subjacentes (Etapa 2); depois à análise dos recursos cognitivos mobilizados (Etapa 3). Insere-se, então, uma fase que, muitas vezes, fica apenas implícita: a criação de um modelo da gênese dos saberes e das competências, isto é, os tipos de dispositivos que poderiam orientá-la de forma voluntária (Etapa 4). Passamos depois à concretização desses dispositivos, sob a forma de um currículo formal subentendido por estruturas de formação (Etapa 5). A seguinte transformação é mais clássica: trata-se da passagem do currículo formal ao real como funcionamento efetivo da formação (Etapa 6). O currículo real gera experiências subjetivas (Etapa 7) e algumas delas provocam aprendizagens (Etapa 8).

Quando os fenômenos de transposição são seriamente considerados, antes de reformar um plano de formação haveria que se perguntar se ele, na realidade, foi realizado. As falhas de uma formação podem provir de um defeito em sua aplicação, e não da inadequação do plano de formação. Por esse motivo, a adoção de um novo plano de formação não seria uma resposta adequada. Seria melhor analisar as razões pelas quais intenções muito louváveis e satisfatórias – no papel –, na verdade, foram traduzidas por outras intenções, muitas vezes, contrárias a elas.

Isso acontece ainda com a coerência de uma formação. A transposição didática faz passar de um universo do texto, cuja coerência é lógica e discursiva, a um conjunto de atividades e aprendizagens, cuja integração ao espírito do estudante não é automática. Muitas vezes, no entanto, os formadores elaboram, com o tempo e com os recursos de que dispõem, a pedido dos estudantes, suas próprias convicções; muitas vezes, o resultado final tem uma relação muito distante com o que eles deveriam fazer. A realidade de um currículo está repleta de "desvios" em relação ao currículo prescrito, de derivações, de empobrecimentos, de acréscimos selvagens ou de interpretações muito pessoais deste ou daquele plano de formação (por exemplo, estágios, relatórios, unidades de integração, seminários de análise da prática).

Mesmo se não houvesse nenhum hiato entre o currículo prescrito e os conteúdos efetivos da formação, nada poderia garantir que os estudantes construiriam as aprendizagens propostas pelo plano de formação: nas universidades ou fora delas, nem sempre os "aprendentes" estão decididos a aprender; mais que em qualquer outro lugar, eles têm estratégias de orientação, escolhas de opções, leitura, trabalho e preparação de exames capazes de perverter até mesmo os melhores planos de formação. Um plano adequadamente estruturado também é uma *armadilha*, da qual os estudantes tentam fugir mediante todo tipo de recursos, legítimos ou ilegítimos, uma vez que não podem ou não querem fazer tudo o que lhes é pedido; muitas vezes, procuram meios menos cansativos de realizar as tarefas e deixam em segundo plano as mais formativas.

## POSTURA REFLEXIVA E FORMAÇÃO DO *HABITUS*

Esses desvios são particularmente frágeis no caso das dimensões reflexivas, pois são mais difíceis de "programar" do que os ensinos temáticos. Todos os planos iniciais de formação referem-se ao profissional reflexivo na etapa das *intenções*. No entanto, o que resta de tudo isso no final da cadeia de transposição?

Podemos identificar, no mínimo, quatro fontes principais de perdas:

1. Nos debates e nas lutas pelo tempo e pelos espaços de formação, os saberes sempre ficam com a parte do leão, pois são defendidos por grupos de pressão cuja influência é determinante. Os partidários da prática reflexiva são menos marginalizados com o passar dos anos; porém, não têm o mesmo peso que os *lobbies* disciplinares.
2. Uma parte dos formadores universitários não investe na formação da prática reflexiva por diversos motivos:
   – não aderem a ela nem intelectual nem ideologicamente;
   – não são profissionais reflexivos;
   – não têm tempo para estimular a reflexão, pois são pressionados a transmitir o maior número possível de saberes;
   – imaginam que a reflexão seja algo automático, que ela está presente na capacidade de abstração ou em uma formação em pesquisa.
3. Nem todos os formadores de campo identificam-se com a figura do profissional reflexivo, mesmo que colaborem com um programa de formação com tal orientação. Alguns se negam a se enfurecer ou pensam que a verdadeira formação consiste em observar um profissional experiente e em imitá-lo.
4. Parte dos estudantes não gosta de refletir, ou seja, prefere absorver e restituir saberes; isto é o que o ofício de aluno – que os levou à universidade – os habituou a fazer sem questionar muito. Eles resistem a uma reflexão que lhes exige um maior envolvimento pessoal (e de presença!) e os obriga a correr mais riscos – em sua opinião – no momento da avaliação.

O problema agrava-se porque a *postura reflexiva* mobiliza saberes teóricos e metodológicos, mas não se reduz a eles. Ela não pode ser ensinada. Pertence ao âmbito das *disposições interiorizadas*, entre as quais estão as competências, bem como uma relação reflexiva com o mundo e com o saber, a curiosidade, o olhar distanciado, as atitudes e a vontade de compreender.

No desenvolvimento da postura reflexiva, é preciso formar o *habitus* e favorecer a instalação de *esquemas reflexivos*. Para Bourdieu (1972, 1980), o *habitus* é nosso sistema de esquemas de pensamento, de percepção, de avaliação e de ação; é a "gramática geradora" de nossas práticas. Nossas ações possuem uma "memória" que não existe sob a forma de representações nem de saberes, mas de estruturas relativamente estáveis que nos permitem tratar um conjunto de objetos, de situações ou de problemas. Beber um copo d'água não é um gesto inserido no patrimônio genético. Um recém-nascido não sabe fazer isso. Ao crescer, constrói e estabiliza um esquema que lhe permite, pouco a pouco, beber com qualquer tipo de copos. O esquema não é específico para um copo em particular; porém, não permite que se beba, sem alguma adaptação notável, de uma torneira, de uma garrafa, de uma caixa ou de outro recipiente de forma insólita. Um esquema pode ser adaptado a um leque mais amplo de situações. Quando essa adaptação se repete, ela é estabilizada e há uma diferenciação do esquema. Durante toda a vida, nossos esquemas nunca deixam de se desenvolver, de se diferenciar e de se coordenar uns aos outros.

Alguns esquemas mobilizam nossos conhecimentos declarativos ou procedimentais, principalmente quando temos tempo de tomar um pouco de distância, de analisar e de raciocinar. Eles subentendem relacionamentos, inferências, ajustes a uma situação singular, transposições; em suma, todas as operações de contextualização e de raciocínio, sem as quais um conhecimento não poderia orientar a ação. Por esse único motivo, é importante formar o *habitus*, mediação essencial entre os saberes e as situações que provocam uma ação.

É importante ainda formar o *habitus* por outro motivo: uma parte da ação pedagógica é feita de urgência e improvisação, por meio da intuição, sem realmente apelar a conhecimentos, seja por falta de tempo, seja por pertinência. Diante de um aluno que conversa de forma insistente, o professor não pode hesitar muito para decidir se vai chamá-lo à ordem ou fingir que não percebeu nada. Visando tomar uma decisão imediata, o profissional experiente não pode mobilizar saberes para dar origem a uma decisão informada e raciocinada por meio de um longo caminho reflexivo. Em vez disso, ele aciona um esquema de ação construído em função da experiência, que ele ajusta *marginalmente* à situação.

Durante sua formação, talvez tenha absorvido uma regra: "Quando um aluno conversa, sempre é preciso chamá-lo à ordem e, se necessário, suspender a aula". Infelizmente, a experiência deve ter-lhe ensinado que essa regra, muitas vezes, é inadequada. Por isso, o professor decide, de modo *intuitivo*, se vai ou não intervir, considerando diversos parâmetros. Sua competência não o induz a aplicar uma determinada receita, mas a dispor de esquemas relativamente diferenciados para apreciar o sentido e a extensão da desordem e balancear *de imediato*, avaliando o momento, o clima e a atividade em curso, o que tem a ganhar ou a perder com sua intervenção. Isso não depende de saberes, nem mesmo de saberes procedimentais, mas de *esquemas*, e isso é o que determina a diferença entre o iniciante e o experiente, entre o professor médio e o professor muito eficaz. O professor experiente, muitas vezes, adota a solução mais adequada, "sente" quando é preferível continuar a aula ignorando a desordem e quando é melhor parar e restabelecer uma relação pedagógica ameaçada.

Outro exemplo: como, durante uma aula, um professor gerencia o *tempo que resta*, particularmente quando sabe que ele é insuficiente para chegar ao fim da atividade programada? Não há saberes referentes a essa questão, mas cada professor desenvolve esquemas supostamente eficazes, que não são procedimentos explícitos nem esquemas nem receitas, mas são mecanismos interiorizados, cuja trama exata, muitas vezes, o interessado ignora, pois os aplica de forma inconsciente.

Uma das funções de uma prática reflexiva é permitir que o profissional tome consciência de seus esquemas e, quando eles são inadequados, fazer com que evoluam. Podemos nos enfurecer sem necessidade, gritar demais na sala de aula, ignorar involuntariamente alguns alunos, criar conflitos sem compreender por quê. Nesses momentos, não utilizamos saberes, mas colocamos o *habitus* em funcionamento, e ele produz efeitos que, em geral, não são entendidos com clareza: nem mesmo existe uma representação clara do que está acontecendo.

Todos os comportamentos dos professores não são tão "automáticos" assim; alguns deles apelam a *saberes* relativos ao desenvolvimento, à aprendizagem, à relação, ao grupo, etc. No entanto, sempre é o *habitus* que permite que eles sejam *mobilizados*. É útil conhecer um pouco de análise transacional com o objetivo de compreender se estamos desempenhando o papel de pai ou filho em determinada situação. Em oposição a isso, continuamos precisando de esquemas para identificar e aplicar os saberes pertinentes a uma situação singular.

É necessário também que o raciocínio baseado nesses saberes não corra o risco de sofrer um "curto circuito" por meio de reações espontâneas do *habitus*. Temos, às vezes, uma idéia exata do que seria conveniente fazer; porém, fazemos o contrário, levados pelo *habitus*. O comportamento dos professores, analisado com frieza, freqüentemente é justificado por respostas como: "Foi mais forte do que eu, não podia proceder de outra maneira, não tinha escolha". O *habitus* não intervém apenas nos momentos de grande emoção; ele também guia nosso comportamento nos pequenos acontecimentos. Por exemplo, quando um aluno vai ao banheiro em um momento importante da aula, esse comportamento pode irritar o professor, magoá-lo, fazê-lo reagir de forma desproporcional, o que pode tornar o clima tenso, fazê-lo perder sua linha de raciocínio, causando mais mal do que bem. Qualquer professor com um pouco de experiência sabe disso. No fim, reconhece: "Não devia ter intervindo de forma tão radical para lidar com um comportamento tão insignificante, mas estava irritado com tanta indiferença à minha aula".

É importante para a formação do *habitus*:

- perguntar-se para que servem os saberes na ação, quais são as mediações entre eles e as situações;
- aceitar a idéia de que essa mediação não é garantida por outros saberes, mas por esquemas que formam um *habitus*;
- admitir que esse *habitus*, muitas vezes, permite agir "sem saberes", o que não quer dizer "sem formação".

Se desconsiderarmos a distância entre os saberes e os esquemas de reação, de apreciação, de percepção e de decisão do professor, estaremos tratando ardilosamente a metade da formação. Se admitirmos que as competências não são formadas apenas por saberes, mas são formadas também por esquemas que permitem sua mobilização, assim como por esquemas de ação que não utilizam nenhum saber, temos de nos perguntar como podemos formar competências na formação inicial. Seria muito bom que as instituições de formação dos professores definissem modalidades, dispositivos e práticas de formação do *habitus*. Como é formado o *habitus* profissional dos engenheiros, administradores e médicos? Por meio de trabalhos práticos, simulações e prática clínica. Em parte, a aquisição de saberes pode ser descontextualizada, desconectada de qualquer aplicação imediata, à exceção dos exercícios e dos exames tradicionais; essa dissociação é impossível para a formação do *habitus*, pois, necessariamente, assume a forma de um *treinamento*.

A formação do *habitus* deveria ser o projeto de toda a instituição, a obrigação de todos os formadores. Na verdade, não há nenhum motivo para defender que é suficiente enviar os estudantes às suas salas de aula durante algumas semanas visando garantir a aquisição de competências. O *habitus* formado em campo dessa maneira ("Pule na água e nade!") é bastante regressivo e defensivo. Ele é o oposto de um *habitus* de profissional reflexivo. Podemos ver isso nos professores que substituem outros antes de terem qualquer formação: eles aprendem a *sobreviver*, reproduzindo a pedagogia que sofreram quando eram alunos, adotando estratégias autoritárias, desvios, formas de manipulação velhas como o mundo, apenas porque "têm de dar aula". Essa formação indiferenciada é bastante eficaz a curto prazo, mas seu preço é muito elevado a longo prazo, pois cria rigores que depois devem ser "desconstruídos" na formação.

Para que se forme um *habitus* profissional, ele deve ser desejado de forma explícita; é preciso dizer com clareza de que se trata, aceitar que ele não é propriedade exclusiva dos orientadores pedagógicos ou de outros formadores de campo. Isso também se refere aos formadores:

- ao estimular grupos de análise da prática;
- ao representar o aporte das ciências humanas (psicologia, psicanálise, antropologia, sociologia).

Apesar de os didáticos trabalharem mais com saberes de referência e com metodologias de ensino, também eles estão envolvidos nesse setor: um professor de francês insere, em seu ensino, os componentes lingüísticos e comunicativos de seu *habitus* pessoal, assim como sua relação com a língua. Essas disposições não são saberes.

Todos os formadores teriam de se preocupar com a articulação dos saberes e do *habitus*, conscientes de que, se os professores utilizam bastante pouco os saberes didáticos, psicopedagógicos ou psicossociológicos que adquiriram, isso acontece, principalmente, porque não conseguem vinculá-los às situações e, portanto, mobilizá-los com discernimento para agir. Podemos tentar lhes fornecer métodos e outros saberes procedimentais para ajudá-los a estabelecer conexões. Uma lista, um espaço multirreferencial, um paradigma esquemático podem auxiliar na observação e no levantamento de hipóteses, no autoquestionamento de forma um pouco sistemática; por exemplo: trata-se de uma questão de saber? De espaço no grupo? De poder? De concorrência? De comunicação? De clima?

A entrevista de explicitação (Vermersch, 1984) é um método de pesquisa que pode ser utilizado durante a formação para explicitar aquilo que não é refletido; no entanto, ela tem alguns limites:

- o método demanda tempo e cobre apenas uma parte dos esquemas de ação;
- a tomada de consciência não leva *ipso facto* a uma transformação do *habitus*, apenas o justifica (se ele estiver de acordo com os princípios teóricos); ou, caso contrário, provoca *tensão* entre o que o

profissional faz quando liga o piloto automático e o que ele considera "racional".

Justificativas e tensões podem fazer o indivíduo evoluir, mas não de forma rápida e voluntária. Sem ignorar o processo reflexivo na formação do *habitus* (Perrenoud, 1996e), seria sensato tentar criar, pelo menos, "condições objetivas" de desenvolvimento de um *habitus* profissional. A natureza dos estágios, das tarefas confiadas ao estagiário quando está em sala de aula e do contrato efetuado com o formador de campo modulam as pressões e as ocasiões que desenvolvem este ou aquele tipo de *habitus* profissional.

Tentaremos esboçar, a seguir, as conseqüências dessas orientações relativas à dimensão reflexiva da prática.

## SABER-ANALISAR E A RELAÇÃO REFLEXIVA COM A AÇÃO

Ao contrário do que sugere a palavra composta, um *savoir-faire* não é um saber. Na verdade, a noção de *savoir-faire* alude a dois mecanismos cognitivos diferentes:

- um *savoir-faire* pode ser considerado um saber procedimental que nossa inteligência nos permite aplicar; pode ser assimilado a um "saber o que fazer" ou "saber como fazer", composto por regras, técnicas, receitas e passos a serem seguidos;
- pode-se assimilar o *savoir-faire* a um esquema de ação incorporado, àquilo que Vergnaud chama "saber-no-ato" e que, às vezes, se associa à expressão "saber como fazer".

Tentando acabar com essa ambigüidade, vamos optar pela segunda acepção; um *savoir-faire* não é um saber *sobre* o fazer, mas uma disposição interiorizada, construída, por vezes laboriosamente, que nos dá o *domínio prático da ação*. Todos sabem a diferença existente entre alguém que leu todos os manuais que explicam como se joga tênis e um jogador de tênis! Não é inútil ler manuais, mas eles só contribuem para a formação de competências ou de *savoir-faire* (no sentido de "sabem como fazer") à custa de um longo treinamento, o qual permitirá que os esquemas sejam substituídos por regras e *incorporem-nas*. É claro que uma parte das regras pode ser aplicada sem ser incorporada, desde que as recordemos no momento adequado. Este é o caso das regras de um jogo qualquer e de alguns princípios táticos gerais. No entanto, todas as regras que descrevem o gesto correto, codificado a partir de uma prática especializada, só podem acompanhar o treinamento, oferecer um modelo a ser imitado e guiar a regulação reflexiva. Um *savoir-faire* é resultado de um *treinamento*, mesmo quando assume, em parte, a forma de uma aplicação de regras ou de princípios teóricos, sabendo-se que não é a única origem possível.

O saber-analisar é um *savoir-faire* entendido nesse sentido. Tanto no caso de operações mentais complexas como em gestos observáveis, nada muda na base das operações, originadas em esquemas conscientes em parte.

Esse *savoir-faire* está baseado nas implicações lógicas de saberes declarativos? Resulta da interiorização de saberes procedimentais? Ou provém do exercício prático da análise?

O *saber-analisar* tem como ponto de partida os saberes eruditos, já que a análise tem relação com o real e, portanto, mobiliza conceitos e teorias. Contudo, estamos tratando nesse caso de saberes *sobre* e *para* a análise. Existem saberes *sobre* a análise que poderiam orientá-la? A lógica é um saber teórico que pode guiar nosso pensamento. Na verdade, há poucas pessoas que têm uma cultura profunda no âmbito da lógica formal. Sua coerência relaciona-se mais com o que Piaget denominou de "lógica natural" do sujeito, não-formalizada, a qual funciona como um conjunto de esquemas práticos de inferência ou de percepção das contradições. Entretanto, não podemos negar que uma formação lógica, seja matemática, seja estatística, pode ajudar a evitar erros de raciocínio, generalizações ou deduções abusivas, confusão entre a parte e o todo, ou ajudar a seqüenciar os problemas, a descobrir os paradoxos, a encontrar as falhas de um regulamento ou de uma argumentação. Esses saberes são mais eficazes nas ciências ou nas operações de pesquisa, mas também podem ser utilizados na vida cotidiana. Para se tornar uma "segunda natureza", especialmente nas situações em que não há tempo para pesquisar com tranqüilidade, como no tênis, eles devem passar por um treinamento intensivo.

Aos saberes lógicos-matemáticos podemos acrescentar os saberes relativos à heurística, à hermenêutica, ao pensamento complexo, proveniente da tradição filosófica ou das ciências humanas. Todas as ciências do espírito esclarecem uma parte de seu mecanismo e eventualmente podem guiá-la, ou, pelo menos, permitem colocar em palavras mecanismos espontâneos e estabilizá-los. Os trabalhos sobre a metacognição, sobre a decisão ou sobre a memória talvez ajudem todos a tomar consciência de sua forma de pensar e, às vezes, a disciplina-la.

Há saberes procedimentais capazes de orientar a análise? Evidentemente, existem alguns saberes que são usados para a análise de dados de pesquisa, ou que servem em diversos setores que empregam profissionais da análise de substâncias bioquímicas, de rochas, de radiografias, de populações, de movimentos financeiros, de funcionamentos organizacionais, etc. No entanto, no que tange a situações educativas, não dispomos atualmente de procedimentos sofisticados e muito menos de tecnologias. No máximo, poderíamos – e isso ainda não foi realizado – elaborar uma lista de conselhos ou princípios gerais inspirados nas metodologias de pesquisa qualitativa e nos saberes de experiência.

Assim, o saber-analisar não se desenvolve apenas em função da aplicação prática dos saberes teóricos ou procedimentais. Trata-se mais de uma "aprendizagem não-diferenciada, por tentativa e por erro, de mecanismos que, por terem sido experimentados, se tornaram mais seguros, mais rápidos, mais potentes e, ao mesmo tempo, mais flexíveis, o que acontece quando nos aperfeiçoamos em um esporte ou em um ofício manual.

Será que a reflexão sobre a reflexão e a análise da análise desempenham um papel importante? Na atual etapa da pesquisa, é difícil dar resposta a essa pergunta. Vamos levantar a hipótese de que o profissional que *se torna* reflexivo tem consciência dessa evolução, sejam quais forem as palavras que utilize para falar dela, mas isso faz mais parte de uma transformação da imagem de si mesmo do que de um ajuste preciso da aprendizagem. É provável que um psicanalista ou um radiologista sejam capazes de avaliar sua forma de analisar e de fazer com que ela progrida, percebendo tendências, erros, preguiças, cegueiras e inclinações. Eles são capazes de ter tal atitude porque a análise está no centro de sua identidade profissional e porque têm uma formação metodológica sobre esse retorno reflexivo à análise.

Quando trabalhamos as representações com os estudantes, a maneira como refletem e aprendem a refletir, observamos que alguns deles sentem-se à vontade nesse registro metacognitivo e poderiam continuar a observar a si mesmos de forma autônoma, enquanto outros já consideram que a análise das situações educacionais é um jogo abstrato e gratuito, e a análise da análise, um exercício surrealista!

Talvez devêssemos concluir, então, que a prática reflexiva se aprende mediante um treinamento regular e intensivo sem que ela mesma seja objeto de importantes ajustes metacognitivos. O estudante não ignora que aprende a analisar e que se espera dele que se transforme em um profissional reflexivo; porém, na verdade, não sabe *como* pode aprender a refletir e não controla essa aprendizagem, exceto em um nível bastante global, por exemplo, quando opta ou não por se envolver em tarefas com alta "densidade analítica".

Portanto, chegamos ao seguinte paradoxo: o *habitus* intelectual do qual dependem nossas tomadas de consciência e nossas análises pode nos parecer muito frágil e funcionar em um *inconsciente prático*, da mesma forma como não sabemos, de modo exato, como amarramos o cadarço de nossos sapatos ou como quebramos um ovo...

Essa fragilidade aumenta quando nos distanciamos de operações intelectuais exatas – observar, descrever, escrever, duvidar, questionar, levantar hipóteses, comparar, antecipar, tentar explicar, interrogar, experimentar, etc. Um profissional reflexivo não é apenas alguém que sabe analisar e refletir e que, para isso, dispõe de determinadas competências, de ferramentas metodológicas e de bases teóricas.

Essas operações não têm sentido e são desestimulantes se estão desconexas de uma certa relação com o mundo, com a ação, com o pensamento e com o saber. Essa relação é uma forma de identidade e também de necessidade de compreender, de indignar-se, de não se limitar à rotina e às certezas.

Será possível formar os estudantes nesse sentido? O paradoxo é que a postura reflexiva exige, ao mesmo tempo, uma grande autonomia intelectual e uma forma de socialização que modela a relação com o mundo e com o saber.

Devemos nos limitar a selecionar os estudantes que devem à sua socialização familiar e escolar um *habitus* reflexivo? Ou devemos transformá-lo em desafio e meta da formação profissional? Nesse último caso, a postura reflexiva deve ser inserida nas condições de existência do ofício de estudante e nos critérios de avaliação. Não é suficiente apresentar a figura do profissional reflexivo como algo ideal: devemos transformá-la em "figura imposta", o que não deixa de ser uma contradição!

# 4

# Formar na Prática Reflexiva por Meio da Pesquisa?*

A universidade parece ser o contexto privilegiado dedicado a uma formação em prática reflexiva. No entanto, veremos que isso não corresponde exatamente à realidade e que a conjugação de uma formação teórica e uma iniciação às metodologias de pesquisa não gera, de forma automática, um profissional reflexivo. Para que esse objetivo ocupe o centro do programa, a universidade ainda deve evoluir.

O modelo norte-americano de formação dos professores de ensino fundamental estendeu-se para a Europa: no prazo de 5, 15 ou 25 anos, todos os sistemas educacionais que ainda não o aplicam passarão a exigir formação universitária dos professores de ensino fundamental em uma faculdade ou em um instituto *ad hoc* (Bourdoncle e Louvet, 1991; Tschoumy, 1991). Essa evolução tende a ampliar o território coberto pelas formações universitárias e pode alegrar aqueles que visam a esse tipo de desenvolvimento. No entanto, o que importa é saber se este será um *verdadeiro progresso* do ponto de vista da eficácia do sistema educativo, de sua modernização, do funcionamento dos estabelecimentos escolares e da luta contra o fracasso escolar e contra as desigualdades.

---

* Este capítulo retoma a parte essencial de um artigo intitulado "Former les maîtres primaires à l'Université: modernisation anodine ou pas décisif vers la professionnalisation?", publicado em HENSLER H. (dir.), *La recherche en formation des maîtres. Détour ou passage obligé sur la voie de la professionnalisation?*, Sherbrooke (Canadá), 1993, Éditions du CRP, p. 111-132.

É provável que a formação universitária dos professores seja vivenciada como um progresso pela profissão. Diante da desvalorização do *status* dos professores como pessoas notáveis na comunidade local, da aproximação cultural entre eles e os pais de alunos, da evolução de profissões comparáveis, o acesso a uma formação universitária oferece uma compensação interessante, tanto do ponto de vista simbólico como financeiro. Ela aproxima os professores de ensino fundamental dos professores de ensino médio, o que pode ampliar a unidade sindical do corpo docente. Além disso, representa, como demonstra Labaree (1992), um progresso para os formadores de professores e talvez para as instituições de formação ligadas à universidade.

Entretanto, esses "progressos" não garantem uma ação pedagógica mais eficaz nas salas de aula. O desafio não se resume na manutenção ou no mínimo aprimoramento do nível de formação dos professores de ensino fundamental. É preciso formar nesse *novo ofício* defendido por Meirieu (1990b) e tornar os sistemas educativos capazes de preparar o maior número possível deles para a complexidade do mundo moderno. Contudo, no movimento geral favorecido pela harmonização européia ou mundial dos diplomas e pela elevação dos níveis formais de qualificação, o acesso à universidade não garante, como tal, um acréscimo decisivo de qualificação profissional. Tudo depende da forma como a formação dos professores for concebida e realizada. Só *virtualmente* a universidade é um contexto privilegiado para formar educadores de alto nível. A concretização dessa virtualidade não é automática, já que passa por uma *luta* contra as tendências historicamente dominantes na instituição universitária. Hoje em dia, essa luta não está perdida por antecipação: os espíritos evoluíram, a relação da universidade com a cidadania, com a formação profissional e com o saber praxiológico está mudando. Porém, ela continua sendo incerta, e a aposta só será ganha se houver aumento da lucidez no interior das faculdades de ciências da educação; para serem bem-sucedidas na formação dos professores, elas não devem conservar nenhuma ilusão sobre o estado dos saberes teóricos e sua pertinência para fundar uma prática profissional. E isso é pedir demais às ciências humanas que ainda estão em busca de *status* e de sinais exteriores de respeitabilidade acadêmica.

Nesse sentido, é preciso orientar com clareza a formação dos professores para uma prática reflexiva, valorizar os saberes advindos da experiência e da ação dos profissionais e desenvolver uma forte articulação teoria-prática e uma verdadeira profissionalização. Essas transformações questionam o *status* epistemológico das ciências da educação e a vocação das unidades que o exigem.

Vamos examinar, a seguir, quatro ilusões que devem ser abandonadas se, de fato, desejarmos desenvolver uma formação que seja tanto universitária quanto profissional: a ilusão cientificista, a ilusão disciplinar, a ilusão da objetividade e a ilusão metodológica.

## A ILUSÃO CIENTIFICISTA

Talvez, algum dia, as ciências humanas e sociais consigam elaborar teorias tão formalizadas, precisas e operatórias quanto as teorias das ciências físicas. No entanto, ainda não chegou esse momento. Hoje em dia:

- os saberes teóricos das ciências humanas são frágeis, sujeitos a revisões dilacerantes, a eternas disputas ideológicas ou epistemológicas; seria imprudente tomar por base uma ação pedagógica ou os programas escolares exclusivamente no estado dos conhecimentos teóricos em ciências humanas e sociais;
- mesmo no caso de estarem relativamente fundamentadas, essas teorias abrangem apenas uma parte dos processos de ensino e aprendizagem; há buracos negros e extensas zonas de claro-escuro, sobre as quais dispomos de intuições fecundas e de alguns resultados empíricos, mas de poucas certezas que podem ser utilizadas na prática.

Essa constatação não provoca desespero. As diversas disciplinas científicas não se desenvolvem no mesmo compasso; por vários motivos, os fenômenos psíquicos e sociais resistem a uma explicação mais rigorosa e formalizada, como a que pode ser feita no âmbito das ciências naturais. Essa defasagem dá aos cientistas "rigorosos", pelo menos àqueles que não refletiram muito sobre a história das ciências, a oportunidade de tratar as ciências humanas como a medicina de Molière. Sem dúvida, podemos tratar com ironia os ensaios ingênuos ou prematuros de medição e modelagem, a imprecisão da terminologia, os conflitos que devem mais às preferências ideológicas do que às divergências metodológicas ou teóricas. Nenhum sociólogo pode se surpreender com o fato de que, às vezes, os físicos, os astrônomos, os químicos e mesmo os biólogos façam pouco das ciências humanas; essa ironia serve aos seus interesses na divisão dos recursos em matéria de pesquisa e de desenvolvimento universitários... É mais surpreendente ver pesquisadores da área das ciências humanas e sociais "ridicularizarem" com veemência seus colegas por despeito, amor-próprio ou busca de reconhecimento. Seria grave se esses jogos e se essas estratégias de distinção e defesa do território terminassem por impedir o debate epistemológico.

No início do século XX, Claparède (1912) esperava, de boa-fé, que, se fosse oferecida uma formação científica aos educadores, eles teriam os recursos necessários visando à realização de uma ação eficaz. Na atualidade, essa tese não se sustenta mais. Aparentemente, os formadores que a apóiam nunca tiveram de enfrentar a complexidade de uma situação pedagógica real nem se questionaram, ao pensar no sucesso de seu próprio ensino, sobre o *savoir-faire* e o *savoir-être*\* que tiveram outra origem e que não estão relacionados aos seus conhecimentos teóricos.

O problema surge a partir da coexistência de *lógicas diferentes* nas mesmas instituições: por um lado, a lógica universitária clássica, a qual privilegia os conhecimentos fundamentais e a pesquisa e só prepara incidentalmente para as profissões, por mais prestigiadas que elas sejam; por outro, a lógica das formações profissionais de alto nível, orientadas pelo desejo de uma ação eficaz, baseada em conhecimentos cuja pertinência prática importa mais que o *status* epistemológico. As escolas politécnicas e as faculdades de medicina chegaram a uma síntese, a qual pode ser explicada de diversas maneiras:

- um *status* muito elevado da prática profissional do médico ou do engenheiro, o qual garante um certo equilíbrio entre as formações práticas e a pesquisa;
- escolas ou faculdades muito antigas, muito prestigiadas no âmbito universitário, as quais dispõem, portanto, de recursos consideráveis para investir, *ao mesmo tempo*, na pesquisa fundamental e na formação profissional;
- modelos de formação técnica ou clínica testados na articulação dos saberes teóricos e na resolução de problemas concretos;
- um recrutamento muito seletivo, no momento da entrada e no decorrer dos anos propedêuticos, o qual garante um nível ideal dos estudantes, capazes de realizar tanto pesquisa fundamental como trabalhos técnicos ou clínicos.

Faltam esses trunfos nas profissões que lidam com o humano, cuja formação está passando às mãos das universidades, como os cursos de assistente social, de enfermagem, como a psicologia clínica, a orientação escolar, o apoio pedagógico e o ensino. Todos eles são setores de pouco prestígio no seio da universidade, contam com poucos recursos e devem optar constantemente entre a pesquisa e a formação profissional. Diversos alunos optaram por eles porque lhes pareciam menos exigentes que a medicina ou as

---

\*N. de RT. Significa a qualidade de saber ser aquele que se é.

ciências físicas. Ainda que gozem de uma formação de nível universitário, as profissões que lidam com o humano não possuem o mesmo nível de prestígio que as profissões de médico ou de engenheiro politécnico.

Por isso, é difícil para as faculdades de ciências humanas coexistirem pacificamente com essas duas lógicas. Considera-se que os partidários de uma boa formação profissional ameaçam a respeitabilidade ou os recursos dos que defendem uma pesquisa fundamental de alto nível e a formação de pesquisadores de ponta. Por isso, emergem acordos estruturais que estabilizam e protegem os territórios de ambos. As possíveis fórmulas utilizadas não são ilimitadas. Podemos mencionar quatro delas:

1. A formação dos professores pode ser realizada por um departamento especializado no interior de uma faculdade de ciências da educação, no contexto de um programa de graduação, o que não impede que ela ocupe um lugar menos importante com relação às formações teóricas oferecidas pelos departamentos de estudos fundamentais.
2. A formação dos professores é certificada por meio de diplomas profissionais diferentes dos títulos acadêmicos clássicos e situados em posição inferior na hierarquia, sem o mesmo valor dos outros diplomas, como se fossem "filhos bastardos" da academia.
3. A formação dos professores pode se reduzir à graduação, enquanto os setores mais fundamentais oferecem a possibilidade de um curso de pós-graduação mais aprofundado e teórico aos melhores alunos. Este foi o procedimento utilizado no Canadá até a recente extensão da formação ao ensino em nível de mestrado.
4. A formação dos professores pode ser confiada a instituições universitárias independentes das faculdades, inspiradas no modelo das escolas politécnicas ou no modelo de outras escolas profissionais de alto nível. Este foi o caminho adotado pelas instituições universitárias de formação de professores na França.

À sua maneira, cada uma dessas fórmulas tenta fazer com que várias tendências coexistam na instituição universitária. Essa coexistência permite seu funcionamento, a formação de pesquisadores e professores de forma compartimentada, com uma relativa tranqüilidade. O risco seria que isso impedisse o debate sobre o *status* teórico e pragmático das ciências da educação ou que ele se tornasse uma forma de justificar esta ou aquela estrutura institucional.

É difícil definir a fórmula ideal. Ela depende das relações de força entre instituições, representações dominantes, oportunidades históricas e limites orçamentários. Entretanto, a primeira fórmula nos parece preferível se quisermos evitar a constituição de um grupo fechado e permitir a circulação constante de idéias e pessoas entre a esfera da formação dos professores e outros setores das ciências da educação. Os departamentos responsáveis pela formação dos professores é que devem demonstrar que não são apenas locais de vulgarização, mas também de produção de saberes acadêmicos e praxiológicos.

## A ILUSÃO DISCIPLINAR

Nunca nenhuma universidade foi organizada conforme um corte epistemológico totalmente coerente. Ao lado das verdadeiras ciências, houve inicialmente "ciências morais" (letras, filosofia, artes, direito, teologia), ou seja, tudo aquilo que não era considerado ciência. Onde deveríamos classificar a medicina, a farmácia, a arquitetura ou a informática? A divisão em disciplinas depende de vários aspectos:

- uma divisão da realidade em níveis de complexidade (físico, químico, biológico, psicológico, sociológico); as disciplinas científicas são as menos contestadas, ainda que sejam produto de delimitações provisórias, objeto de disputas fronteiriças, de imperialismos, de guerras civis e de cismas;
- a existência, na realidade, de relativos "claustros sistêmicos" (o movimento dos astros, a língua, os intercâmbios econômicos), que oportunizam uma teorização autônoma; nesse caso, a identidade disciplinar torna-se mais frágil, pois os sistemas estudados combinam diversos níveis de realidade e, por esse motivo, a rigor, são objetos interdisciplinares. Sendo assim, por exemplo, a lingüística não é uma disciplina igual à física, mas uma encruzilhada interdisciplinar, na qual a biologia, a etnologia, a psicologia, as neurociências, a história e a sociologia ajudam a clarificar um objeto apresentado como um sistema relativamente fechado; por outro lado, fala-se cada vez mais de "ciências da linguagem";
- uma oposição entre a história, que marca a singularidade, e as ciências nomotéticas, que pesquisam leis;
- uma distinção entre as ciências, as tecnologias e as disciplinas cuja base são valores (éticos, estéticos) ou práticas sociais e profissionais.

Em síntese, há décadas e mesmo há séculos, essas linhas divisórias estabelecem a estruturação da academia e das universidades em *disciplinas*, ainda que, consideradas em detalhe, os cortes institucionais variam de um país ou de uma instituição para a outra, em função das tradições nacionais e dos percalços de desenvolvimento das instituições acadêmicas.

Portanto, qualquer novo campo de saber pode se sentir atraído, por motivos que se referem à distinção, ao *status* ou à estratégia, a reivindicar um espaço no panteão das disciplinas consagradas. Entretanto, o que se justifica no âmbito da linguagem ou dos intercâmbios econômicos também é válido para a educação? Podemos esperar que a educação constitua-se em um objeto relativamente fechado em si mesmo, objeto de uma *ciência*, deixando de ser uma justaposição de discursos provenientes da psicologia, da sociologia, da antropologia e da história? De acordo com a resposta que dermos a tal pergunta, não estaremos pensando a formação dos professores da mesma maneira e menos ainda a sua presença e a sua importância em uma faculdade de ciências da educação.

Se pensarmos que a educação é um objeto em torno do qual se pode construir uma ciência unificada e, em certa medida, auto-suficiente, a ciência da educação, estaremos privilegiando uma dinâmica endógena de desenvolvimento: o objetivo da pesquisa é tornar a teoria cada vez mais coerente e completa de acordo com as observações. Os usos práticos passam a ser concebidos como subprodutos dos conhecimentos fundamentais, pela pesquisa aplicada ou pela vulgarização. Sob esse ponto de vista, a formação dos professores é um empreendimento secundário, realizado para prestar serviço à academia, às vezes por motivos oportunistas e mercantilistas. Algumas faculdades de ciências da educação parecem formar professores a fim de ampliar seu público e garantir o financiamento da pesquisa fundamental, da mesma forma que uma faculdade de matemática pode realizar trabalhos de pesquisa operacional ou de matemática aplicada. A questão não é fundamentalmente ética, embora esse aspecto tenha certa importância. Ela é *epistemológica*: sob essa perspectiva, a formação dos professores não parece ser um objetivo essencial do conhecimento das ciências da educação, pois não passa de um espaço de vulgarização; o desenvolvimento e a validação da teoria não dependem disso.

Se, ao contrário, considerarmos que a educação é definitivamente um objeto *interdisciplinar*, podemos delegar às disciplinas contributivas (psicologia, sociologia, etnologia da educação e outras) o desenvolvimento dos conhecimentos fundamentais que provêm de seus respectivos campos. Essa opção não implica que seja necessário colocar toda pesquisa fundamental para fora das faculdades das ciências da educação; porém, ela acentua mais a cooperação interdisciplinar que o estímulo às pesquisas monodisciplinares profundas que também poderiam ser efetuadas, por exemplo, em um departamento de sociologia ou de psicologia pertencente a outra faculdade. Logo, o que cria a unidade em uma faculdade de ciências da educação é a referência a um *campo social identificável*, o sistema de ensino e o conjunto das práticas educativas realizadas na escola, nas famílias e em outras partes. Esse campo deixa de ser um simples objeto de observação, um mercado, um nicho ou um público. Este é o motivo da reunião e da *interação* entre diversas disciplinas em uma faculdade.

Não é interessante justapor na mesma instituição disciplinas que não tenham afinidades uma com a outra. O sentido de uma faculdade de educação é a *troca interdisciplinar*, a tentativa de articular linguagens, conceitos e teorias sustentados em tradições disciplinares diferentes. Contudo, esse trabalho apresenta riscos evidentes:

- obriga os pesquisadores a se aventurarem em diversos campos disciplinares, mas alguns deles não correspondem à sua formação básica;
- leva a pesquisas e a publicações cujos critérios de legitimidade não são claros, pois não têm relação com o corte disciplinar clássico;
- as regras de coerência e de validação externas, válidas para as disciplinas, não se aplicam tão facilmente aos saberes interdisciplinares;
- a identidade dos alunos não se constrói com relação ao saber, mas no que se refere a projetos profissionais ou a compromissos militantes.

Nesse sentido, o trabalho interdisciplinar é uma forma de equilíbrio instável e improvável. Para um pesquisador da área da educação proveniente de uma dada disciplina, é muito mais "razoável" fechar-se em seu campo, do qual conhece as regras, mesmo pertencendo a uma faculdade de ciências da educação. Na verdade, a existência de uma instituição interdisciplinar não impede que sejam (re)constituídas províncias fechadas e auto-suficientes, da mesma forma que elas também podem existir nas faculdades disciplinares.

A única forma duradoura de propiciar certa unidade ao trabalho interdisciplinar seria referi-lo constantemente ao *sistema de ação* cuja complexidade ele pretende esclarecer e, eventualmente, cujo funcionamento pretende melhorar. Nesse sentido, a referência à profissão de professor, assim como a outras práticas educativas, é um ponto central na construção de uma linguagem comum, de problemáticas compartilhadas e de saberes interdisciplinares. Nesse caso, ser capaz de formar professores qualificados não é mais uma tarefa mercantilista, transformando-se na pedra angular de uma *coerência interdisciplinar*. As ciências da educação terão realizado uma parte de seu projeto – prestar contas do caráter complexo e sistêmico da educação – uma vez que sejam capazes de produzir saberes eficazes no interior desse sistema e diante dessa complexidade. Esse mecanismo não está ausente dos campos disciplinares clássicos: o domínio da ação técnica certamente é muito importante para as ciências físicas. No entanto, elas possuem outras fontes de existência. Para a encruzilhada interdisciplinar constituída pela educação, porém, esta é a única fonte ou, pelo menos, a mais importante.

Quem seria ingênuo a ponto de acreditar que, nesse tema, existe algum tipo de consenso? Este é um dos problemas: atualmente coexistem, na própria instituição, concepções totalmente contraditórias da identidade profunda e da vocação de uma faculdade de ciências da educação. Isto pode ser percebido até mesmo na linguagem: faculdade *de educação* ou de *ciências da educação*? Conservaremos aqui a terminologia européia, a qual destaca a vocação científica. No Canadá e nos Estados Unidos insiste-se mais no campo social. Será por acaso que naqueles países a formação universitária dos professores está mais avançada?

## A ILUSÃO DA OBJETIVIDADE

O behaviorismo radical provocou um grande incêndio. Talvez o fogo ainda não tenha se extinguido por baixo das cinzas. Alguns pesquisadores continuam sonhando em retirar do sujeito o significado de sua própria realidade. Atualmente, as abordagens construtivistas e compreensivas não provocam mais escândalo e tendem a prevalecer. Nenhum pesquisador ousaria afirmar que é possível explicar o que acontece em uma sala de aula sem referir-se às representações, à definição da situação, à epistemologia, às teorias subjetivas e aos saberes provenientes da experiência dos atores (Haramein, 1990; Tardif, Lessard e Lahaye, 1991).

Desse modo, o debate deslocou-se e, hoje em dia, aborda a forma de se considerar essas representações como objetos ou fontes de um saber teórico. O reconhecimento de que o ator age conforme *sua* definição da realidade não obriga a aderir a suas representações e teorias "espontâneas", "ingênuas" ou "subjetivas". Algumas sociologias ou psicologias compreensivas, conforme significado que Weber dá a esse termo, consideram-se no direito de pensar que as teorias subjetivas dos atores seriam construções mentais que, certamente, são subjacentes aos seus comportamentos individuais e coletivos, mas que não têm nenhuma validade "científica". Podemos até mesmo suspeitar de falsa consciência, de ideologia, de ingenuidade ou de angelicalismo e sugerir que os atores vivem constantemente na ilusão e na cegueira, em um teatro de sombras, em um mundo que eles acham que dominam, mas que, na verdade, é regido por coincidências, forças ou causas que fogem ao seu controle e que só as ciências humanas poderiam "desvelar". Assim, podemos verificar que essa visão trata os pesquisadores como atores muito diferentes uns dos outros, capazes de perceber aquilo que o bom senso quer ignorar ou não pretende discernir. Sob essa perspectiva, o empreendimento científico é necessariamente *esotérico*, pois se supõe que os atores comuns não têm nem a vontade nem a capacidade de perceber, em sua "verdade" e complexidade, o funcionamento do espírito e da sociedade.

Por outro lado, pode-se dizer que a própria natureza das relações humanas e do mundo social obriga os atores menos eruditos a se tornarem honestos psicólogos, sociólogos e lingüistas, ou por motivos puramente pragmáticos, ou para se "virarem" na vida, no sentido mais amplo do termo. Isso não quer dizer que os atores tenham constantemente consciência do que eles fazem funcionar; do inconsciente freudiano, bloqueado, ao inconsciente prático de Piaget ou Bourdieu (conforme a teoria dos esquemas e do *habitus*), é preciso levar em conta as condutas complexas e coordenadas das quais os atores não dominam nem as razões nem a orquestração (Perrenoud, 1983, 1994a, 1996c). Além disso, seria absurdo pretender que a lucidez dos atores fosse desinteressada. Ela tem uma "geometria variável", e eles só recorrem a ela quando serve a seus interesses, protege seus privilégios e reforça seus poderes. Por fim, mesmo quando ela serve ao seu interesse, a perspicácia do ator não é constante, devido às suas ambivalências e aos seus limites perceptivos, conceituais, lógicos e argumentativos.

Apesar de admitirmos tais limites, devemos reconhecer que as ciências humanas estão profundamente enraizadas no saber *comum*. No entanto, nem por isso devemos considerá-las corriqueiras e limitarmo-nos a revesti-las com palavras eruditas. Em vez de pretender edificar as ciências humanas *ao lado* do bom senso, é melhor construí-las a partir dele, sem nos subordinarmos ou fecharmos nele, superando suas carências, suas significações, seus sofismas e suas zonas obscuras. A famosa "ruptura epistemológica" descrita por Bachelard (1938) não é um ato fundador, pois ela ocorre sempre que o bom senso não consegue explicar mais nada ou obscurece os fatos por diversas razões: vontade de não saber, falta de imaginação ou de trabalho, peso de uma dominação.

O que é válido para as abordagens disciplinares vale ainda mais para a encruzilhada interdisciplinar formada pelas ciências da educação. Se os atores tiverem uma relação pragmática com o conhecimento, privilegiarão a visão de conjunto, a *Gestalt,* a coerência sistêmica, abandonando os erros ou as incertezas locais. Quando um professor não tem uma intuição eficaz da forma como funcionam as relações de poder e das margens de manobra que elas lhe oferecem no espírito dos alunos, em seu *status*, em sua idade ou em seu saber, ele não tem nenhuma chance de sobreviver na profissão. Na dúvida, cada ator, considerado individualmente, reconstitui apenas uma parte de uma teoria geral do saber, a mais *útil* para ele, preservando a imagem de si mesmo e protegendo suas ilusões sobre o ser humano. Em contraposição, se levarmos a sério as práticas e as teorias subjetivas do poder em um grande número de professores, encontraremos quase tudo o que as ciências humanas pretendem ter descoberto. É provável que Galileu, Newton ou Einstein tenham revelado e teorizado fenômenos naturais que ninguém percebia ou compreendia antes deles. Entretanto, é difícil dizer o mesmo no que se refere às ciências humanas. Mesmo Marx ou Freud deram forma a intuições implícitas nos contos, nas religiões ou na literatura, ou naquelas que são utilizadas nas práticas sociais.

Tomemos o exemplo da *presença em classe*. Todos os educadores concordam sobre a importância da presença na relação pedagógica. Muitas vezes, ela parece uma condição necessária da comunicação e da eficácia didática. Até hoje, as ciências da educação não têm uma postura muito definida com relação a essa questão. Encontramos trabalhos relativos ao poder, à sedução ou ao relacionamento. Em oposição, a questão da presença é um campo polêmico, e as ciências humanas parecem ter abandonado esse conceito, deixando-o nas mãos do bom senso.

Quando essa questão é trabalhada com um grupo de alunos do ensino fundamental, no contexto de uma pesquisa comum, percebemos que eles depreendem de suas práticas de alunos ou de professores elementos extremamente ricos no que se refere à definição e à construção conceitual, aos quais acrescentam todos os tipos de teorias interessantes ou, no mínimo, plausíveis sobre o papel da presença do professor na ação pedagógica, sobre as diversas maneiras em que os professores tentam se fazer presentes, seus motivos ocultos ou aparentes e os efeitos que esta ou aquela forma de presença provoca sobre os alunos. Em sua fase de construção, a pesquisa tenta se limitar ao bom senso, mas rapidamente ultrapassa-o. Ela não rejeita nem ignora de antemão suas definições e suas construções conceituais, mas organiza sua complexidade e sua diversidade, acrescentando pouco a pouco fragmentos de teorias, explicitando intuições, restituindo uma parte de sentido aos atores e utilizando outra parte para elaborar conceitos que não provêm mais das teorias subjetivas, mas de uma teoria das teorias subjetivas. Esse exemplo mostra que, inclusive nos casos em que a tradição de pesquisa é muito pobre, nunca se parte do nada, o que é uma imensa vantagem; no entanto, obriga que haja investimento em um intenso trabalho comparativo e crítico para *ultrapassar o bom senso sem negar sua pertinência cotidiana*.

De acordo com a posição assumida nesse debate, não defendemos a mesma concepção do papel da universidade na formação dos professores ou dos educadores. Algumas pessoas consideram que os educadores possuem teorias *ingênuas* (psicanalíticas, psicológicas, lingüísticas, sociológicas) que só merecem ser descritas e explicadas para explicitar sua ação.

Nesse caso, as representações dos professores passam a ser analisadas do mesmo modo como são analisados os fundamentos culturais da magia negra ou dos rituais de algumas religiões: parte-se da idéia de que as práticas são baseadas em uma visão do mundo que contradiz ou ignora o pensamento científico e, desse modo, não poderia, de forma alguma, sustentá-lo.

No entanto, podemos ainda considerar que os professores eficazes põem em prática teorias muito *poderosas*, apesar de serem recorrentes mais da experiência pessoal do que da pesquisa empírica e apesar de continuarem sendo amplamente implícitas e entremeadas a juízos de valor. Se apoiarmos essa segunda visão dos fatos, seremos levados naturalmente a considerar que a formação dos professores é uma *fonte inesgotável de conceitos e hipóteses*. Isso ocorre porque essa formação, para ser eficaz, só pode ter origem nas representações quase ingênuas dos professores em formação, tentando extrair a parcela do que pode ser verificado e é pertinente, assim como a parcela do mito e da ideologia.

Nesse contexto há de tudo, diamantes e escória, verdade e mentira, novidade e banalidade. Em um primeiro momento, isto é, na formação profissional, é preciso tratar e avaliar tudo a fim de consolidar e diferenciar as representações corretas e enfraquecer e neutralizar as outras representações. No segundo momento – gênese dos conhecimentos na área das ciências da educação – os diamantes e as novas intuições são mais interessantes que as escórias e os lugares-comuns. Em um grupo de professores em formação, em geral nove décimos das trocas não terão nenhum valor para a construção de novos conhecimentos, por mais que sejam importantes para a tomada de consciência e para o processo de formação das pessoas envolvidas. A décima parte, se for ampliada, sustentada e explicitada, pode motivar o avanço nas teorias do desenvolvimento, da aprendizagem, das interações didáticas ou das organizações educativas.

Essa parcela de perspicácia, lucidez e inventividade teórica dos atores é crucial para a identidade propriamente científica dos formadores. Se um pesquisador da área da educação a reconhece e acredita que ela tem certa constância e, por fim, que ele possui os recursos para enfrentar isso, nunca se sentirá *exilado* na formação dos professores, condenados por motivos puramente altruístas ou de subsistência. Ao formar professores, pelo menos em um modelo altamente interativo, ele efetuará *também* seu trabalho de pesquisador. Por conseguinte, poderá renunciar a viver de forma esquizofrênica, "sacrificando" três quartas partes de seu tempo em tarefas pedagógicas, com a esperança de conservar um quarto para a pesquisa fundamental...

## A ILUSÃO METODOLÓGICA

No momento em que almejam a formação de professores por meio da pesquisa, os especialistas em ciências da educação muitas vezes adotam um ponto de vista etnocêntrico: gostariam de transformar os professores em pesquisadores amadores, dar-lhes um mínimo de *habitus* científico, de rigor metodológico na definição dos conceitos, na elaboração das hipóteses e na verificação das teorias. Este é um desejo louvável: em um campo encoberto pelas ciências humanistas, é importante que os profissionais saibam como essas ciências formulam e validam suas teorias, quais são seus métodos e em que contextos institucionais, em que estruturas de poder, em que redes de comunicação a pesquisa na área da educação é elaborada e difundida. Isso permitirá que os professores sejam futuros consumidores críticos e conscientes da produção das ciências humanas e, ainda, colaboradores da pesquisa ou parceiros de pesquisa-ação ou de pesquisa comprometida. Com essa finalidade, iniciação metodológica é útil.

No entanto, a prática de ensino não é e nunca será uma prática de pesquisa, pois é exercida em condições nas quais a decisão é urgente (Perrenoud, 1996c) e o valor do saber é medido mais pela sua eficácia pragmática do que pela coerência teórica ou pelas regras do método, as quais permitiram sua elaboração controlada.

O que os professores mais podem aprender, em contato com a pesquisa em educação, provém do *olhar*, das *questões* que ela suscita, e não tanto dos métodos e das técnicas. É próprio da pesquisa subverter a percepção, revelar o oculto, suspeitar o inconfessável, estabelecer ligações que não saltam aos olhos, reconstituir as coerências sistêmicas sob a aparente desordem. A principal contribuição prática da pesquisa no âmbito da educação é sua *teoria* ou, mais modestamente, o conjunto dos *paradigmas interpretativos* que as ciências humanas propõem acerca dos fatos didáticos e educativos (Altet, 1992; Peyronie, 1992; Perrenoud, 1994a).

Sob essa ótica, a formação por meio da pesquisa nos parece um *desvio útil* para uma formação *teórica*, vivaz, ativa e personalizada. Essa opção postula que a principal *regulação* da prática docente provém da reflexão do próprio profissional, desde que ele seja capaz de propor questões, de aprender a partir da experiência, de inovar, observar, ajustar progressivamente sua ação às reações previsíveis dos outros. Sendo assim, as teorias das ciências humanas não podem pretender substituir a *prática reflexiva* do professor em situação. No melhor dos casos, podem fecundá-la, incentivá-la, propor algumas ferramentas, alguns conceitos e algumas hipóteses que reforcem seu poder e sua legitimidade (Schön, 1983, 1987; Maheu e Robitaille, 1991; Lessard, Tardif e Lahaye, 1991; Gather Thurler, 1992).

Com esse espírito, a formação dos professores por meio da pesquisa é, acima de tudo, um método ativo de formação teórica. Mas, sobretudo, é um *ponto de entrada* em um terreno comum, onde a postura científica e a prática podem se unir com a intenção de elucidar alguns fenômenos buscando compreendê-los ou explicá-los melhor, juntando o saber local e o método científico.

Essa opção pode provocar conseqüências consideráveis na concepção e na organização da formação: mais que associar os futuros professores, muitas vezes como mão-de-obra pouco qualificada, a trabalhos de análise de dados, parece-nos mais oportuno à formação associá-los às fases de *construção teórica*, às etapas mais subjetivas, menos codificadas e mais criativas do trabalho de pesquisa. Formar-se na área na pesquisa seria, então, *aprender a fazer as perguntas adequadas*, a construir objetos conceituais e hipóteses plausíveis que, potencialmente, pudessem defender uma parte das observações que apresentam uma coerência interna e que estimulam a imaginação e a reflexão.

Por meio dessa concepção, o trabalho comum tem origem em problemas bastante *complexos*, permitindo que os profissionais permaneçam em seu terreno, que é o sistema da turma e do estabelecimento de ensino. Ao serem impelidos a realizar um corte muito sutil da realidade e a se interessar por um microprocesso, serão iniciados na pesquisa dos pesquisadores. Não os preparamos para fazer perguntas no contexto de uma prática reflexiva, porque o ofício de professor obriga a considerar todas as dimensões do sistema da turma sem se centralizar em um único aspecto, colocando o resto do mundo entre parênteses. Além disso, esta é uma forma de propiciar certa igualdade entre pesquisadores e profissionais: diante da complexidade dos sistemas, todos somos ultrapassados, todos buscam, improvisam, refletem e enganam-se. Não se segue mais uma lógica da transmissão de saberes construídos, mas da exploração, da busca de sentido, da identificação de regularidades.

Outra maneira de colocar pesquisadores e profissionais em pé de igualdade é a seguinte: não haver escolha de temas consagrados, situando-se, acima de tudo, em uma lógica da validação de hipóteses provenientes da literatura. É melhor optar por domínios em que tudo está por ser feito. Quando trabalhamos o currículo oculto, a presença, a memória didática ou outras problemáticas cuja construção é muito incipiente, a norma metodológica ainda não se fortaleceu o suficiente para prevalecer. É preciso refletir sobre e observar em todos os sentidos, já que estamos em uma fase indutiva, em uma lógica de *descoberta*, em oposição a uma lógica de *verificação*. Nesse jogo, uma parte dos profissionais pode investir recursos que não ficam devendo nada a uma formação metodológica específica, mas que refletem, em especial, capacidades gerais de observação, análise, síntese e argumentação.

A idéia não é não mais associar os professores em formação a grandes pesquisas clássicas, quantitativas, as quais seguem os cânones do método. No entanto, basta diversificar as formas de pesquisa e privilegiar o que está mais próximo de uma prática reflexiva, dando cada vez menos importância aos produtos e privilegiando os *modos de produção,* libertando-se das limitações próprias do campo cientifico para permanecer no interior de uma racionalidade estrita de formação profissional ideal.

## A UNIVERSIDADE E A PRÁTICA REFLEXIVA

Ao contrário do que se imagina, o caráter universitário de uma formação profissional não garante, *ipso facto*, sua orientação para a prática reflexiva. Quando se insiste nos saberes teóricos e inicia-se em metodologia de pesquisa, uma formação universitária pode formar um profissional reflexivo "acima da média". E, por estar envolvida na pesquisa, a maioria dos professores universitários está convencida de ser e de formar profissionais reflexivos, o que não é absurdo. Em certos aspectos, o profissional reflexivo é um intelectual e um pesquisador, embora isso não evite as necessidades e as tensões cotidianas. Não é verdade que todos os universitários vivem longe da realidade. A maior parte deles é muito pragmática, *gerencia* importantes subvenções, planos de estudo, instituições, programas de pesquisa e lida com pessoas. Em contraposição, em matéria de pesquisa e ensino, adquiriu o direito de não concluir, de não decidir, de proceder metodicamente; em suma, de se libertar dos imperativos da ação imediata. Em certa medida, o *habitus* acadêmico está na antípoda do *habitus* reflexivo, tal como ele foi conceituado por Schön. Sempre há reflexão, mas, no trabalho universitário, ela regula a produção da teoria, enquanto nas profissões humanistas ela regula a ação e a relação. Em contrapartida, a teoria pode esperar; porém, os seres humanos exigem uma ação imediata. As profissões que lidam com a ação obrigam a assumir riscos, a realizar uma reflexão insatisfatória porque ela não vai ao âmago de todas as questões. Só em parte o procedimento dos formadores universitários é um exemplo da prática reflexiva, pois se desenvolve em condições protegidas. Além disso, mesmo que supostamente eles sejam profissionais reflexivos de forma integral, nada garante que seus alunos assumirão essa característica por imitação ou por osmose...

No ofício de professor, a partir da perspectiva da profissionalização, encontramos uma capacidade de *capitalizar a experiência*, de refletir sobre sua prática para reestruturá-la. Esta é a importância da construção *delibe-*

*rada*, na fase de formação inicial, de um *habitus* profissional capaz de suscitar uma *autotransformação contínua*. A transformação de alguém em profissional reflexivo não pode ser improvisada. Uma cultura teórica não é suficiente, ainda que seja uma condição necessária. É correto preparar os futuros professores para participar de pesquisas ou para assimilar seus resultados (Hensler, 1993; Huberman, 1983; Huberman e Gather Thurler, 1991; INRP, 1992; Perrenoud, 1992a, b, c); contudo, essa iniciação não constrói, *ipso facto*, os hábitos e as competências de regulação da prática pela reflexão *sobre* e *na* ação.

A formação de "profissionais reflexivos" deve se tornar um objetivo explícito e prioritário em um currículo de formação dos professores; em vez de ser apenas uma familiarização com a futura prática, a experiência poderia, desde a formação inicial, assumir a forma simultânea de uma *prática "real" e reflexiva*.

Fácil de dizer! Isso não pode ser feito por meio do microensino e dos estágios longos, substanciais e variados. O que realmente importa é consolidar um percurso de vários anos que permita a construção das competências profissionais essenciais. Nesse projeto, os estágios só terão sentido se forem preparados, contextualizados e *explorados com uma postura reflexiva*. Isso não acontece necessariamente fora da escola; as experiências canadenses de formação conjunta realizadas em Ottawa (Bélair, 1991a, b) e de escolas associadas de Montreal (Carbonneau et al., 1991, 1992), mostram que, mesmo em um contexto universitário, pode-se confiar aos profissionais em exercício uma parte da formação, desde que o contrato seja claro e que sua aplicação tenha continuidade.

A medicina e as escolas politécnicas desenvolveram modelos diferentes de currículo, os quais passam pela clínica ou pelo laboratório. As faculdades de ciências da educação, as quais estão prestes a elaborar seu próprio caminho, não podem trazer a prática para o interior do mundo universitário. Uma "escola de aplicação" nunca desempenhará o papel de um hospital universitário. Por isso, é preciso desenvolver uma *parceria* com o sistema educativo como um todo. Ultrapassando os problemas contratuais, deparamo-nos com um paradoxo considerável: a profissionalização, não entendida aqui no sentido estatutário, mas como capacidade de construir a própria prática, os próprios métodos, no contexto de uma ética e de objetivos gerais, só pode ser desenvolvida em campo, em contato com os alunos e com professores mais experientes. Entretanto, nem sempre estes são ilustrações vivas da profissionalização e da prática reflexiva. Eles não poderiam ser criticados por isso quando constatamos que tal idéia cria uma defasagem entre o novo ofício, preferível, mas abstrato, e o antigo, discutível, mas tangível... Isto é próprio de uma situação de transição! Não pode ser negada. Ao contrário disso, é importante teorizar essa situação: a continuidade do funcionamento da escola impõe a coexistência de gerações de profissionais formados conforme padrões diferentes. A formação contínua e o desenvolvimento de dinâmicas de estabelecimentos escolares podem reduzir essas defasagens, mas nunca conseguirá anulá-las.

Por isso, a instituição universitária não pode se voltar à profissão e aos estágios para garantir a formação de um profissional reflexivo. Isso compete a todos os formadores, com uma intenção firme, pagando seu preço em todos os contextos de formação ou, em outros termos, abandonando a transmissão de saberes acadêmicos plenos, por um lado, e, por outro, a insistência em interferir na profissão e em imitar os profissionais experientes.

# 5

# Construir uma Postura Reflexiva com o Sabor de um Procedimento Clínico

Como podemos formar alguém em uma prática reflexiva? Por meio da pesquisa, como paradigma de reflexão metódica sobre a realidade? Por meio de um treinamento técnico em análise de situações complexas? Sem dúvida, tem de haver, ao mesmo tempo, uma iniciação à metodologia de pesquisa e um exercício intensivo do saber-analisar. No entanto, isso não basta para desenvolver uma postura e uma identidade reflexivas.

Defendemos a idéia de que só é possível formar profissionais reflexivos por meio de um *procedimento clínico* global, que abranja a totalidade do programa. Indubitavelmente seria positivo propor seminários de análise das práticas ou dos grupos de discussão dos problemas profissionais. Contudo, podemos duvidar do peso desses dispositivos se eles forem apenas "ilhas de prática reflexiva" em uma instituição de formação inicial que continue essencialmente a funcionar conforme uma lógica de ensino, de transmissão de saberes constituídos.

O procedimento clínico não deixa em segundo plano a teoria e a apropriação de saberes constituídos. Ele considera importante que uma parte dos saberes básicos, disciplinares, assim como didáticos e pedagógicos, psicológicos e sociológicos, sejam transmitidos como elementos estruturados de acordo com sua lógica própria, distante de qualquer contexto de ação e de todo envolvimento do sujeito em uma prática. Em compensação, ele não aceita que *todo* conhecimento teórico seja assim adquirido e que os estágios sejam utilizados para oferecer uma "formação prática", pois o capital do profissional é formado pela soma de um saber universitário comprovado por meio de exames e de uma capacidade prática, garantida em um estágio do qual ele é responsável. Por outro lado, a evolução de diversas faculdades de medicina para uma aprendizagem por problemas indica um retorno à idéia de que, *em primeiro lugar*, se deve acumular uma soma de saberes teóricos antes de se envolver no tratamento do primeiro caso clínico.

Essa evolução não se deve a modismos; está baseada na constatação de que os saberes teóricos assimilados fora de um contexto de ação não são mobilizáveis e mobilizados, *ipso facto*, no tratamento de situações singulares. Gillet (1987) e J. Tardif (1996) consideram que os planos de formação devem dar às competências um "direito de gerência" sobre os saberes disciplinares, para que a integração e a mobilização dos saberes constituam a coluna dorsal da formação profissional, em vez de um acréscimo tardio confiado ao estágio ou ao laboratório.

Em um procedimento clínico, a prática – em companhia do doente ou em alguma função similar a essa em outras profissões humanistas – não é um simples exercício de aplicação de conhecimentos adquiridos. Ela é, ao mesmo tempo:

- um trabalho de construção de conceitos e de novos saberes teóricos (ao menos para o estudante) a partir de situações singulares;
- um trabalho de integração e de mobilização de recursos adquiridos, criador de competências (Le Boterf, 1994; Roegiers, 2000).

Na verdade, essas duas funções estão profundamente imbricadas; no entanto, diferem em seus desafios e em suas limitações epistemológicas e merecem ser tratadas em separado.

## A CLÍNICA: MOMENTO DE CONSTRUÇÃO DE NOVOS SABERES

A capacidade de teorizar a própria prática tem relação, em primeiro lugar, com a capacidade de se ver atuar e também de perceber as próprias disfunções, de se perguntar, por exemplo, por que fica com raiva, interrompe um aluno, abrevia uma conversa promissora, não se sente à vontade em alguma atividade, perde a paciência sem motivo aparente, sente-se irritado com alguém mais do que seria razoável ou conversa mais com alguns alunos que o faz com outros. A resposta a essas perguntas pode se inserir em um ciclo de ajuste curto e específico, o qual remaneja o comportamento considerado, ou em outro mais longo e global que se vincule à relação pedagógica, à concepção didática e à identidade. Os frutos de algumas reflexões na e sobre a ação são reutilizados ou naquele mesmo instante, ou no mesmo dia, ou na mesma semana, ou no mesmo mês, ou no mesmo ano letivo ou, ainda, no futuro próximo. A reconstrução de um estilo de autoridade, de um sistema de avaliação, de um modo de gestão de classe ou de um planejamento didático não é uma operação que possa ser comparada à regulação do contrato didático assumido com um aluno no tocante à realização de uma tarefa precisa.

Um procedimento clínico desenvolve saberes, os quais, inicialmente, são situados e contextualizados e, em seguida, vinculados às teorias acadêmicas e aos saberes profissionais acumulados. De modo paralelo, ele desenvolve capacidades de aprendizagem, auto-observação, autodiagnóstico e autotransformação. Na melhor das hipóteses, forma profissionais capazes de aprender e de mudar por si próprios, sozinhos ou em grupos, em uma dinâmica da equipe ou da instituição.

Esse saber-analisar (Altet, 1994, 1996) pode ser nutrido por meio de uma iniciação à pesquisa, mas resulta, sobretudo, de um *treinamento em análises de situações educativas complexas*. Sem dúvida, essa análise exige *savoir-faire* intelectuais, bem como saberes que formam o olhar do estudante e depois do profissional:

- sobre si mesmo, sobre suas questões implícitas, sobre sua cultura, sobre suas teorias subjetivas (a criança, o adulto, a comunicação, a ordem, a limpeza, a correção), sobre seu *habitus*, sobre sua relação com os outros, sobre suas formas de ação e reação;
- sobre o que acontece na sala de aula e na instituição escolar, nos registros pedagógico, didático, sociológico, antropológico, psicológico e psicanalítico.

Um procedimento clínico de formação, baseado e orientado por uma prática reflexiva, aceita essa complexidade e o caráter multirreferencial das teorias que permitem aplicá-la. Portanto, na maioria das vezes, trabalha-se com casos reais. Surge, de imediato, a questão de saber como pode ser organizado, na etapa de formação, a troca entre a experiência e a reflexão sobre a experiência. Isso talvez seja mais simples durante a formação contínua, pois os profissionais têm ampla experiência e, paralelamente, lidam com turmas. Ao mesmo tempo, estão envolvidos com o processo, têm pouca disponibilidade e sentem muito medo de serem julgados pelos seus pares.

Na etapa da formação inicial, os desafios são menores, mas é mais difícil ter como referencial uma experiência substancial. Isso exige sofisticados sistemas de formação alternados. Não basta nadar e depois subir até a borda da piscina para construir uma teoria da natação. Quando há alternância entre o tempo de campo e um tempo de reflexão distante do campo, ambos devem ser considerados como momentos integrais de reflexão. O único item que é alterado são as modalidades. Em alguns momentos, observamos verdadeiros alunos e verdadeiros professores, e, depois, de forma quase imediata, trabalhamos junto a eles, com responsabilidade total ou parcial. Há momentos mais protegidos em que podemos analisar com certo distanciamento o que ocorreu e prepararmo-nos para qualificar nossa forma de trabalho. Como na formação dos médicos ou dos psicólogos clínicos, trabalhamos com a releitura e a análise das situações e das práticas a partir de pistas (relato oral, escrita, vídeo) e de bases teóricas prévias, adquiridas por meios clássicos (cursos, leitura) e por procedimentos clínicos.

Na área da medicina, essa articulação entre fundamentos teóricos e formação clínica está evoluindo. Pela tradição, durante os primeiros dois ou três anos, os alunos assimilam saberes acadêmicos, anatômicos, psicológicos, farmacológicos, etc. Depois disso, assumem seu lugar "à cabeceira do doente": observam, elaboram diagnósticos, propõem terapias. Ou, em algumas faculdades de medicina (como as de Genebra e Lausanne, na Suíça, e as de Laval e Sherbrooke, no Canadá, há vários anos), tenta-se acabar com a acumulação de saberes propedêuticos antes de se entrar em contato com casos concretos. O estudo por problemas começa no primeiro ano. Em última instância, não há mais nenhum curso teórico *ex-cathedra*: já na primeira semana do primeiro ano, os alunos começam a lidar com um caso simples e têm diversas horas ou diversos dias para tratá-lo, enquanto um médico experiente resolveria o mesmo problema com uma rapidez bem maior. Com certeza, esse tempo mais longo resulta da lentidão dos iniciantes para elaborar um diagnóstico ou para tomar uma decisão terapêutica, mas, sobretudo, inclui o tempo necessário para identificar e assimilar os conceitos e saberes necessários, a fim de retornar, com armas mais eficazes, ao processo de resolução do problema. O tempo não é suficiente, e o trabalho deve ser apoiado por um certo número de pessoas-recurso, *softwares* e ferramentas de documentação. A formação é regida por uma lógica de resolução de problemas concebidos e propostos pelos professores. Os alunos constroem aos poucos os recursos teóricos e metodológicos necessários para resolver o problema do momento.

Procedimentos similares são encontrados nas *business schools*. Os formadores ou *softwares* de simulação propõem situações reais e pedem que os alunos estudem os dossiês da empresa e tomem as decisões que seriam tomadas pelo conselho de administração ou pelo diretor, em um dia, em uma semana ou em um ano, de acordo com os prazos previstos. Em todos os casos, os estudantes têm de enfrentar um problema complexo, semelhante a um "problema verdadeiro", só um pouco mais estilizado, simplificado e escolarizado para poder ser gerenciado no tempo e no espaço da formação.

Para que o encadeamento dos problemas e sua complementariedade desenvolvam pouco a pouco as competências e os saberes almejados, os formadores devem ser muito especializados, tanto no campo da prática quanto no da formação clínica. A construção desse percurso é muito mais difícil que a mera justaposição de uma série de capítulos teóricos em um curso *ex-cathedra*. Ainda estamos muito longe de saber com exatidão *como* se realiza a construção de conhecimentos profissionais. Portanto, baseamo-nos principalmente na intuição e na experiência dos formadores, os quais devem ter uma grande prática na resolução de problemas e na análise de situações. Os administradores são mais capazes de elaborar casos formadores que os teóricos da área econômica. Os médicos clínicos é que elaboram bons casos clínicos, e não os especialistas em anatomia ou os biólogos. Isso significa que os formadores envolvidos em um procedimento clínico devem aliar formação teórica e experiência prática na criação de problemas e situações.

Esse caso tem um equivalente no ensino fundamental, por intermédio daqueles que trabalham partindo de *situações-problema*, na linha de Meirieu (1989, 1990a) e dos didáticos. Atualmente, o sistema educativo precisa mais de professores que saibam elaborar situações-problemas pertinentes do que daqueles que saibam ministrar cursos e propor exercícios.

No âmbito da formação profissional, o procedimento clínico representa uma grande mudança com relação ao modelo clássico, o qual estabelece que a teoria *precede* a ação que supostamente a aplicará mediante um pouco de intuição, de *know how* e de imaginação. No procedimento clínico, a teoria é desenvolvida *a partir da ação* em função de uma espiral: uma primeira construção conceitual fornece uma grade de leitura do que ocorre ou ocorreu, ao mesmo tempo em que a realidade enriquece e diferencia o modelo. Um procedimento clínico não substitui saberes eruditos por intuições inconsistentes e não dispensa a pesquisa fundamental e aplicada. Trata-se de um procedimento de formação, de apropriação ativa dos saberes confrontados com a realidade. Esse procedimento também permite articular saberes acadêmicos, oriundos de uma metodologia rigorosa, mas que não abarcam toda a realidade, e saberes profissionais, que "funcionam", muitas vezes, sem se saber por quê. O estudante descobre, com bastante eficiência, que não há situações complexas sem que haja também uma teoria que oferece algumas pistas de inteligibilidade e que nenhuma teoria erudita permite enfrentar, de forma infalível, uma situação complexa.

Pensemos em um exemplo: em uma sala de aula, um aluno muito isolado deixa o professor preocupado; todos os colegas o evitam, excluemno das brincadeiras e, às vezes, se mobilizam contra ele; ele sente que ninguém o aprecia, tem medo de ir à escola, seus pais se preocupam com isso, e ninguém sabe como agir. Para compreender o que acontece e imaginar o que poderia ser feito, diversas ciências humanas podem ser mobilizadas, bem como alguns saberes de experiência ou, ainda, "métodos" de pacificação comprovados. Alguns professores experientes têm solução para esses tipos de situações sem aplicar teorias explícitas. Eles raciocinam mais por analogia, utilizam configurações de indicadores, de ambientes e de dinâmicas sutis. Além disso, há especialistas em conflito, em exclusão, em segregação e em agressividade que, mesmo não apontando uma resposta, podem fazer as perguntas adequadas e ajudar a perceber o que está ocorrendo. Por exemplo, os trabalhos dos psicanalistas (Cifali, 1982, 1994; Cifali e Imbert, 1998; Dolto, 1989; Filloux, 1974; Imbert, 1992, 1994, 1996, 2000; Lévine e Moll, 2001; Miller, 1984; Moll, 1989) ilustram a utilidade de uma grade de leitura psicanalítica a fim de resolver o que ocorre na relação educativa. Um procedimento clínico teria de propiciar uma *aliança* entre saberes eruditos, especialmente os provenientes das ciências sociais e humanas, dos saberes de experiência e de ação construídos pelos profissionais e dos saberes intermediários, os quais poderíamos chamar "pedagógicos", isto é, saberes eruditos enraizados na experiência pessoal daqueles que os constroem.

Outro exemplo: quase todos os professores do mundo já praguejaram contra textos de alunos em que não havia qualquer pontuação ou em que ela foi colocada de forma excessivamente criativa... No entanto, só tendo por base trabalhos didáticos sobre a pontuação é que começamos a compreender por que não era evidente a pontuação ou a estruturação de um determinado texto e por que alguns alunos cometiam sistematicamente os mesmos erros (Fayol, 1984). A teoria acadêmica permite-nos compreender com mais clareza o problema, o qual o discurso vazio só estigmatizava sem nada explicar. Porém, em outras circunstâncias, a teoria é menos útil que a experiência; por exemplo, quando temos de saber em que momento, na sala de aula, devemos ignorar um conflito ou um problema de comportamento para que ele se resolva sozinho e em que momento, ao contrário, temos de suspender as atividades e iniciar um momento de metacomunicação, a fim de evitar que a situação se agrave. Muitas vezes, fazemos isso de acordo com o *feeling*. Nenhuma teoria pode ditar o caminho a ser seguido, mas algumas pesquisas podem ajudar a descobrir, por exemplo, as condições e as funções da metacomunicação em uma dinâmica de grupo.

Em uma turma difícil, um principiante pode, sem querer, desorganizar todo o grupo para chamar à ordem um determinado aluno. Ele tem de dispor de 5 ou 10 minutos para conversar com o causador do problema. De repente, a atividade coletiva é interrompida, os outros alunos assistem à cena, como espectadores quase interessados, perguntando-se quem vai vencer. Quando o professor quer retomar a seqüência didática, ninguém mais se lembra de onde estava, pois a concentração acaba, e o espírito do procedimento se perdeu. Um dos *savoir-faire* de um professor experiente é ignorar incidentes perturbadores quando isso cria menos aborrecimentos que os reprimir.

Nenhuma teoria psicossociológica fornece bases precisas para saber como se deve proceder nessas situações. Uma cultura em ciências humanas pode, em contraposição, aportar hábitos de auto-análise, incitar o professor a se perguntar o que esses incidentes provocam em si mesmo, ajudar a descobrir que, às vezes, ele não intervém porque a atitude de um aluno impede o trabalho da classe, mas porque ela fere profundamente seu amor-próprio e seu senso de justiça. Um aluno que despreza abertamente aquilo que o professor preparou, que tem ares de se desinteressar pelo saber e que recusa uma oportunidade de aprender pode suscitar uma agressividade muito superior à perturbação que ele provocou. Algumas perturbações – como as perguntas e as iniciativas incessantes de um aluno – atrapalham os outros colegas e impedem que eles aprendam; porém, não afetam profundamente o professor como se elas fossem uma negação de seu próprio trabalho. Um professor reflexivo aprende, em particular pelo procedimento clínico, a analisar os mecanismos simbólicos e os incidentes práticos de uma perturbação, a entender por que e a que ele reage, onde isso o afeta, em que nível, e se ele deve proteger seu planejamento, preservar sua auto-imagem ou defender-se contra o mal-estar gerado por determinados temas ou por certos alunos. Ele é capaz de rever as hipóteses mais evidentes, confrontá-las com a situação e, se isso não for suficiente, construir outras, pedindo ajuda ou recorrendo à documentação adequada. As ciências humanas podem lhe sugerir hipóteses ou alguns métodos para aprofundar ou verificar algumas dessas hipóteses (Blin e Gallais-Deulofeu, 2001).

Elas podem ainda sensibilizar o aluno ou o profissional em relação às suas próprias ambivalências. Saint-Arnaud (1992) afirma que, muitas vezes, um profissional pode perceber que sua estratégia efetiva não corresponde às suas intenções declaradas. Basta registrar uma determinada seqüência, mesmo que ela seja curta, e analisá-la com o interessado. Nesse caso, ele percebe, por exemplo, que acha que quer uma determinada coisa – fazer aprender –; porém, de forma inconsciente, persegue outra, como ser amado... Assim, a análise permite apontar um certo número de fenômenos e identificar aquilo que o profissional pode alterar nas dinâmicas de aprendizagem e nos procedimentos coletivos, fazendo-o compreender melhor *por que* nada está dando certo e entender o que, na verdade, deseja.

Um procedimento clínico também insiste naquilo que poderíamos denominar *trabalho sobre si mesmo*. O instrumento principal da prática pedagógica não são os manuais, o programa, as tecnologias, mas o próprio professor, sua capacidade de se comunicar, de dar sentido ao mundo, de estimular o trabalho, de criar sinergias entre os alunos, de unir os saberes e de controlar aprendizagens individualizadas. Tudo isso o questiona como pessoa que tem saberes e competências, mas que também tem vontade, estados de espírito, vivência, cultura, preconceitos, medos, múltiplas disposições que devem ser avaliadas a fim de dominar suas incidências nos relacionamentos e nas atividades profissionais. Em algumas profissões, como a enfermagem ou o serviço social, faz muito tempo que há uma clara consciência sobre esse aspecto. Durante a formação insiste-se, por exemplo, na angústia da morte, na responsabilidade, no medo de desconhecer, na relação com o outro, na norma, no poder e na diferença. No ensino, ainda há muito a ser feito para que esses temas se legitimem e para que sejam trabalhados os não-ditos (Perrenoud, 1995, 1996c) no mesmo nível que a didática, a avaliação ou a gestão de classe.

Em um plano de formação clássico, com predomínio disciplinar e com uma forte parcela de saberes descontextualizados, as teorias que correspondem aos temas já evocados surgem por acaso. Em um procedimento clínico de formação, ao contrário, essas teorias irrompem espontaneamente, pois as situações analisadas mesclam de forma constante o cognitivo e o afetivo, o psicológico e o sociológico, o didático e o transversal, os fatos e os valores, as práticas e as representações. A maior das virtudes do procedimento clínico é a de respeitar a complexidade e as dimensões sistêmicas do real.

Acima de tudo, vemos que a troca entre o real e sua teorização dá origem a um *componente central de uma prática reflexiva*: a capacidade de ir e vir do particular para o geral, de encontrar formas de interpretação teórica para explicar uma situação singular, bem como de identificar com rapidez incidentes críticos ou práticas que permitam desenvolver ou questionar uma determinada hipótese.

Como tal, o procedimento clínico, ao pretender construir ou consolidar saberes, não pode ser identificado com uma prática reflexiva que precise otimizar a ação em curso ou o sistema de ação. Em contraposição, ele oferece um treinamento intensivo "acima da média" na análise do real com a ajuda de contextos teóricos.

## A CLÍNICA: MOMENTO DE DESENVOLVIMENTO DAS COMPETÊNCIAS

A clínica também é um espaço fundamental para "colocar em prática" as aquisições teóricas e metodológicas. Passa-se a trabalhar a mobilização, a orquestração, a sinergia e a contextualização de saberes já construídos, mas que o estudante ainda não pôde utilizar diante de situações complexas.

Na medicina, a clínica sempre exerceu uma dupla função: formação teórica a partir do singular e o treinamento contextualizado das ações terapêuticas. A segunda função obriga os estudantes a agirem como profissionais, a pesar prós e contras, a elaborar ou adiar um diagnóstico, a propor outros exames ou uma primeira ação terapêutica. Portanto, para o interno, é o momento de refletir *na* situação e *na* ação, da forma mais rápida e melhor possível, ao alcance do olhar do paciente, dos colegas e do diretor da clínica...

Esse treinamento não se limita, de forma alguma, à aplicação de conhecimentos e princípios. Schön (1994, p. 92) relata a opinião de um especialista em oftalmologia que dizia que um grande número dos sintomas dos pacientes não figura nos livros: "Em 80 a 85% dos casos, seus problemas não podem fazer parte das categorias familiares de diagnósticos e tratamentos". Isso acontece, sobretudo, por causa da imbricação original de patologias múltiplas.

O mesmo ocorre com um profissional iniciante. Sem dúvida, ele é exposto a casos menos complexos; porém, para ele, "os livros" resumem-se a cursos básicos, enquanto o profissional experiente obtém, por meio de diversas fontes, numerosas informações suplementares sobre as patologias e seus sinais clínicos, ao mesmo tempo em que esquece alguns conhecimentos de química ou de física exigidos nos exames propedêuticos...

Isso não significa que a maioria dos casos não esteja relacionada a nada conhecido, mas isso não pode ser catalogado imediatamente em uma determinada categoria:

> No mundo concreto da prática, os problemas não chegam às mãos do profissional de uma forma totalmente determinada. Eles devem ser construídos a partir dos materiais extraídos de situações problemáticas, que são intrigantes, constrangedoras e incertas. Para transformar uma situação-problema em um simples problema, um profissional tem de cumprir um certo tipo de trabalho. Acima de tudo, tem de descobrir o sentido de uma situação que, em seu ponto de partida, não tem nenhum sentido (Schön, 1994, p. 65).

O mesmo autor acrescenta o seguinte:

> Propor um problema também é escolher os "elementos" da situação que serão analisados, é estabelecer os limites da atenção consagrada a eles e impor-lhes uma coerência que permita entender o que não está dando certo e qual é a direção a ser seguida para corrigir a situação (ibid., p. 66).

Assim, o exercício da competência clínica está muito distante de ser um simples exercício de reconhecimento de casos escolares e de aplicação da resposta ortodoxa. É preciso construir tanto o problema como sua solução, refletir, observar os dados em todos os sentidos, dar-lhes consistência, esboçar hipóteses e analisá-las detalhadamente por meio do pensamento, em um "mundo virtual" onde tudo continua sendo reversível. Esse processo ilustra o que Schön chama de "conversa reflexiva com a situação".

Encontramo-nos, então, no centro do desenvolvimento de uma parte da prática reflexiva, aquela que se refere à regulação da ação em curso. Por isso, o exercício da reflexão no calor da ação é incorporado à própria prática clínica. Em vez de ser um estágio suplementar, este é o núcleo da mobilização dos recursos e, portanto, da aplicação da competência. Somente uma concepção empobrecida da competência, a qual a reduziria à aplicação fiel de regras, poderia insinuar que a reflexão na ação não é a manifestação da própria competência em seus componentes reflexivos.

Em uma formação clínica, a passagem a uma reflexão distanciada, longe do calor da ação, não é produto do acaso. O papel dos formadores também é estimular a reflexão dos alunos antes e depois de situações semelhantes. Na medida em que a observação evidencia bases teóricas ou metodológicas frágeis, ou gestos pouco controlados, faz com que se passe a uma reflexão sobre o *sistema de ação*, tanto em seu componente consciente e racional (saberes declarativos e procedimentais, raciocínios explícitos) como em suas dimensões menos reflexivas, provenientes do *habitus* e do inconsciente prático.

Portanto, devido ao exercício do julgamento profissional sob o olhar de um observador, o procedimento clínico é um *treinamento intensivo em prática reflexiva* em diversos níveis. Isso não quer dizer que seja inútil trabalhá-la em seminários metodológicos centrados na análise ou em condições privilegiadas do ponto de vista da ética da troca. No entanto, esses aportes devem ser secundários. Se o centro da formação não for a clínica, alguns exercícios não conseguirão construir um *habitus* reflexivo.

A formação clínica ainda deve ser organizada e não pode estar contida em apenas um tipo de dispositivo. De forma esquemática, poderíamos distinguir *cinco tipos*:

1. Ensinos planejados que sejam orientados por um currículo, o qual contenha um texto do saber, mas que sejam ministrados de tal maneira que a interrogação e a dúvida estejam constantemente inseridas na relação com o saber (Beillerot, Blanchard-Laville e Mosconi, 1996; Charlot, 1997; Mosconi, Beillerot e Blanchard-Laville, 2000) e que o professor não perca nenhuma oportunidade de reorientar uma postura reflexiva.
2. Um trabalho por meio de situações-problema, o qual exigisse um dispositivo mais preciso, mas distinto da análise de práticas em função do projeto de inculcar saberes definidos.
3. O trabalho em grupos ou seminários de análise das práticas, os quais treinassem a postura reflexiva com relação a casos concretos apresentados pelos participantes.
4. Um trabalho mais profundo sobre o *habitus* profissional e o inconsciente prático.
5. Grupos de desenvolvimento profissional, de análise das dimensões psicanalíticas do desejo de ensinar, da relação educativa, da relação com o poder e com o saber, segundo a linha dos trabalhos de Cifali (1994, 1996a, b, c) ou Imbert (1992, 1994, 1996, 2000).

O terceiro e o quarto tipos de dispositivos serão aprofundados nos dois capítulos seguintes.

# 6

# A Análise Coletiva das Práticas Pedagógicas como Iniciação à Prática Reflexiva*

Uma prática reflexiva não pressupõe a permanência duradoura em um grupo de análise das práticas. Podemos refletir individual e coletivamente, com colegas e até mesmo com amigos.

Em oposição a isso, uma concepção coerente da formação de profissionais reflexivos não pode ignorar a análise de práticas como modelo e possível contexto da reflexão profissional. Podemos perceber um duplo vínculo:

- A participação em um grupo de análise das práticas pode servir de *iniciação* a uma prática reflexiva pessoal; este não é o único caminho possível, mas, às vezes, é a única oportunidade oferecida aos estudantes em um plano de formação orientado essencialmente para a transmissão de saberes.
- Em algumas fases da vida, a reflexão, solitária ou inserida nas estruturas comuns de trabalho, não permite avanços; a participação em um grupo de trocas ou de análise pode oferecer um *apoio* ou um método.

---

*Este capítulo retoma essencialmente um texto publicado em Lamy M. et al. (dir.), *L'analyse des pratiques en vue du transfert des réussites*, Paris, Ministère de l'Éducation Nationale, de l'Enseignement Supérieur et de la Recherche, 1996, p. 17-34.

Portanto, é importante examinar o procedimento de formação francesa desenvolvido no âmbito dos países de língua francesa, chamado de "análise das práticas" (Altet, 1992, 1996, 1998; Blanchard-Laville e Fablet, 1996; Bussienne e Tozzi, 1996; Lamy, 1996; Maillebouis e Vasconcellos, 1997; Perrenoud, 1996e, f). Nos últimos anos, a expressão tornou-se bastante lugar-comum, inclusive no mundo da formação dos professores, embora, em geral, seja citada por pessoas que não conseguem entender com clareza de que se trata. Os "iniciados" mencionam de imediato a parte mais evidente do tema: método, ética, dispositivos, relações com a escrita ou com o aspecto visual, vínculos com a explicitação ou a metacognição, usos na formação, na inovação, na terapia, na pesquisa ou na intervenção. Os outros fingem saber a que se refere, ainda que nunca tenham participado pessoalmente desse tipo de procedimento, que tenham apenas uma vaga idéia do que ele estabelece e que não sejam muito favoráveis a ele.

Por tudo isso, parece-nos válido nos determos um pouco na própria expressão para nos perguntarmos: quem analisa as práticas e com que objetivo? Não há uma resposta ortodoxa para essa pergunta, já que a expressão "análise das práticas" não é uma denominação controlada.

A análise das práticas nem sempre é um procedimento de formação. Ela pode ser utilizada em outros contextos, os quais têm vínculos com relações sociais e com contratos diferentes. A análise das práticas também pode ser, por exemplo:

1. Uma dimensão da vida cotidiana e da conversação.
2. Um procedimento de pesquisa fundamental ou aplicada na área das ciências humanas e sociais (antropologia, sociologia ou psicologia cognitivas, por exemplo).
3. Uma fonte de transposição didática na área da formação profissional (Perrenoud, 1998e).
4. Uma ferramenta de identificação de práticas consideradas interessantes e dignas de serem levadas ao conhecimento de outros profissionais (Lamy et al., 1996).
5. Uma modalidade de explicitação dos esquemas e dos conhecimentos subentendidos nas competências de um especialista.
6. Um modo sofisticado de avaliação das competências.
7. Um componente de uma estratégia de inovação.
8. Uma ferramenta de intervenção psicossociológica nas organizações.
9. Um ponto de partida de uma reflexão sobre os valores e sobre a ética da ação.

A análise das práticas será considerada nesse contexto como um procedimento de formação, isto é, de (trans)formação das pessoas. Isso não exclui – ao contrário – empréstimos metodológicos ou éticos de procedimentos paralelos orientados para as mesmas finalidades. Mesmo quando nos limitamos aos procedimentos de *formação,* temos de lidar com uma grande diversidade de dispositivos, de referências teóricas ou éticas e de inserções institucionais. Limitar-nos-emos, então, aos procedimentos *voluntários* que visam, por intermédio da análise, à transformação das práticas – ou dos profissionais –, por indução de um processo de aprendizagem ou de desenvolvimento pessoal.

Esse processo pode ser inserido em um contexto de formação *stricto sensu* (inicial ou contínua), assim como de supervisão, conselho, pesquisa-ação ou acompanhamento de um processo de inovação. Privilegiaremos, nesse caso, os procedimentos específicos, metódicos, parcialmente instrumentados, eticamente controlados e, por fim, realizados no contexto de um *grupo* com um monitor formado para essa função.

## A ANÁLISE DAS PRÁTICAS COMO APOIO À MUDANÇA PESSOAL

Quando visa à transformação das pessoas, de suas atitudes, de suas representações e de seus atos, a análise das práticas exige que todos realizem um trabalho concreto sobre si mesmos; ela exige tempo e esforços, expõe ao olhar alheio, estimula o questionamento e pode ser acompanhada de uma crise ou de uma mudança de identidade. Portanto, ninguém empreende esse caminho se não espera algum benefício; uma ajuda para se tornar mais perspicaz, eficaz, coerente ou em paz consigo mesmo; "encontrar seus limites"; fortalecer sua identidade ou seu equilíbrio. As finalidades variam, mas ninguém considera que a análise das práticas seja um fim em si mesmo. Trata-se de um *desvio* para o iniciante dominar melhor a vida profissional ou pessoal, para se sentir mais adequado, mais à vontade, mais aberto, baseado na esperança de que a transformação almejada ou o retorno ao equilíbrio sejam facilitados ou acelerados pela explicitação das práticas e pela elucidação de seus limites.

### Um trabalho de grupo

A análise das práticas pode ser considerada no contexto de uma relação dual de acordo com o modelo da supervisão e mesmo do trabalho psicanalítico. Esse procedimento será associado aqui a um trabalho de *grupo,* em uma configuração intersubjetiva particular: um conjunto de pessoas comprometidas com uma prática ou prontas a formá-la em um dispositivo de alternância, o qual se reúne em torno de um *mediador*. Ele oferece algumas garantias, tanto no âmbito da ética quanto no dos *savoir-faire*. No início, formador, supervisor, terapeuta, conselheiro, pesquisador ou acompanhador de projetos, o mediador de um grupo de análise das práticas constrói progressivamente competências específicas em função da experiência e também de formações.

Em princípio, o grupo só existe no contexto do trabalho analítico, e só há o projeto de ajudar o outro a progredir. Entretanto, não se pode impedir todas as interferências com outros mecanismos, sobretudo quando há uma rede de interconhecimento ou de interdependência que ultrapassa os limites do grupo, devido, por exemplo, a um pertencimento comum de seus membros a um corpo profissional, a uma instituição escolar ou a um determinado grupo de estudantes. Quando se trabalha em um "universo tão pequeno", em um território exíguo, onde todos se conhecem, pelo menos superficialmente, é difícil separar por completo a análise das práticas de uma análise das instituições e das relações sociais. Em última instância, ela sempre remete a um sistema de ação mais amplo. Portanto, é impossível ser totalmente purista. Contudo, é melhor limitar a análise das práticas, no sentido prático, a uma reunião de pessoas que não têm vocação para construir um ator coletivo.

Assim, o grupo passa a ser apenas o *contexto* e o *mediador* do trabalho de análise e serve, acima de tudo, como contexto estruturador para as trocas, como centro de recursos e abrigo. Cada profissional oferece aos outros um apoio e um ponto de comparação em um exercício de análise situado em um *no man's land* com relação às inserções profissionais dos outros. Essas condições permitem uma liberdade de expressão e uma confiança dificilmente compatíveis com as relações profissionais comuns nas organizações.

A análise das práticas só pode ter sucesso se estiver baseada no voluntariado. Muitas vezes, há uma certa ambigüidade, em particular durante a formação inicial, pois o estudante está inserido no plano de formação sem ter feito esse pedido de forma específica, inscrito em um seminário de análise de práticas. É claro que o ingresso em um curso de formação é voluntário. Quando se matriculam, os estudantes se expõem, com conhecimento de causa, a alguns procedimentos de formação clínica, os quais exigem grande envolvimento. Entretanto, há uma diferença entre aderir *especificamente* a um grupo de análise das práticas e encontrar-se dentro de um deles durante um percurso de formação. Seria melhor que a participação em um grupo de análise das práticas fosse uma unidade de formação *facultativa* em vez de ser algo obrigatório.

No entanto, esta não é uma questão simples, já que, se a construção de um *saber-analisar* fosse um dos objetivos da formação inicial, seria difícil entender por que alguns estudantes seriam dispensados desse treinamento intensivo no âmbito da análise. Talvez fosse preciso oferecer-lhes dispositivos diferenciados, os quais não exijam o mesmo nível de envolvimento pessoal.

Outra diferença a ser mencionada diz respeito ao *status* da prática. Na formação contínua, os membros do grupo são profissionais integrais, com um percurso profissional traçado e uma inserção estável. Contudo, no âmbito da formação inicial, a prática assume a forma de estágios longos e numerosos que não oferecem a todos a plena responsabilidade pela classe e não implicam a solidão do profissional autônomo. Por isso, seria sensato transformar a análise das práticas em uma análise de situações educativas complexas que um estagiário pode vivenciar ou observar na sala de aula sem que elas estejam sob sua total responsabilidade.

## Quem analisa as práticas?

A análise das práticas é efetuada por todos os participantes com a ajuda dos outros profissionais e do monitor? Pelo grupo? Pelo monitor? Idealmente, o monitor deveria se limitar a estimular e a oferecer as ferramentas adequadas a um trabalho de auto-análise, a ajudar os profissionais no entendimento e na interpretação de suas práticas. Porém, como fazer isso sem sugerir ao menos uma parte da análise, sem oferecer pistas através de perguntas, silêncios, remissões ao grupo, relacionamentos e reformulações? Como ajudar um profissional na análise de sua prática sem se sentir tentado a antecedê-lo e guiá-lo por este ou aquele caminho, sem lhe oferecer hipóteses, sem atrair sua atenção para os ditos e os não-ditos? A psicanálise não está centrada nas práticas, mas podemos nos inspirar nela para teorizar as ambigüidades da posição analítica. Um psicanalista afirmava: "Quando uma interpretação é boa, não sabemos mais por quem foi feita". Ela é produto de uma cooperação, mesmo que o analista ortodoxo tenha contribuído mantendo-se em silêncio, escutando com atenção, insinuando em vez de falar "em nome" do paciente, o qual, por outro lado, é chamado mais de *analisando* que de analisado...

Uma questão parece evidente: a análise das práticas só pode causar efeitos reais de transformação se o profissional se *envolver* de fato com o processo. É raro conseguir transformar apenas quando se toma conhecimento das conclusões de uma análise realizada por outro. Cada participante deve desempenhar um papel ativo na análise de sua própria prática; ainda que não seja a única fonte dos relacionamentos, das hipóteses, das "intuições analíticas" e das interpretações, só pode utilizá-las caso se apropriar delas e a elas aderir, *in fine,* como se proviessem dele. Portanto, a análise das práticas como procedimento de transformação é concebida como uma *auto-análise*. O fato de ela ser realizada por um profissional, no contexto de um grupo e de um contrato, não dispensa ninguém de ser mais analisando que analisado...

Esse *contrato* rege sobretudo a intervenção dos participantes em relação à prática dos outros. É inútil constituir um grupo se a rede de comunicação estruturar-se em torno do mediador. O interesse da análise das práticas de grupo é que todos possam contribuir interrogando um ao outro, sugerindo pistas e diversificando interpretações. Ao contrário do mediador, que não deve desenvolver uma prática análoga à dos participantes, eles possuem uma relação de reciprocidade que os autoriza a "intrometer-se" na prática dos outros. Como é que alguém poderia deixar de informar o que se refere à sua própria experiência para colocar em evidência semelhanças e contrastes? A identificação projetiva funciona tanto como a curiosidade desinteressada quanto como o desejo de ajudar. É difícil evitar juízos de valor. Os olhares recíprocos dos participantes são simultaneamente uma fonte insubstituível e um fator de risco que o mediador deve controlar, instaurando regras e intervindo quando elas não são respeitadas. Qualquer juízo e qualquer enunciado de um modelo podem colocar os outros em uma atitude defensiva e impedir que se compreenda por que fazem o que fazem.

A análise das práticas embasa suas esperanças nas virtudes da lucidez e da auto-regulação mais que nas do "bom exemplo" ou do pensamento normativo. Mesmo quando aderimos a essa postura, é difícil não se comparar com os outros e intervir apenas para ajudá-los a (se) compreenderem, sem o desejo de sobressair ou de assumir o poder. Sendo assim, em um grupo de análise das práticas geram-se inevitavelmente certas trocas que, sob a aparência de questionamento e de explicitação, têm relação com dimensões menos confessáveis das relações intersubjetivas.

### Transformação das práticas, formação e terapia

A forma de agir e de estar no mundo de uma pessoa não pode mudar sem transformações advindas de suas atitudes, de suas representações, de seus saberes, de suas competências e de seus esquemas de pensamento e de ação. Essas são as condições necessárias para uma transformação duradoura das práticas. Portanto, na realidade, a análise das práticas visa a uma transformação – livremente assumida – dos profissionais, ainda que nem sempre ela seja explícita. Por outro lado, essa transformação pode ser muito modesta, limitando-se a modificar um pouco o olhar sobre as coisas, sobre a auto-imagem e sobre o desejo de compreensão.

A ampliação das competências, dos conhecimentos ou dos *savoir-faire* não é o papel primordial da análise das práticas. Com certeza, ela contribui, mediante seu próprio exercício, para construir ou consolidar competências, começando pelo *saber-analisar* e pelas capacidades de comunicação. Cada membro de um grupo de análise das práticas interioriza, durante as reuniões, posturas e métodos de análise que podem ser mobilizados fora do procedimento coletivo e de qualquer dispositivo de contextualização, na sala de aula, na instituição escolar ou na sua própria vida.

Um seminário de análise das práticas pode provocar outros efeitos de formação; porém, não pode, sem se perverter, ser posto a serviço de um currículo bem-definido. Em contraposição, um formador que intervenha no domínio transversal, didático ou tecnológico pode organizar em seu campo temático *momentos* de análise das práticas pouco visadas, buscando estabelecer elos entre os saberes que ele aporta e as práticas dos profissionais, particularmente na formação contínua. Da mesma forma, não é proibido refletir sobre as possíveis *passarelas* entre a análise das práticas e a construção de saberes, especialmente em um trabalho por meio de situações-problema.

Portanto, não se trata de se limitar a uma determinada ortodoxia, mas de distinguir gêneros e contratos. Um grupo de análise das práticas, no sentido estrito em que o entendemos, não tem programa, exceto o de contribuir para o desenvolvimento em todos de uma capacidade de análise e, eventualmente, de um projeto e de estratégias de mudança pessoal. Isso significa que não é necessário ter um contexto *teórico*? De forma alguma. Não é possível analisar e interpretar práticas sem recorrermos aos *saberes* relativos à ação e ao que é subjacente a ela, o que pode, mesmo que não represente o objetivo primordial, contribuir para aprofundá-las, relativizá-las e enriquecê-las. Porém, esse importante "benefício secundário" nunca deveria ser o desafio principal das trocas nesse contexto.

Mesmo sem aplicar em um grupo de análise das práticas um programa definido de formação, talvez queiramos privilegiar um registro definido das práticas, por exemplo o conflito, a relação com o saber, a dinâmica dos grupos restritos, o poder. Por que não? No entanto, dessa forma, correremos o risco de empobrecer a complexidade, pois os participantes escolherão ou censurarão as situações apresentadas para que elas sigam o fio condutor. Idealmente, a análise das práticas parte daquilo que os participantes estipulam, sem limitação de gênero e sem hierarquização em termos de importância. Se for possível construir o saber a partir dessa base, será melhor; porém, isso é imprevisível e depende do acaso dos relatos e daquilo que o grupo decidir fazer com eles.

Torna-se necessário articular a análise das práticas a outros procedimentos de formação mais pontuais. Com freqüência, a análise de situações complexas e dos comportamentos que elas provocam faz emergir necessidades de formação e apela por novos saberes ou por novas competências mais profundas. Incita os profissionais envolvidos a realizarem seu próprio balanço de competências, o que pode levá-los à decisão de ter uma formação mais qualificada. Essa formação, de outra parte, deve se desenvolver fora do grupo de análise das práticas em outros tempos e espaços. Por outro lado (Perrenoud, 1998d), consideraremos a possibilidade, durante a formação inicial dos professores, de passar da análise da experiência ao trabalho por meio de situações-problema construídas com base em situações vividas e previamente analisadas. Devemos criar vínculos entre procedimentos complementares, mas sem confundi-los!

Da mesma maneira, a análise das práticas não é uma terapia individual ou coletiva, mesmo que possa conduzir ao reconhecimento e à identificação dos sofrimentos ou das contradições que necessitam de um encaminhamento clínico.

Para resumir, a análise das práticas pode dar origem a um projeto de formação, de terapia ou de inovação. Esse projeto, que é legítimo, deve ser realizado em outro contexto mais apropriado. Seria preferível que as pessoas cuja necessidade de formação ou de apoio terapêutico salta aos olhos não percam seu tempo em um grupo de análise das práticas que não corresponda às suas expectativas. Nem sempre a situação é totalmente clara, e, às vezes, as verdadeiras necessidades só se revelam à luz da experiência. Em outros momentos, a participação em um grupo de análise das práticas é um desvio necessário, o qual leva o interessado a perceber que está em busca de algo diferente...

O mediador tem de saber, então, que o grupo de análise das práticas representa apenas uma passagem para essas pessoas, que ele não corresponde às suas necessidades, mas eventualmente pode favorecer uma orientação para outro tipo de formação ou para um encaminhamento terapêutico. Muitas vezes, ocorre de as pessoas envolvidas demorarem a reconhecer que estão em busca de outra coisa. Com freqüência, um grupo de análise das práticas tem de "suportar" – no duplo sentido da palavra – uma ou duas pessoas que estão perdidas nele, mas se negam a admiti-lo. Esse é um problema para os outros participantes e, sobretudo, para o mediador, evidenciando a ausência de um espaço para conversar ou atualizar-se em numerosas instituições. Assim, quando formamos mediadores de grupos de análise das práticas, devemos prepará-los para lidar com a diversidade das expectativas e com o fato de que certos participantes, que buscam outro objetivo, desistam dos grupos, até mesmo no âmbito da formação inicial.

## A questão da eficácia

Um procedimento de análise das práticas sempre oferece alguns benefícios secundários: fixa de modo provisório alguns errantes, tranqüiliza alguns inquietos, oferece um paliativo a certos idealistas ou ativistas. Este não é seu objetivo primordial, nem, conseqüentemente, a garantia de sua eficácia em termos de (trans)formação das pessoas.

Por que um professor se disporia a analisar suas práticas se estivesse totalmente satisfeito com o que faz e não desejasse alterar nada? Talvez para sanar sua curiosidade, para acabar com o isolamento, para se integrar a um grupo, para encontrar uma oportunidade de falar de si mesmo ou obter ajuda para outros problemas profissionais ou pessoais. Isso também pode acontecer porque ele se inscreveu em um curso de formação que não lhe permite outra escolha. O motivo mais provável de todos os que optam com liberdade e com consciência por esse tipo de procedimento é a vontade de enfrentar uma forma de dúvida, de mal-estar ou de busca que os levam a interrogar-se sobre sua prática e o que ela deixa subentender.

A análise das práticas pode constituir uma resposta a um problema pontual, o qual surge em um determinado momento da existência e que, dessa forma, pode ser definitivamente resolvido. Conhecemos a diferença que há entre a retirada do apêndice e uma cura psicanalítica: a primeira é uma operação que logo esquecemos quando é bem-sucedida, enquanto a segunda pode se tornar um modo de vida. Se a análise das práticas é uma forma de ampliar o domínio de si mesmo e do mundo, por que deve ter um final? Nesse sentido, muitas vezes, a participação em um grupo, em um seminário, em uma sessão de análise das práticas é um *momento* que inicia um processo, uma forma de iniciação em um procedimento que todos poderão prosseguir em outros contextos. A análise das práticas como procedimento coletivo também pode ser concebida, acima de tudo, como uma "iniciação" a uma prática reflexiva autônoma. Conforme alguns participantes, ela só será eficaz após esse momento de iniciação; seu pertencimento a um grupo tem o efeito principal de construir uma relação com a prática e com a análise que cada um pode levar consigo, assim como o caracol leva sua carapaça. Portanto, seria injusto julgar a eficácia da análise das práticas apenas tendo em vista as transformações imediatas que ela produz, sem considerar a aprendizagem metodológica, que seja um "colocar em movimento" que só causará efeitos no futuro, assim como um riacho subterrâneo que finalmente sobe até a superfície.

Em que condições a análise pode contribuir para transformar as práticas? A pergunta é legítima. Ela só será considerada uma provocação por aqueles que adotam a análise das práticas como se fosse uma religião, intimamente persuadidos de que, de modo inevitável, ela é a fonte de profundas transformações. Sem negar *a priori* os testemunhos entusiastas, temos o direito de nos perguntar *por meio de que mecanismos* a análise das práticas pode transformar as pessoas e como a tomada de consciência pode iniciar uma verdadeira mudança.

Parece-me que devem ser cumpridas três condições para que a análise provoque mudanças. Ela deve ser pertinente, aceita e integrada. Retornaremos a esses três aspectos, que são complementares.

## UMA ANÁLISE PERTINENTE: COMO PERCEBER OS VERDADEIROS PROBLEMAS?

A pertinência da análise das práticas é avaliada por sua capacidade de "ir até o fundo", de apontar aquilo que causa problema, por ser a única oportunidade que a pessoa tem de se "pôr em movimento". Porém, esse processo não é automático.

### O equilíbrio das trocas em um grupo

Em um grupo, a princípio, há obstáculos ligados ao exercício da análise das práticas. Para que os relatos não se resumam a isso, é preciso centrar-se por um longo tempo na prática de uma só pessoa. No entanto, mesmo com regras de reciprocidade, essa centralização apresenta limites. Os outros participantes necessariamente participam em função de suas próprias preocupações. Só o mediador está – no melhor dos casos – disponível por completo para se interessar pela prática alheia sem buscar pontos de comparação com sua própria experiência. Em um grupo de análise das práticas, a conversa resulta de uma *transação* entre diferentes prioridades. Procuram-se pontos comuns, identificam-se problemas que, de modo aparente, preocupam a várias pessoas, por vezes em detrimento da singularidade de cada uma delas. Esse compromisso pode provocar falta de pertinência. Tudo acontece como se nos detivéssemos sempre na soleira da porta no momento em que as ações se tornam de fato interessantes, porque está na hora de dar espaço aos outros. Tudo fica mais fácil quando o interessado parece aliviado porque a atenção se desvia de seu caso concreto, ainda que depois o lamente... Com freqüência, é preciso chegar diversas vezes à soleira de uma porta antes de ousar entrar. A arte do mediador consiste em saber quando é prudente forçar um pouco a passagem.

Algumas formas de análise das práticas introduzem regras muito restritas, as quais atuam como verdadeiros rituais, cuja transgressão paralisa o procedimento e pode provocar um chamado à ordem e mesmo à exclusão do grupo. Esses rituais protegem as pessoas, garantindo-lhes, ao mesmo tempo, o espaço em que podem se exprimir – sem sacrificar prematuramente a norma de reciprocidade – e os limites do questionamento e da interpretação de sua prática pelos outros.

### Em busca do ponto nodal

A interferência entre participantes não é o único obstáculo para a pertinência, pois esse problema também existe em uma relação dual. Como se situa em uma perspectiva pragmática, com um projeto de transformação dos profissionais e das práticas, a análise deve se desenvolver em torno de um *ponto nodal*: problema, bloqueio, resistência, medo, desejo de mudança. Por que faríamos um difícil desvio pela análise das práticas se o problema fosse simples de se colocar e de se resolver? Quem quer gastar menos dinheiro para aquecer sua casa não se matricula em um grupo de análise das práticas de aquecimento; informa-se sobre as diversas soluções, escolhe a mais adequada à sua situação e aos recursos financeiros e a aplica, assimilando as noções e os procedimentos necessários. A análise das práticas não é uma busca de procedimentos. No entanto, o mal-entendido continua existindo: alguns professores buscam um "mercado" onde possam trocar "receitas" e os meios de ensino a ele associados. Perdidos em um grupo de análise das práticas, eles fogem quando compreendem que a troca passa por uma explicitação de seus gestos profissionais e, portanto, pela revelação de seus valores e de seus raciocínios.

No melhor dos casos, o profissional que se orienta com responsabilidade para a análise das práticas conhece *o caminho* que quer seguir sem conseguir fazê-lo, pois se depara com *obstáculos internos*. Assim, qualquer pessoa pode desejar uma alimentação saudável e equilibrada, sabe quais são seus componentes, mas não consegue chegar a ela pagando o preço e respeitando a disciplina necessária. Portanto, uma forma de análise das práticas não seria inútil, já que permitiria compreender melhor as razões por que fazemos o que fazemos; por que, por exemplo, comemos, bebemos ou fumamos demais; por que nos deitamos demasiado tarde, mesmo após ter decidido nos deitarmos cedo. A análise das práticas mostraria que tais gestos são parte de "estruturas de ação" que resistem à mudança voluntária. O mesmo acontece no campo das práticas pedagógicas.

Com freqüência, um professor, atraído pela análise das práticas, é mobilizado por uma sensação de insatisfação difusa, e não pela representação clara de uma verdadeira alternativa. A insatisfação nasce de uma impressão de fracasso, de insegurança, de ineficácia, de incompletude, de flutuação ou de tédio. "Não consigo controlar meus alunos, comunicar-me com eles, interessá-los". Ou: "Não sinto mais prazer de dar aula, e os alunos sentem isso". A análise das práticas ajudará o profissional a discernir melhor seus sentimentos, relacionando-os a circunstâncias precisas e às suas próprias ambivalências. O projeto de transformação nessa etapa continua sendo vago, espera-se apenas conseguir superar a impotência sofrida e controlar a situação com mais segurança.

Encontramo-nos, então, no paradoxo da análise: o profissional imerso em uma situação precisa de outros participantes para distanciar-se dela. Se fosse capaz de compreender sozinho o que acontece, não precisaria participar de um grupo de análise das práticas. Ele opta por apresentar aos outros e ao mediador um material que ele, sozinho, não é capaz de interpretar. Ele luta com uma fechadura cuja chave não possui e espera que o grupo ofereça-lhe uma, embora receie ter de entrar sozinho no recinto...

## O desafio da explicitação

Os trabalhos de Vermersch (1994) chamaram a atenção sobre os riscos de uma interpretação prematura. A observação de uma seqüência de análise mostra que todos sempre estão muito apressados para dar sentido às condutas. As perguntas espontâneas estão relacionadas ao contexto, aos motivos, aos efeitos de uma prática, ao juízo retrospectivo do profissional e à sua própria interpretação. É preciso todo o rigor da entrevista de explicitação para se dizer que o primeiro relato de um profissional não passa de um primeiro passo para estabelecer os fatos, pois as ações complexas são "pré-reflexivas" (Vermersch, 1994); às vezes, o sujeito não sabe nem por que faz o que faz, ou tem um conhecimento confuso, em um nível pré-reflexivo, que não permite nenhuma elaboração. Por isso, só se pode passar à etapa da consciência e da verbalização mediante um *esforço* obstinado e paciente, o qual faz com que a tomada de consciência choque-se contra mecanismos de defesa ou apenas contra falta de tempo.

O esforço de descrição precisa não é uma ascese gratuita. Sem vontade de interpretar e de compreender a ação, a explicitação continua sendo um exercício de estilo ou um procedimento de pesquisa. Os participantes querem compreender e, muitas vezes, têm pressa de chegar a alguma conclusão e ao enunciado de um conselho ou de uma norma. O mediador tem de resistir a essa pressão. Naturalmente, ninguém pode orientar um questionamento sem formular, pelo menos de forma implícita, uma hipótese. No entanto, a análise de práticas perde seu interesse quando o questionamento visa apenas confirmar uma interpretação inicial que parece dar um sentido global à situação e à ação. A análise das práticas é uma forma de *investigação*, sem vítimas e sem suspeitos, que se esforça, como toda investigação, para estabelecer os fatos, explorando e confrontando diversas interpretações.

Por isso, há uma forma de *epistemologia* no centro da análise que impede que ela se satisfaça com a primeira explicação aportada e privilegia mais a dissonância e o desconforto cognitivo do que uma adequada *Gestalt*.

## O desafio da interpretação

Nenhum profissional pode apresentar sua prática como um material em estado bruto, porque não consegue descrever pura e simplesmente o que faz sem propor uma interpretação e porque há desafios pessoais muito importantes em um grupo de análise das práticas. Cada um "conta" sua prática em função da interpretação que deseja, talvez de forma consciente, induzir; já de forma consciente, pretende-se controlar a representação dela que é construída pelo mediador e pelos outros membros do grupo.

Por que, perguntarão alguns, se unir a um grupo de análise das práticas e não estar disposto a aceitar as regras do jogo? Porque é difícil desnudar-se sem tentar se justificar ou, ao contrário, se desvalorizar; em suma, "tomar a iniciativa". De acordo com a bela fórmula de Maulini (1998a), a regra do jogo estipula que é preciso *"explicar-se envolvendo-se"*. Por isso, explicar-se significa apresentar as *razões* da própria conduta em um *duplo sentido*: explicação, mas também racionalização e justificação. Portanto, a inteligibilidade de uma prática constrói-se com freqüência, *apesar* das cortinas de fumaça erguidas pelo profissional envolvido.

A pertinência também é um problema de interação e de intervenção. Como pode ser possível, sem estar em "seu lugar", fazer com que o profissional envolvido siga outros caminhos e, progressivamente, elabore uma representação mais lúcida de seus motivos e de suas práticas para poder controlar melhor sua transformação? Evidentemente, a questão remete ao dispositivo e às competências do mediador, bem como remete aos outros participantes. O "talento" de um grupo de análise das práticas depende de sua composição e das sinergias estabelecidas entre seus questionamentos e entre suas interpretações.

Será que devem ser priorizadas as competências teóricas? Entre um "psicanalista genial" e um atacadista do divã, a defasagem não resulta do conhecimento amplo das obras completas de Freud ou de Lacan, mas da capacidade de escuta, reformulação, controle da relação, descentralização e, sobretudo, da intuição, perspicácia e criatividade do analista ou da estimulação das mesmas qualidades no analisando. Podemos falar, então, de um modo geral, de "competências clínicas". Encontramos o equivalente a isso na análise das práticas. Essas competências provêm, em parte, de uma "inteligência do vivo" (Cifali, 1994, 1996a), de uma capacidade de entrar em relação, de ouvir, de dizer, de fazer dizer. Elas se originam em qualidades humanas, em *savoir-faire* metodológicos, em uma ética, assim como em uma formação teórica que sustenta hipóteses ou intuições interpretativas.

## Os modelos teóricos da prática

A psicanálise é apenas uma teoria do psiquismo e do inconsciente. A teoria psicanalítica não é um campo unificado, e os pesquisadores mais positivistas não deixam de questionar a fundamentação de teorias difíceis de confirmar ou de negar por meio de um método experimental clássico. No entanto, cada analista dispõe de uma teoria bastante substancial sobre o sujeito e sobre o inconsciente, a qual serve de apoio às suas observações e às suas intuições.

Qualquer análise das práticas também se apóia, pelo menos implicitamente, em alguma teoria da ação humana. Um mediador não pode depender apenas de sua intuição; deve se referir a um ou a vários modelos teóricos, emprestados às ciências humanas e aos saberes da experiência. A extensão das competências clínicas só é um paliativo parcial da fraqueza ou do simplismo dos modelos teóricos.

Hoje em dia, nesse âmbito, o que temos à nossa disposição para pensar sobre as práticas e, particularmente, sobre as práticas pedagógicas? O que significa ensinar? Qual é a natureza da razão pedagógica, a parcela de improvisação, de negociação, de planejamento e de inconsciente na prática docente? As respostas a essas perguntas aludem à análise das práticas e às fontes de hipóteses e interpretações pertinentes. Em geral, elas dependem muito do saber de experiência do mediador, bem como do saber dos profissionais. Sendo assim, durante a análise, um mediador não deixa de variar e completar sua própria compreensão das práticas pedagógicas e, em geral, das ações humanas.

Sem menosprezar essas fontes, recordemos que a resposta a essas perguntas também deve ser dada pelas ciências humanas e sociais. Não é possível nem é desejável que todos os mediadores venham a aderir a uma teoria "ortodoxa" das práticas pedagógicas. A pesquisa na área das ciências humanas não está avançada o suficiente para propor uma concepção unificada. O importante é que o mediador de um grupo de análise das práticas elabore sua própria teoria. A fim de que ela seja suficientemente rica, precisa e realista objetivando sustentar seu procedimento e favorecer – ou garantir – a pertinência de suas interpretações, ele deve considerar o estado da pesquisa, assim como o saber dos profissionais e sua experiência como mediador. Na atualidade, as ciências humanas e sociais propõem alguns esquemas de análise das práticas pedagógicas, os quais não são apenas úteis para fins teóricos, mas também são necessários em uma perspectiva de transformação dos profissionais e das práticas. Os elementos já descritos não constituem uma teoria coerente nem completa da prática pedagógica. Ninguém pode pretender que domina – ou dominará – sozinho essa teoria. Os elementos de que dispomos apenas servem de esboço para algumas características constitutivas de um *paradigma*.

### Esboço de um paradigma

Um paradigma é entendido nesse contexto como uma visão da prática que não pretende examinar, mas apenas enuncia algumas *dimensões essenciais*, as quais são considerações sobre a complexidade da ação humana e, particularmente, da ação educativa.

Segundo o sociólogo interacionista e o antropólogo, uma prática pedagógica:

- insere-se em uma rede de comunicação e de relações, em uma interação social descontínua, mas densa e de longa duração e, sendo assim, em uma história intersubjetiva;
- confronta-se sempre com o outro, o qual persegue seus próprios fins e continua sendo parcialmente imprevisível;
- assemelha-se, desse modo, fundamentalmente a uma *práxis*, a qual só pode alcançar seu objetivo garantindo a cooperação ativa do outro, colocando-o por livre vontade em movimento;
- provém de uma profissão impossível, na qual o fracasso sempre é possível e, às vezes, provável;
- é uma instituição o seu contexto e é exercida mediante a delegação de poder constitutivo da autoridade pedagógica;
- participa sempre de um encontro entre as culturas (de classes sociais, de faixas etárias, de sexo e de diversas comunidades) das quais os indivíduos são portadores, em parte, sem se darem conta;
- confronta-se com a diversidade irredutível dos aprendizes, de suas famílias e de sua cultura;
- mobiliza todos os sentimentos humanos (amor, solicitude, solidariedade, coragem, talento de si mesmo, assim como medo, sadismo, narcisismo, amor pelo poder, inveja, etc.);

- não impede uma parcela de sedução e de violência simbólica para alcançar seus fins;
- possui uma relação com o saber construída a partir da infância do professor em função de suas próprias experiências escolares, as quais desempenham um importante papel na transposição didática e na escolha das atividades;
- caracteriza-se com freqüência (sobretudo no colegial) por uma superestimação do peso dos saberes e por uma subestimação das outras lógicas dos atores nas interações em sala de aula;
- está imbricada em um conjunto repleto de mitos que justificam a "violência educativa" cometida contra as crianças pela sociedade adulta "pelo seu bem";
- permite a expressão da parcela de loucura e dos valores que cada um possui mais do que ocorre em outras práticas profissionais;
- está condenada a uma racionalidade limitada e, portanto, a um certo desvio entre um ideal de coerência e a obrigação de "fazer o que é possível com os recursos disponíveis";
- participa, ao mesmo tempo, de uma ilusão e de um desmedido desejo de controle, ou melhor, da aparência de controle perante o ambiente circundante;
- é muito vigiada, mas também, ao mesmo tempo, é bastante invisível;
- é exercida em uma cultura profissional que é, simultaneamente, muito individualista e muito propensa ao juízo de valor com relação ao pouco que percebe das práticas alheias;
- não oferece referências externas ao profissional para que ele possa julgar "objetivamente" o valor do que faz;
- pode alimentar a dúvida sem oferecer recursos para superá-la;
- obriga cada vez mais a cooperar com outros adultos – pais, assistentes sociais, assistência médico-pedagógica – ou outros professores;
- é inseparável de uma parcela de rotina e de tédio;
- lida constantemente com valores e normas, administra justiça, interpreta a política educacional;
- é repleta das contradições incontornáveis da sociedade em termos de instrução e educação;
- não deixa de avaliar os desempenhos e, por meio deles, as competências e o caráter das pessoas, muitas vezes, de forma unilateral;
- elabora hierarquias de excelência e desigualdades, oferece ou retira oportunidades.

Sem dúvida, é arriscado enunciar dessa maneira algumas características gerais das práticas pedagógicas. Essa lista não faz justiça à sua diversidade. Cada elemento da lista apenas chama a atenção para uma determinada dimensão da prática e, portanto, para um possível esclarecimento. Todos esses traços mostram a complexidade do ofício de professor, de uma profissão humanista, a qual sofre contradições incontornáveis, com as quais o profissional tem de conviver. Esses traços formam um sistema e constituem núcleos de resistência à mudança e até mesmo à análise.

## A ARTE DE "COLOCAR O DEDO NA FERIDA" SEM PROVOCAR GRANDES DANOS

Pode-se imaginar um professor totalmente sereno diante da complexidade, imerso em uma espécie de sabedoria taoísta, livre de seus sonhos de onipotência, de angústias e de culpas. No entanto, a maioria dos profissionais não atingiu esse invejável estado e debate-se em suas contradições. Se participam de um grupo de análise de práticas, é precisamente porque sabem ou pressentem que não vão conseguir vencer a situação sozinhos e porque estão prontos a dar alguns passos para enfrentar suas contradições. Eles nem sempre adivinham que o processo pode fazê-los avançar mais do que gostariam e torná-los, pelo menos em um primeiro momento, ainda mais perplexos e desprotegidos...

Após tomar a decisão inicial, é preciso assumi-la de fato durante os encontros em função de uma experiência, muitas vezes, decepcionante ou desestabilizadora. A comparação com a psicanálise tem limites; porém, ao menos nos ajuda a compreender que, embora a análise das práticas ponha o dedo nas feridas, tem de lutar contra a ambivalência dos participantes, divididos entre seu desejo de progredir e sua negação de serem lúdicos ou de mudar.

Em parte, as resistências assemelham-se às que ocorrem durante uma cura psicanalítica, na medida em que a prática pedagógica envolve toda a pessoa em sua relação com os outros e, portanto, também com suas neuroses, com seus complexos e com outros mecanismos inconscientes. Os mesmos meios de defesa, racionalização, negação e justificação são mobilizados quando a análise das práticas aproxima-se demais das zonas "de perigo". Quando um professor diz: "Tenho a impressão de que meus alunos me detestam, que não me tratam como uma pessoa", estamos em contato direto com o narcisismo, com o desejo infantil de ser amado por todos, independentemente do que se faça. Se interrogarmos esse profissional sobre sua forma de tratar os alunos, podemos descobrir de imediato que ele tem medo deles, que os despreza ou que exerce sobre eles uma forma de ironia sádica, ou, ainda, que lê em seus olhos a pouca estima que seus pais ou professores lhe transmitiram. Chegamos, então, a âmbitos muito próximos daqueles que são trabalhados na psicanálise e não devemos nos surpreender se nos depararmos com os mesmos silêncios, com as mesmas fugas e com as mesmas negações.

Nem todas as resistências são desse tipo, mesmo que não haja uma divisão estanque entre o que provém da psicanálise da pessoa e o que provém dos problemas profissionais. Nem todas as dúvidas profissionais tiveram origem nos episódios mais marcantes da primeira infância! A resistência banal que encontramos na análise das práticas é uma *negação da complexidade*, uma negação de se ver e de ver a profissão como, na verdade, são, repletos de contradições. Em outra obra (Perrenoud, 1995, 1996c), pode-se encontrar a análise dos *não-ditos* do ofício de professor, como o medo, a sedução, o amor pelo poder, a onipotência da avaliação ou o tédio. Esses aspectos são evitados ou minimizados porque contradizem os sonhos de domínio, bem como um formidável desejo de acreditar que se age constantemente respeitando a criança e agindo pelo seu bem. Em resumo, a análise das práticas pode acabar com uma ilusão de competência, de racionalidade e de eficácia, assim como com a de probidade ou transparência.

Ninguém aceita com gratidão "fazer parte do problema". Entretanto, uma análise das práticas bem-conduzida ultrapassa rapidamente a busca de um bode expiatório e a atribuição de todas as dificuldades profissionais aos alunos, aos pais, aos colegas ou à instituição. Porém, entre reconhecer que fazemos aquilo que denunciamos há um grande passo a ser dado, no calor de um caso concreto. No entanto, esse é um esquema elementar em uma abordagem sistêmica.

Quando um professor não está satisfeito com sua prática, em geral, alega que seus alunos não reagem como ele desejaria. Eles não escutam, não participam, não trabalham, agitam-se, não se interessam muito pela maioria das atividades e distraem-se com qualquer bobagem. O profissional pode dar um passo importante e admitir que seus alunos "são o que são" e que é mais oportuno trabalhar com "variáveis que podem mudar": sua própria atitude, o dispositivo e o contrato didáticos, a gestão de classe, os conteúdos, as tarefas, etc. Entretanto, é bem mais difícil aceitar-se como *causa* de parte desses comportamentos deploráveis e considerá-los como uma resposta adequada à estratégia aplicada, de forma consciente ou inconsciente. Em *Faites vous-même votre malheur*,* Watzlawick (1984), explica com bom humor como nos esforçamos para fabricar nossos proble-

---

*N. de RT. Faça você mesmo a sua infelicidade.

mas. Ser conscientes disso *in abstracto* não ajuda, infelizmente, a reconhecê-lo em um caso particular quando o professor quer, acima de tudo, "dar a volta por cima", conservar sua auto-imagem de pessoa coerente, racional e lúcida. Não há pior obstáculo para a lucidez que a certeza de estar constantemente lúcido...

O profissional que se envolve em uma análise de suas práticas, exceto no caso de ter uma formação sistêmica ou uma clara tendência à autocrítica, preferirá, em um primeiro momento, não fazer parte do problema. Ele se vê em busca de práticas mais eficazes e imagina que estará pronto para adotar aquelas que lhe pareçam "realistas", ou seja, compatíveis com sua personalidade e com o tempo e com os recursos disponíveis em sua instituição escolar. Não é raro envolver-se na análise das práticas partindo de um modelo mais racionalista da ação humana, da mesma forma que um artesão, preocupado com a eficácia, diria a um especialista: "Prove-me que outra forma de fazer meu trabalho funciona melhor e não custa mais, e eu a adotarei imediatamente!". Em algumas profissões técnicas, os profissionais têm poucos laços afetivos com sua prática e estão dispostos a mudá-las em função de algo puramente racional. Porém, mesmo nesse caso, a mudança é difícil: é preciso se esforçar para aprender e, durante uma etapa de transição, aceitar ser menos eficaz, até readquirir automatismos e reconstruir os saberes de experiência que permitam enfrentar tudo aquilo que o modo de emprego não permitia antecipar. Quando nosso trabalho é observado pelos outros, tememos que nossa capacidade de aprendizagem ou nosso desempenho sejam julgados; se nos angustiamos com facilidade diante de uma nova tarefa, isso pode ser suficiente para bloquear a mudança. Este é um dos motivos pelos quais adotamos sem resistência uma tecnologia já ultrapassada, mas dominada por nós, cujos limites e caprichos conhecemos. A resistência também pode depender do desejo de proteger uma competência específica, uma forma de excelência e de distinção, as quais se perderão devido à mudança. Tais fenômenos, bastante estudados na área da sociologia do trabalho e nas pesquisas sobre a inovação tecnológica, sem dúvida também estão presentes no ensino. No entanto, eles constituem apenas a parte visível do *iceberg*. O mais difícil não é mudar alguns gestos, mas a *perda* de algumas formas de satisfação, de identidade ou de segurança vinculadas a algumas práticas.

Tentamos elucidar algumas dessas perdas quando falamos da diferenciação do ensino (Perrenoud, 1996b): perda do fatalismo do fracasso, da rejeição por um bode expiatório, do prazer de sentir prazer, da liberdade na relação pedagógica, das rotinas relaxantes, das certezas didáticas, do esplêndido isolamento, do poder magistral... Sem retomar essa análise com detalhes, vamos insistir em um ponto: essas perdas não se referem apenas a hábitos, em cujo caso poderiam ser superadas quando novas rotinas fossem encontradas. Essas perdas são profundas, envolvem a renúncia a satisfações quase confessáveis, a ruptura das barreiras físicas que contêm as dúvidas e as angústias, estabilizam a identidade e a imagem de si mesmo e permitem vicenciar a profissão de cada um com alguma serenidade.

Será que todos os profissionais que analisam suas práticas estão prontos para lidar com essas perdas? O desejo de mudar e o de não mudar coexistem intimamente em cada um de nós. Aceitar as regras do jogo da análise é uma luta contra si mesmo, e não contra uma resistência "irracional" à lucidez e à mudança e contra uma busca legítima e compreensível de identidade, de auto-estima, de tranqüilidade e de aceitação em um ambiente profissional. Além disso, não é fácil antecipar essas perdas, ainda que o contrato seja particularmente claro. Ninguém sabe de antemão para onde uma análise o levará. Durante muito tempo, pode-se manter a ilusão de permanecer ileso, em melhores condições para enfrentar a vida, sem mudar verdadeiramente e sem se desestabilizar.

Não seria absurdo esperar daqueles que medeiam esses grupos de análise das práticas uma cultura teórica suficiente para controlar as interpretações selvagens, tanto as que surgem no grupo quanto as que estão presentes no espírito do mediador. Na medida em que, pelo menos nas profissões que lidam com o humano, a prática sempre remete a relações intersubjetivas e, portanto, à identidade, à alteridade, ao medo do outro, à dependência, ao poder, à sedução, seria melhor que o mediador de um seminário de análise das práticas tivesse algumas noções de psicanálise, não para se tornar um terapeuta improvisado, mas, ao contrário, para identificar com clareza os limites de seu papel.

## UMA ANÁLISE ACOMPANHADA DE UM TRABALHO DE INTEGRAÇÃO

O abandono das antigas práticas pode provocar a ruptura com o ambiente, a renúncia à reputação obtida com os pais, colegas e com a hierarquia; em suma, pode fazer com que se tenha de enfrentar uma forma de desaprovação ou de solidão. É difícil mudar sozinho. Este é outro paradoxo da análise das práticas: se ela é exercida fora do contexto de uma instituição, em um *"no man's land"* onde ninguém se sente em casa nem reencontra os colegas todos os dias, a liberdade de expressão aumenta. Ao mesmo tempo, após deixar o grupo de trabalho, cada um volta à sua escola e tem de trilhar o caminho sozinho, parcialmente prisioneiro das expectativas e das imagens nas quais os outros o trancaram, bem como dos jogos sociais que eles jogam, cujas regras não podem ser mudadas de forma unilateral.

A análise das práticas, para que seja eficaz, tem de fazer com que cada um delegue sua evolução pessoal às estruturas em que vive, as quais não evoluem nem no mesmo sentido nem no mesmo ritmo. Numerosos terapeutas se confrontam com o mesmo problema. Eles sabem que estão enviando outra vez seus pacientes para "o front", como os médicos militares, a um ambiente que, se não é patológico, é, no mínimo, pouco favorável à evolução iniciada no espaço terapêutico. A fim de avaliar esses aspectos sistêmicos, surgiram as terapias de casal, de família e mesmo de comunidades mais amplas.

Para propiciar essa mudança, a análise das práticas tem de considerar abertamente as tensões, reais ou imaginárias, que os participantes vivem com relação a seu ambiente de trabalho e seus parceiros habituais. Nesse caso, não se trata de uma intervenção sobre um grupo, mas sobre o contexto sistêmico em que cada um vive. Isso pode ser concretizado de duas maneiras em um grupo de análise das práticas:

1. Levando os participantes à explicitação de dilemas como: "Se avanço sozinho por esse caminho, vou ter de me separar dos meus colegas; portanto, hesito diante da mudança para não ter de reconstruir uma rede, uma reputação, um capital social"; quando um ator compreende que ninguém muda impunemente sozinho e que aquilo que nele resiste à mudança é o que teme ler no olhar ou nas reações dos outros. Ele aumenta sua autonomia e pode começar a pesar os prós e os contras, buscando uma "estratégia vencedora".
2. Considerando abertamente, junto com os participantes, os estratagemas que permitem que cada um mude sem que sua vida desabe, ou seja, analisando ao menos um mínimo possível o sistema em que eles trabalham; é outra forma de dizer que a análise das práticas sempre tem relação, ao menos em parte, com a análise institucional, com a análise do funcionamento dos grupos ou das organizações em que os participantes estão inseridos e com uma preparação para transformar ou ordenar esse funcionamento, com o intuito de que ele torne possível a mudança de, no mínimo, uma pessoa.

Evidentemente, tudo depende da natureza dos problemas e das transformações em questão. O distanciamento dos modos tradicionais de avaliação é uma mudança mais visível que lidar com a relação pedagógica. Mas não podemos pensar que um professor pode realizar sozinho mudanças importantes, apoiado ou rejeitado por seu ambiente. Mesmo no contexto das formações iniciais ou contínuas mais clássicas, é interessante preocupar-se de modo mais aberto com as condições de implantação de novos saberes e de novas práticas em um ambiente de trabalho.

## O ESTADO ATUAL DAS COISAS

Mesmo quando a análise das práticas é utilizada como procedimento de formação, várias outras questões ainda têm de ser abordadas: inserção nos dispositivos de formação ou de inovação, formação dos mediadores, abrigos éticos, métodos, contratos. Será que a finalidade do exercício sempre é transparente? Será que sempre é possível dizer quem analisa as práticas de quem, em que tipo de relação de poder, para fazer o quê? Enquanto essas questões não forem abordadas, não é necessário centrar-se nos aspectos mais "técnicos". A análise das práticas é uma forma complexa de interação social que, em primeiro lugar, tem de se *situar* em registros teóricos, ideológicos, pragmáticos e metodológicos. O mais urgente é cada um explicar o que faz, por que e em nome de que; por intermédio desses relatos, deverá se constituir uma forma de cultura comum e de sabedoria entre os mediadores. É cedo demais para aprisionar a análise das práticas em ortodoxias. É preferível que todos os tipos de concepções e de meios de execução possam coexistir. Mas não no silêncio e na ausência de confronto!

Ultrapassando as diferenças ou as divergências sobre os dispositivos, as regras do jogo, os contratos, os limites e as finalidades precisas dos diversos procedimentos desenvolvidos, pode-se obter um benefício secundário, mas não desprezível: essas experiências contribuem para a construção e para a difusão de uma *cultura reflexiva* nas instituições escolares. Em qualquer equipe pedagógica, em qualquer grupo de professores, quem tiver experiência na análise das práticas terá um recurso precioso para desenvolver a cooperação profissional e os procedimentos de projetos.

Essa experiência contribui para forjar uma postura reflexiva. Entretanto, não basta freqüentar assiduamente um grupo de análise das práticas para desenvolver, *ipso facto*, uma postura reflexiva. Ainda que não haja confusão, há uma evidente aliança: os estudantes e os profissionais que se envolvem de forma duradoura em um grupo ou em um seminário de análise de práticas interiorizam inevitavelmente uma parte do procedimento, o qual depois pode orientá-los em uma análise mais solitária de sua prática. Em contrapartida, qualquer formação que priorize o desenvolvimento de uma postura reflexiva não favorecerá apenas os tempos e os procedimentos de análise das práticas, mas também uma relação com a realidade que permitirá a improvisação de fragmentos de análise em diversos contextos individual ou coletivamente.

# 7

# Da Prática Reflexiva ao Trabalho sobre o *Habitus*\*

A prática reflexiva postula implicitamente que a ação tem vínculos com uma representação. Por suposição, o ator sabe o que faz e, portanto, pode se interrogar sobre os motivos, as modalidades e os efeitos de sua ação.

O que acontece com a reflexão quando seu objeto esconde-se e sua própria ação foge ao controle do ator? Isso não acontece quando ele está sob efeito da hipnose, ou quando está desatento, e nem ocorre porque não tem nenhuma idéia do que fez. Isso ocorre porque não sabe exatamente *como* faz e, no dia-a-dia, não tem razões prementes para tomar consciência desse fato.

Por sua história, o paradigma reflexivo está na origem dos ofícios técnicos ou científicos. Quando um engenheiro faz cálculos, quando um arquiteto esboça projetos, quando um médico planeja um tratamento, o caráter eminentemente racional dos *procedimentos* mascara o caráter em parte inconsciente da *atividade*. A dimensão reflexiva não a torna, de forma obrigatória, sensível, pois se relaciona, acima de tudo, com as diferenças deliberadas dos procedimentos, oriundos da experiência e de uma forma de intuição (Petitmengin, 2001). Na verdade, se tentarmos analisar, sob o enfoque de Vermersch, por exemplo, o que se entende por "sexto sentido", *know how, insight, vista, Gestalt* e outras formas de denominar

---

\*Este capítulo retoma essencialmente o que foi publicado em um artigo para *Recherche et Formation*, com o mesmo título (Perrenoud, 2001d).

um pensamento que não segue as regras, é provável que encontremos a pré-reflexão e o inconsciente prático.

Talvez a insistência sobre o componente reflexivo, associada à lucidez e ao pensamento consciente, tenha impedido Schön e seus discípulos de reconhecerem que qualquer ação complexa, embora aparentemente seja lógica ou técnica, só é possível à custa de mecanismos inconscientes. Nas profissões humanistas, os profissionais defendem-se menos contra essa idéia, talvez por um motivo errôneo: a dimensão intersubjetiva evoca os mecanismos de defesa e de bloqueio e, por conseguinte, o inconsciente freudiano. Trata-se do *inconsciente prático*, que há alguns anos passou a ser referido nos trabalhos sobre a ação pré-reflexiva baseados na explicitação (Vermersch, 1994; Vermersch e Maurel, 1997) e nos trabalhos de ergonomia, psicologia e sociologia do trabalho que visavam a uma análise profunda da atividade (Clot, 1995, 1999; Guillevic, 1991; de Montmollin, 1996; Jobert, 1998, 1999; de Terssac, 1992, 1996). Ele também está inevitavelmente associado à teoria piagetiana do inconsciente prático e dos *esquemas* (Piaget, 1973, 1974; Vergnaud, 1990, 1994, 1995, 1996) e à sua vertente sociológica, a teoria do *habitus*, associada à obra de Bourdieu (1972, 1980), recentemente rediscutida por Lahire (1998, 1999) e Kaufmann (2001) ou prolongada por alguns filósofos (Bouveresse, 1996; Taylor, 1996).

Além disso, entrevemos uma união com os trabalhos sobre a transferência e sobre as competências, os quais insistem nos processos de *mobilização* de recursos cognitivos também amplamente inconscientes, se não em sua existência, ao menos em seu funcionamento. Essa "estranha alquimia" mencionada por Le Boterf (1994) é o funcionamento do *habitus* que, confrontado com uma situação, realiza uma série de operações mentais que vão garantir a identificação dos recursos pertinentes, sua eventual transposição e sua mobilização para produzir uma ação adequada. A alquimia é estranha porque a "gramática geradora das práticas" não é uma gramática formalizada (Perrenoud, 2000a).

A conjugação dessas diversas tendências permite colocar e, talvez, resolver a questão que estamos tratando nesse contexto: como articular o paradigma reflexivo e o reconhecimento de um inconsciente prático? O problema é colocado sob ponto de vista teórico (Perrenoud, 1976, 1987, 1994a, 1996c, 1999b) e sob o contexto da formação dos professores (Faingold, 1993, 1996; Perrenoud, 1994a, 1996e).

É possível refletir sobre o *habitus*? Em função de que trabalho de tomada de consciência? E onde nos leva essa reflexão? Ela nos permite controlar os esquemas ou limita-se a nutrir surpresas, vergonhas e constrangimentos?

## A ILUSÃO DA IMPROVISAÇÃO E DA LUCIDEZ

Qualquer reflexão sobre a própria ação ou sobre a de outra pessoa contém uma reflexão embrionária sobre o *habitus* subjacente, apesar de geralmente não se utilizar esse conceito e, muito menos, essa palavra. Todos sabem que colocamos em jogo disposições estáveis que chamamos caráter, valores, atitudes, personalidade ou identidade. Há um enorme passo, que ninguém dá com boa vontade, até que aceitemos que não somos conscientes daquilo que subjaz à nossa ação.

Nossa cultura individualista favorece o que Bourdieu denominou *"ilusão da improvisação"*. Todos imaginamos que "inventamos" nossos atos sem perceber a *trama* bastante constante de nossas decisões conscientes e de nossas relações em situações de urgência ou de rotina. É difícil mensurar o caráter repetitivo de nossas próprias ações e reações, e ainda mais complicado é perceber os efeitos negativos da forma reiterada em que ignoramos, aterrorizamos ou ridicularizamos um determinado aluno, formulamos orientações, impedimos os aprendizes de refletir sozinhos antecipando-nos às suas perguntas, etc.

*Resistimos* inconscientemente à idéia de que somos movidos pelo nosso *habitus* e, além disso, sem conseguir identificar os esquemas em jogo. Nosso desejo de controlar tudo nos induz a superestimar a parte consciente e racional em nossos motivos e atos. É claro que podemos admitir que, às vezes, é mais eficaz ou rápido agir sem refletir demais, ligar o "piloto automático". No entanto, gostaríamos de acreditar que essa é uma renúncia deliberada e que poderíamos retomar o controle se *quiséssemos*.

Mas isso não é nada. A tomada de consciência entra em choque com a fragilidade da própria ação e, sobretudo, dos esquemas subjacentes. Ela exige um trabalho da mente e só se torna possível com o tempo, com a adoção de um método e de mediações apropriadas (vídeo, escrita ou entrevista de explicitação, por exemplo). Essa tentativa pode fracassar devido a poderosos mecanismos de negação e de defesa.

Na reflexão sobre a ação, jamais será simples questionar a parte de nós mesmos que conhecemos e assumimos. É ainda mais difícil e desconfortável ampliar a reflexão à parte pré-reflexiva ou inconsciente de nossa ação. Ninguém ignora que aquilo que *fazemos* é, em última instância, a expressão do que *somos*. Todos nós gostaríamos de ter acesso à gramática geradora de nossas práticas menos reflexivas. Entretanto, até mesmo o mais lúcido dos profissionais prefere interrogar seus saberes, sua ideologia e suas intenções em vez de questionar seus esquemas inconscientes.

Nossa vida está formada por repetições parciais. As situações não variam tanto a ponto de obrigar-nos, todos os dias, a inventar novas respostas. Muitas vezes, a ação é uma repetição, com algumas variações pouco importantes, de uma conduta já adotada em uma situação similar. A repetição, embora seja menos estimulante que a invenção permanente da vida, está no centro de nosso *trabalho* e de toda prática, mesmo quando as microvariações exigem microajustes dos esquemas. Se uma postura e se uma prática reflexivas têm o sentido de ajustar a ação, não há nenhum motivo para que se detenham no umbral da parte menos consciente do *habitus*. Resta saber se uma tomada de consciência acompanhada de uma reflexão pode fazer com que assumamos as rédeas dessa parte de nós mesmos.

## APRENDER COM A EXPERIÊNCIA

O ser humano é capaz de improvisar diante de situações inéditas e de aprender com a experiência (Dubet, 1994) para agir de forma mais eficaz quando surgirem situações similares. Em sua forma mais usual, essa aprendizagem resulta de uma forma de *treinamento*: a reação será mais ágil, garantida e eficaz se o ator evitar os erros e as hesitações da primeira vez. Esse treinamento pode ser involuntário, limitando-se a um ajuste progressivo, do tipo tentativa e erro; no outro extremo, pode passar por um trabalho reflexivo deliberado e intensivo, para que, da próxima vez, o profissional esteja mais bem "preparado" porque ele será, no intervalo, *exercido* como faz um piloto de corrida ou um esquiador que percorre mentalmente a pista antes da largada. Quando se "trabalha o gesto", consegue-se refinar, diferenciar ou coordenar melhor os esquemas perceptivos e motores dos quais o gesto é o aspecto mais palpável.

Quando nos interessamos por uma prática em que "dizer é fazer", em que o alcance dos gestos é, acima de tudo, simbólico, parece desnecessário ampliar cada vez mais a perfeição dos *gestos*, no sentido estrito da palavra. Sua eficácia depende do *significado* que os outros lhe conferem. Com certeza, a limpeza, a segurança, a precisão, a elegância dos gestos do professor, assim como sua voz, sua postura ou suas roupas, não são estranhas à sua presença na sala de aula e à forma como é realizada a relação pedagógica. No entanto, as "gesticulações" do pedagogo não esgotam sua prática.

É possível estender esse raciocínio a ações que não podem ser reduzidas a movimentos controlados e coordenados? Se a noção de *gesto profissional*, central em certas abordagens da formação dos professores, não é uma metáfora inadmissível, isso se deve, na verdade, à unidade que existe na ação humana: esquemas não mudam radicalmente de natureza, modo de gênese e de conservação quando se trata de uma ação visível ou de uma conduta mais complexa, simbólica e parcialmente inacessível à observação direta.

Por outro lado, quanto mais nos distanciamos de situações estereotipadas, mais a repetição obsessiva do gesto, físico ou simbólico, torna-se irrisória. A prática pedagógica é uma intervenção singular em uma situação complexa que nunca se reproduz de forma estritamente idêntica. Sem dúvida, encontramos pontos comuns, mas nunca o suficiente para que seja pertinente aperfeiçoar automatismos, exceto em pequenas ações, como na utilização da lousa ou do retroprojetor. No âmbito da ação simbólica, o professor deve se adaptar a situações parcialmente inéditas, embora sempre haja analogias e, portanto, uma possibilidade de reinvestir ou transpor elementos de resposta já elaborados.

No entanto, encontramos, nessa situação, outro paradoxo: para ajustar a ação à *singularidade* da situação, é importante tomar consciência daquilo que ela tem de *banal*. Essa familiaridade é que mobiliza os esquemas construídos e dissuade o ator de se questionar e de decidir.

Poderíamos dizer que a prática reflexiva, além de entrar em choque com a fragilidade de nosso *habitus*, fica empobrecida com a mesma rapidez e eficácia com que geramos as situações cotidianas.

Se queremos aprender com a experiência, temos de aproveitar os momentos de exceção, a fim de compreender quem somos e o que valemos. Em contrapartida, é igualmente importante distanciar-nos dos esquemas, dos pensamentos e das reações prontos que, no dia-a-dia, nos dispensam de fazer muitas perguntas antes de agir.

Essa economia de energia e de dúvida é apreciável, mas pode paralisar o profissional em uma experiência que não lhe ensina nada por não ter sido elaborada, questionada, colocada em palavras. Não há prática reflexiva completa sem diálogo com o inconsciente prático e sem tomada de consciência!

Não passamos automaticamente de uma reflexão sobre a ação a um trabalho sobre a parte menos consciente de nosso *habitus*. Um profissional reflexivo pode se limitar em uma visão muito racionalista de ação, ou, se tiver uma formação psicanalítica, manter-se preso a um inconsciente freudiano e considerar que ele só age em situações com fortes componentes relacionais e emocionais. Mesmo quando aceita o fato de que sua vida está estruturada em muitas rotinas que, na maior parte das vezes, são aplicadas sem que ele perceba, não lhe é fácil tomar consciência disso.

Portanto, parece-nos interessante explorar as relações entre a reflexão sobre a ação e o trabalho sobre o *habitus*.

## SOB A PRÁTICA... O *HABITUS*

A reflexão *na* ação (Schön, 1994, 1996) pode contribuir na alteração do processo em curso. A reflexão *sobre* a ação desenrola-se *a posteriori*, de forma imediata ou mais tardia. Ela retorna mediante o pensamento sobre uma ação realizada. O que ela pode fazer?

A ação é fugidia por essência; nasce, desenvolve-se e se extingue, como se diz no caso de uma ação judicial. Restam apenas *pistas* dela, algumas na memória do ator, outras em seu ambiente, inclusive na mente de seus parceiros ou adversários de ocasião. Não é determinante que tudo aconteça em uma fração de segundos ou em várias semanas: depois de acabada, a ação pertence ao passado e só pode ser *reconstituída* à luz dos testemunhos das pessoas, dos escritos e dos traços materiais, da mesma forma como um juiz de instrução vai até o local do crime, onde ele é reconstituído por um historiador ou por um jornalista a partir de testemunhos ou de indícios.

Sempre há uma defasagem entre a ação e sua representação *a posteriori*, parcial e fragmentada, produto de uma reconstrução que nunca é definitiva. Uma nova experiência, uma nova tentativa, um novo saber e um novo contexto talvez esclareçam retroativamente uma ação passada, alterem seu significado, situem-na em outra perspectiva. Sua representação pode se enriquecer em função de um trabalho deliberado de investigação, análise e reconstrução, ou em função de uma forma mais inconsciente, a qual depende do processo de racionalização e esquematização característico de nossa memória. A representação da ação debilita-se devido ao esquecimento ou a um bloqueio: ambos apagam ou confundem as pistas e as lembranças. Além disso, freqüentemente uma ação situada funde-se com um conjunto de ações semelhantes e perde suas características singulares.

Mesmo que a memória da ação evolua, sua "realidade objetiva" permanece estável para sempre. Por isso, ninguém pode, em sentido estrito, retrabalhar uma ação, ao contrário de um escultor, um pintor, um músico ou um autor que pode "retomar" uma obra em gestação até se cansar ou sentir-se satisfeito com ela. O que faremos amanhã é uma *ação nova*.

### O que a ação subentende

Na verdade, o trabalho sobre a própria prática é um trabalho sobre um conjunto de ações comparáveis e sobre o que elas subentendem, garantindo uma certa estabilidade; é o que acontece com o dançarino, com o atleta, com o ator ou com o amante, que se preparam para fazer melhor ou para agir de outra forma "na próxima vez". Há, simultaneamente, reflexão sobre a próxima ação em função da ação acabada.

Um artesão, um artista e um esportista afirmam trabalhar cada um de seus gestos, bem como sua coordenação. Esse treino em busca da perfeição do gesto, várias vezes reiniciado, talvez nos faça acreditar que é possível "esculpir" diretamente a ação. Na verdade, trabalham-se:

- saberes procedimentais (técnicas, métodos);
- atitudes e traços de personalidade (desejo de superação, autocontrole, motivação, distanciamento ou envolvimento);
- diversos componentes de condição física e mental (força e tônus muscular, respiração, percepção, descontração, concentração);
- *esquemas de ação incorporados,* os quais permitem subentender as dimensões estruturais da ação, seja ela "concreta" (perceptiva, motora), simbólica (atos de palavra), seja apenas cognitiva (operações mentais).

Entre essas disposições relativamente estáveis, limitar-nos-emos, nesse aspecto, à última categoria, utilizando a noção de *habitus* para designar o conjunto dos esquemas de que um indivíduo dispõe em um determinado momento de sua vida.

Bourdieu (1972, 1980), depois de Aristóteles e São Tomás (Héran, 1987; Rist, 1984), definiu o *habitus* como a "gramática geradora" das práticas de um ator, isto é,

> um sistema de disposições duradouras e transponíveis que, ao integrar todas as experiências passadas, funciona a cada momento como uma *matriz de percepções, de apreciações e de ações,* tornando possível a realização de tarefas infinitamente diferenciadas, graças às transferências analógicas de esquemas que permitem resolver os problemas da mesma forma. (Bourdieu, 1972, p. 178-179)

Vergnaud denomina esquema "a organização invariável da conduta por um determinado tipo de situações" (1990, p. 136). Sua definição está muito próxima da definição piagetiana clássica:

> Chamamos esquemas de ação aquilo que, em uma ação, é transponível, generalizável ou diferenciável de uma situação para a outra, isto é, o que há de comum às diversas repetições ou aplicações da mesma ação. (Piaget, 1973, p. 23-24)

A noção de *habitus* destaca a integração dos esquemas em um *sistema,* em uma "gramática geradora" de nossos pensamentos e de nossos atos. Como o *habitus* é um conjunto de *disposições interiorizadas,* apreendemos apenas suas manifestações por intermédio dos atos e das formas de inserção no mundo. A existência dos esquemas só pode ser *inferida* por um observador a partir da relativa estabilidade das condutas de um sujeito em situações semelhantes. Assim, quando se constata diversas vezes que um professor hesita em sancionar os alunos que provocam problemas e posterga ao máximo qualquer repreensão, o observador conclui que existe uma *estrutura estável* (esquema ou configuração de esquemas e atitudes) que permite prever muito corretamente a conduta do sujeito em uma situação semelhante.

No entanto, temos de destacar que um esquema não é um conhecimento no sentido de uma representação da realidade. Vergnaud o considera "um conhecimento-em-ato", afirmando assim, paradoxalmente, que não se trata de um conhecimento no sentido ordinário da palavra. Ele é a estrutura oculta da ação, sua parte invariável, cujo modo de conservação é bastante misterioso; é uma forma de memória diferente da memória de evocação, é uma "memória do corpo", ou seja, um conjunto de características no sistema nervoso central e no cérebro que funciona sem que o sujeito tenha de "recordá-las". Isso explica por que muitos dos nossos esquemas de pensamento e ação fogem à nossa consciência.

### O inconsciente prático

Por um lado, o *habitus* provém de um inconsciente que Piaget (1964) chamou *prático*. Segundo Vermersch:

> Um dos pontos importantes a serem destacados é que essa abordagem, em termos de tomada de consciência, define um inconsciente particular que, para ser concebido, não precisa da hipótese do bloqueio próprio do processo freudiano. Esse inconsciente ou, de maneira mais descritiva, esse não-consciente, define-se pelo fato de corresponder a conhecimentos pré-reflexivos, isto é, conhecimentos que o sujeito já possui sob uma forma não-conceituada, não-simbolizada e, portanto, anterior à transformação que caracteriza a tomada de consciência.
> Nesse sentido, a teoria da tomada de consciência de Piaget é, ao mesmo tempo, uma teoria do não-consciente cognitivo normal.
> O fundamental é estarmos definindo uma categoria de não-consciente que é conscientizável. Isto é, sabemos que ela pode, mediante uma conduta particular que constitui um verdadeiro trabalho cognitivo (mas não uma cura), levar à consciência (Vermersch, 1994, p. 76-77).

Será que há dois inconscientes? Um deles seria acessível à tomada de consciência desde que se realizasse um trabalho cauteloso, mas que não ameaçasse o sujeito. O acesso ao outro, estudado pela psicanálise, seria muito mais difícil, porque o sujeito, mesmo sofrendo e buscando voluntariamente ser curado, mobiliza toda a sua energia para *não saber*.

Parece-nos mais proveitoso afirmar que o *habitus* é *único*, mas que a tomada de consciência deste ou daquele esquema ou conjunto de esquemas pressupõe um trabalho mental que *difere* conforme a natureza da ação e os desafios da tomada de consciência. Podemos imaginar:

- em um dos pólos do campo profissional, esquemas cuja resistência à tomada de consciência têm relação apenas com a fragilidade "funcional" da prática, com a dificuldade de explicitação e de verbalização;
- no pólo oposto, esquemas – de agressão, sedução, culpa, angústia – cuja tomada de consciência vai de encontro aos mecanismos ativos de bloqueio, com o pressentimento de que ela poderia provocar mudanças irreversíveis e aterrorizantes; mesmo nesse caso, subsiste uma dimensão cognitiva: "O que dificulta o acesso a esses conteúdos inconscientes neuróticos é o tema ao qual eles se referem. Por outro lado, isso não impede que o inconsciente do neurótico também deva passar pelo encaminhamento cognitivo de uma elaboração conceitual, pois ambos são necessários" (Vermersch, 1994, p. 85).

Entre esses extremos, vamos situar o conjunto dos esquemas em que a tomada de consciência, sem desestabilizar os fundamentos da identidade e da personalidade, faria vacilar por um instante a imagem de si mesmo, ferir o amor-próprio ou alterar o conforto moral do sujeito. Quando toma consciência de um esquema de ação que lhe permite excluir ou humilhar com regularidade o outro sem assumir a responsabilidade por esse ato, o ator envolvido não se sente muito orgulhoso de si mesmo. Mesmo um esquema aparentemente inocente, oculto, por exemplo, em um erro repetitivo de estimativa ou de antecipação, suscitará um momento de desconforto quando se torna consciente.

Talvez tivéssemos de distinguir a resistência à tomada de consciência de um simples esquema de pensamento ou de ação daquela resistência à tomada de consciência do *sistema de pensamento* ou de ação do qual esse esquema faz parte; sobretudo, da economia psíquica e dos motivos que ele revela e das experiências inaceitáveis ou dolorosas por ele originadas, tanto na primeira infância (abordagens psicanalíticas clássicas) como nas condições de vida atuais (abordagens sistêmicas da escola de Palo Alto, por exemplo). Sem dúvida, seria oportuno dar atenção ao sistema do qual um esquema faz parte, inclusive nos domínios em que os desafios "psicodinâmicos" sejam menos intensos. Sabe-se, por exemplo, que alguns esquemas produtores de erros fazem parte de um sistema e desafiam, portanto, uma intervenção didática exata. Sua coerência é que garante sua estabilidade, e o desejo de preservá-la motiva a resistência à tomada de consciência.

Outra complexidade: com freqüência, a mesma ação tem relação com o consciente e com o inconsciente, cognitivo ou não:

- muitas vezes, os esquemas inconscientes operam, pelo menos em estado de vigília, sobre informações e representações plenamente conscientes; nossas visões do futuro, nossas lembranças, nossas intenções, nossos saberes explícitos e nossas hipóteses são produtos de esquemas mentais dos quais não somos conscientes, ainda que eles *produzam* "estados de consciência";
- a consciência não é um estado simples, estável, irreversível; entrevemos e esquecemos incessantemente alguns de nossos mecanismos, ou percebemos apenas alguns de seus aspectos ou de seus momentos sem discernir o todo; o que ontem era inconsciente pode se tornar consciente hoje, ou o oposto pode também ocorrer;
- o grau de tomada de consciência é variável; ao trabalhar com o "pré-consciente" ou com o "pré-reflexivo", Vermersch (1994) privilegia ações cujo esquema "aflora" à consciência do sujeito; os psicoterapeutas tentam facilitar a passagem à consciência plena de ações profundamente vagas e bloqueadas; a ergonomia visa a um inconsciente não-bloqueado; porém, de difícil acesso mediante a introspecção.

Desse modo, não há um campo onde a prática reflexiva esteja relacionada apenas a informações, representações, saberes e técnicas explícitas, e outro campo onde o não-consciente prevalece. A *integração* é permanente. As operações mentais aludem aos estados de consciência, mas elas os produzem e fazem evoluir, em grande parte, por meio de esquemas *inconscientes*. Nenhuma ação concreta desenvolve-se sem o auxílio de regulações refinadas provenientes do inconsciente prático.

Isso significa que uma prática reflexiva relativa ao *habitus* tem de enfrentar uma complexidade assustadora.

## A TOMADA DE CONSCIÊNCIA E SEUS MOTORES

O sujeito não tem acesso direto aos próprios esquemas; ele constrói uma *representação* dos mesmos que passa por um *trabalho* de tomada de consciência.

A questão fundamental é saber se a tomada de consciência continua sendo um epifenômeno ou se, em algumas condições, permite que o sujeito tenha acesso ao seu próprio *habitus*. É possível denominar *padrão* o resultado do trabalho de tomada de consciência de um esquema (Perrenoud, 1976). Naturalmente, o conceito de esquema não admite nenhuma definição estável. Alguns autores falam sem distinção de *esquema* e de *padrão*; outros, de um esquema de ação como se fosse um plano, um cenário ou um roteiro *inconsciente* (Raynal e Rieunier, 1997). Para designar processos que podem permanecer inconscientes e evitar vocábulos da vida cotidiana (plano, cenário, esquema ou roteiro) que evocam um planejamento consciente da ação, parece-me que isso cria uma grande confusão (as noções de *habitus* ou de *esquema* evitam tal enfoque). Parece-me mais claro conservar o *bom senso* com relação a esses conceitos ligados à intencionalidade da ação. Dessa forma, definiria um *padrão* como uma *representação* simplificada da realidade – nesse caso, uma ação ou um conjunto de ações. Quando um *padrão* de ação é elaborado por *tomada de consciência* da estrutura invariável de uma ação e, portanto, do *esquema* subentendido nela, ele não suprime, *ipso facto, o esquema*, o qual pode continuar a atuar em estado prático, e não o substitui necessariamente no controle da ação.

Assim, uma elaboração reflexiva e metacognitiva só tem sentido se propicia a seu autor um certo domínio de seu inconsciente prático. De que é válido saber *como* funcionamos se não conseguimos mudar? A esperança de aprender algo sobre o inconsciente prático é o principal motivador da tomada de consciência. Se essa esperança não se concretiza, o ator não tem nenhum motivo para persistir.

Por isso, é importante identificar as condições da tomada de consciência e suas chances de proporcionar um certo domínio sobre a mudança. Parece que a tomada de consciência depende:

- do modo de gênese dos esquemas;
- dos desafios de sua verbalização.

Os procedimentos incorporados resistem menos que os *esquemas* constituídos em função da experiência.

## Os procedimentos incorporados

Alguns *esquemas* desenvolvem-se como resultado da prática regular de um procedimento ou, de modo mais geral, da adoção de um "hábito social" (Kaufmann, 2001). Um procedimento ou um hábito pode orientar uma ação precisa e adequada; porém, ela só se tornará eficaz, ágil e segura após um treinamento que, de alguma maneira, *transforme o conhecimento procedimental em esquema*. Quando um procedimento é incorporado e torna-se rotineiro, pouco a pouco deixamos de tomá-lo como referência. A regra só retorna à memória quando se tem de enfrentar um incidente crítico, o qual leva *o esquema* ao fracasso, a uma divergência de pontos de vista ou a um simples assombro; por exemplo, isto é o que acontece quando alguém exclama: "Bem, para você é assim. Para mim, não!" Da mesma maneira, quando um esquema é resultado da transformação progressiva de um procedimento em uma rotina, o trabalho reflexivo pode fazer com que ele seja relembrado.

Essa recordação parece facilitar a tomada de consciência, mas também pode impedir uma percepção lúcida do esquema. Com efeito, embora tenha se originado por meio de um procedimento, um *esquema* "vive sua vida" em função da experiência. Ele se diferencia, se enriquece, torna-se mais complexo ou, ao contrário, desfalece, degrada-se e se degenera devido às exigências da ação. Ele afasta-se do procedimento inicial sem que esse distanciamento seja consciente. Portanto, *o esquema* atual não é, de fato, apreendido através da reconstituição do procedimento inicial.

### Os *esquemas* que são fruto da experiência

Outros esquemas são construídos pela própria experiência sem nunca terem sido a tradução de um procedimento explícito. Nesse caso, na verdade, o sujeito não sabe *como* faz.

Ele pode viver com esse "mistério" porque, em grande medida, esses *esquemas* incorporam-se a uma ação consciente e racional cujo sucesso eles garantem, mas o ator não sabe disso:

> Pode parecer absurdo dizer que um operador de central nuclear ou um técnico em informática realizam ações "não-conscientes, não-conceituadas". No entanto, essa objeção confundiria os saberes teóricos que servem de base para a ação, os saberes procedimentais, sistematizados e formalizados, que são necessariamente conceituados (ou, pelo menos, o foram no momento de sua aquisição) com o que Malglaive (1990) chama de saberes de uso construídos a partir da ação e na ação, não-formalizados ou pouco formalizados.
> De outra forma, em qualquer ação, inclusive na mais abstrata, na mais conceituada pelos conhecimentos e pelos objetivos que supõe dominar, há uma parte de conhecimentos e de pensamento privado não-formalizada e nem consciente (Vermersch, 1994, p. 72-75).

O grau de especialização depende dessa parte pouco formalizada, a qual varia de um ator para outro, embora todos tenhamos acesso aos mesmos procedimentos. Portanto, não basta reafirmar ou reexplicar as regras, já que o problema está situado aquém ou além das regras. Isso remete à concepção da competência desenvolvida no âmbito da ergonomia, como *domínio do desvio entre o trabalho prescrito e o que realmente deve ser feito para garantir o desempenho* (Jobert, 1998, 1999).

Em uma outra obra (Perrenoud, 1996e), foram distinguidas diversas modalidades nas quais esquemas inconscientes – em geral ou em parte – interagem com a ação racional ou assumem seu lugar:

- A identificação do *momento oportuno* de aplicar saberes ou princípios não é totalmente guiada por esses saberes e por esses princípios; tal identificação, essencial em todas as tarefas complexas, inclusive no domínio tecnológico, provém de esquemas que não são codificáveis em sua totalidade sob a forma de conhecimentos "condicionais'; ela deriva daquilo que, muitas vezes, chamamos intuição, "golpe de vista", "sexto sentido" ou "senso clínico" do profissional.
- A parte menos consciente do *habitus* intervém na *microrregulação* de qualquer ação racional e de qualquer comportamento de projeto, tendo em vista que nenhuma teoria permite prever cada detalhe da situação, deixando uma parcela à apreciação do ator.
- Na gestão *urgente*, mesmo quando dispomos de uma teoria e de um método que poderiam conduzir a ação em circunstâncias mais amenas, o tempo e o estresse nos obrigam a apelar aos esquemas que mobilizam muito pouco o pensamento racional e os saberes explícitos do ator.

Sendo assim, seria uma falácia representar o ator comum como se nele coexistissem Dr. Jekyll e Mr. Hyde. O inconsciente prático não é uma face oculta de nossa existência; em grande parte, ele se instala em meio às nossas ações conscientes. À exceção de um estado secundário, sempre sabemos, "mais ou menos", o que e por que tomamos certas atitudes. Assim como Deus, pelo que se diz, o inconsciente prático está nos *detalhes*. Quando uma professora exige que cada aluno se despeça dela apertando sua mão e olhando-a nos olhos, sabe o que está fazendo e acha que sabe por que o faz. O que ela ignora é que está transformando insidiosamente esse ritual em inquisição ou em dominação e que sente uma enorme satisfação ao se impor e ao impor, todos os dias, o que muitos considerariam um castigo.

## O fracasso como motor da tomada de consciência

O fato de não saber exatamente como faz algo só incomoda o profissional no caso de ele não alcançar seu objetivo:

No âmbito da psicologia da cognição, talvez tenha sido Piaget, depois de Claparède, quem estudou de forma mais sistemática a defasagem que pode haver entre o sucesso prático e a compreensão do motivo do sucesso dessa ação, mais tardia geneticamente. Essa defasagem mostra com clareza que é possível alcançar o sucesso sem conceituação (Vermersch, 1994, p. 76).

Apoiando-se em Piaget, Vermersch (1994, p. 84-85) também recorda o seguinte:

> A tomada de consciência só ocorre sob a pressão dos fracassos e dos obstáculos encontrados pelo sujeito quando ele tenta atingir os objetivos que o motivam. A causa da conduta de tomada de consciência é essencialmente extrínseca ao sujeito. Se, em seu confronto com o ambiente, ele não se deparasse com obstáculos a serem superados, a máquina cognitiva entraria em pane!

Tendo em vista o fracasso total da ação ou de seu sucesso aproximado, a tomada de consciência é suscitada por um desejo de maior controle. O atleta praticante do salto com vara que tenta aumentar um centímetro do salto para quebrar o recorde não é diferente de quem tenta obter um desempenho mínimo. Os dois têm os mesmos motivos para tomar consciência de sua forma de saltar: melhorar!

Por isso, o trabalho com o *habitus* quase sempre é mobilizado pela *distância* entre o que o ator realmente faz e aquilo que poderia fazer, tanto no caso de correr o risco de um fracasso absoluto como no caso de o sucesso não corresponder às suas ambições.

No momento em que o objetivo é evidente, valorizado, impossível de ser abandonado, e no momento em que o fracasso é evidente e não pode ser imputado à fatalidade ou ao outro, inicia-se o processo de tomada de consciência. Infelizmente, nem sempre é fácil mensurar o desempenho em um "ofício impossível", e menos ainda encontrar a distância correta entre a plácida auto-satisfação e o autodenegrecimento destrutivo. Além disso, um educador necessita tomar um número impressionante de pequenas decisões. Ao contrário de um atleta especialista em salto com vara, obcecado por um desempenho único, ele tem de enfrentar inúmeros pequenos e grandes desafios, às vezes sem saber o que produz sua ação, pois ela não tem efeitos senão a médio prazo, ou porque a avaliação é impedida pelo fluxo dos acontecimentos.

Nesse contexto, o professor não está em situação equivalente à do atleta que paga o preço da tomada de consciência porque seu progresso e suas medalhas dependem desse fato. Em um ofício que se baseia no ser humano, cada um se ocupa de vários usuários e persegue diversos objetivos sem possuir critérios seguros para saber se eles foram atingidos. Quando os objetivos não são alcançados, o profissional pode utilizar variados pretextos: falta de tempo, de recursos, de apoio da hierarquia, de cooperação dos colegas ou dos alunos. Por mais sério que seja, um professor pode viver com alguma flexibilidade, mas nem sempre possui a energia e a força necessárias para "se observar caminhar" (Fernagu Oudet, 1999).

### As resistências à tomada de consciência

Só os filósofos valorizam a lucidez de forma incondicional. Já os seres humanos comuns reúnem a vontade de saber com a de não saber.

A tomada de consciência apresenta riscos. O mais simples deles está relacionado a uma forma de desorganização da ação. O que era simples com o "piloto automático" pode ficar mais difícil quando tiver de ser realizado com consciência total. Um colega interessado pela explicitação conta que, um dia, em um restaurante, sentiu-se fascinado por uma garçonete capaz de se lembrar de vários pedidos sem anotá-los e de trazer a cada cliente justamente o que ele havia escolhido. "Como você faz isso?", perguntou-lhe. "Bem... eu não sei", respondeu ela. Alguns minutos mais tarde, ao receber os pedidos de outra mesa, perdeu sua maestria... Ele não conta na sua história se a reencontrou no dia seguinte ou se ela foi para sempre afetada por uma questão aparentemente inocente. Conclui-se daí que não é preciso voltar à infância e recorrer a Freud para desestabilizar um profissional e fazer com que entre em crise.

O risco inerente à tomada de consciência de um esquema isolado ou de uma parcela do *habitus* não está ligado apenas ao *trabalho* de explicitação, à carga cognitiva que o acompanha e à perda de uma forma de inocência cognitiva. O risco também tem relação com o impacto das descobertas de alguns aspectos pessoais, o qual pode ser suscitado por qualquer exercício de lucidez. É normal viver uma certa ambivalência. O "Conhece-te a ti mesmo" não é uma aspiração de todos.

Portanto, nada garante que o abismo existente entre o sucesso pretendido e a ação efetiva seja um motivador suficiente para a tomada de consciência. Isso acontece sobretudo em algumas profissões, como o esporte ou certas expressões artísticas, que não se baseiam apenas na superação de si mesmo e no desempenho. É necessário manter-se em um emprego, ao longo do tempo, continuar a trabalhar e a fazer uma autoavaliação.

O custo da tomada de consciência cresce ainda mais nas profissões humanistas, pois nelas não se lida apenas com a falta de jeito, com a rapidez, com a *olhadela*, com a coordenação dos movimentos, mas com o poder, a crueldade, a tolerância, a paciência, a preocupação consigo mesmo e com o outro, a relação com o saber e diversas outras questões cuja tomada de consciência não deixa ninguém imune, embora ela não seja fruto da psicanálise. Por outro lado, em geral, as pessoas só optam por essa terapia para enfrentar um *sofrimento*. O desejo de obter um melhor desempenho não é suficiente para encará-la.

Por isso, quando a resistência à realidade não basta para provocar a tomada de consciência e equilibrar o custo/benefício, é importante que surja uma *postura reflexiva*. Sem dúvida, essa postura pressupõe uma forte vontade de cumprir sua "missão", assim como um elevado nível de autoexigência e, por isso, a vontade de compreender e de superar o que impede o sucesso, ainda que ninguém possa nos recriminar.

Assim, a noção de *consciência profissional* assume um novo sentido: ela também passa por um esforço contínuo de tomada de consciência sobre o modo de enfrentamento dos obstáculos existentes, e, nesses momentos, pensamos como podemos ser melhores enquanto compreendemos com mais clareza como agir e, assim, transformamos nossas práticas.

No entanto, a tomada de consciência e o trabalho sobre o *habitus* também supõem uma relação particular com a vida, uma atração pelo prazer do jogo ou do risco, uma forma de identidade e de busca pessoal...

## DA TOMADA DE CONSCIÊNCIA À MUDANÇA

Por que assumimos o trabalho e os riscos, por mínimos que sejam, de qualquer tomada de consciência? Por jogo, curiosidade, narcisismo ou por exigência de lucidez? Às vezes. Mas, sobretudo, para controlar o *habitus*, discipliná-lo, reforçá-lo, transformá-lo, a fim de que ele seja menos impulsivo, menos angustiado, menos agressivo, menos desajeitado, menos desconfiado, menos egocêntrico, mais descentrado, mais imaginativo, mais audacioso, mais reflexivo, etc.

Se não temos o poder de alterar nada em nossa forma de ser e fazer, por que refletir? Por que desnudar mecanismos inconscientes e assumi-los se essa lucidez resulta na impotência?

O desejo de mudança nasce da decepção, do descontentamento com aquilo que se *faz*. Acima de tudo, uma pessoa quer que sua *prática,* compreendida como a repetição de atos semelhantes em circunstâncias semelhantes, evolua. Quando a repetição persiste, apesar dos esforços e da tentativa de se controlar, de dominar, de se disciplinar, a pessoa chega à conclusão de que é conduzida por um esquema ou por vários esquemas de pensamento e de ação que estão fora do alcance de sua consciência e de sua vontade.

Nesse momento – e só então – um trabalho sobre o *habitus* é pertinente, seja ele denominado forma de ser, hábito, rotina, automatismo, conduta neurótica, obrigação, caráter, personalidade ou mesmo de "reflexo".

Os desafios da mudança são numerosos e abrangem do sucesso da ação mais técnica à relação com o mundo. No entanto, na maior parte das vezes, transitamos insensivelmente de uma ação para a outra.

### Quando um procedimento transforma-se em rotina...

O sentido de um trabalho sobre o *habitus* surge apenas quando a ação pretende ser racional e afirma-se como a aplicação de saberes e de princípios legítimos. Nesse caso, a regulação racional aparentemente não exige nenhuma tomada de consciência sobre os esquemas do profissional, mas um *reexame crítico* da teoria ou do método, isto é, dos conhecimentos declarativos ou procedimentais que, por suposição, fundamentam sua ação. O ator adota um novo procedimento, mais promissor, que alguma vez foi-lhe proposto como tal, ou que ele deduz de outros casos de novos conhecimentos teóricos.

Ele deve incorporá-lo e transformá-lo em um esquema eficaz. Ao mesmo tempo, terá de desativar os esquemas atuais com o objetivo de enfrentar o mesmo tipo de situação, o que pode exigir muito esforço. Uma pessoa não modifica repentinamente sua forma de amarrar os cadarços ou de caminhar, embora incorpore a essa mudança, deseje-a de modo racional e não resista de modo consciente a ela. Um programa pode ser substituído com facilidade por outro na memória de um computador; porém, isso não acontece na mente humana; é preciso tempo para apagar rotinas antigas; os esquemas não desaparecem de nossa "memória inconsciente", mas são condenados, censurados, inibidos. Por isso, podem ressurgir em situações de emergência ou entrar em conflito com aprendizagens mais recentes.

Diante de uma aprendizagem prática, descobrimos que, em cada ação rotineira, há uma parcela do inconsciente prático, a qual garante agilidade e eficácia, buscando uma sensação de controle que se perde provisoriamente quando se incorporam novos procedimentos.

Além disso, uma mudança de procedimento técnico, sem desafios relacionais, afetivos ou ideológicos aparentes, pressupõe alguns lutos importantes, como a renúncia a rotinas que acabaram formando uma parte de nossa identidade e das quais podemos, de certo modo, depender e que contribuem para dar sentido à nossa existência.

Encontramos nesse caso, um *paradoxo*: o inconsciente prático do qual tratamos aqui é o mais *anódino*, o mais distante do inconsciente que interessa à psicanálise, pertencente ao âmbito cognitivo e sensório-motor. Por outro lado, justamente porque tenta otimizar um procedimento racional, o ator resiste à idéia de que também se trata de inconsciente. Talvez isso já tenha sido admitido pelos esportistas de alto nível e por seus treinadores, mas outros profissionais ainda desejam acreditar que a razão e a vontade controlam até seus mínimos gestos.

### ... em busca da identidade

A transformação dos gestos mais técnicos põe o *habitus* em jogo; isso ocorre ainda mais nas práticas das profissões humanistas, nas quais os jogos com a alteridade, o poder, a sedução, a incerteza e a dependência levam incessantemente o profissional ao limite daquilo que a razão permite compreender e realizar.

A transformação do *habitus* é ainda mais evidente quando não se busca traduzir novos saberes em ação, mas fazer evoluir a auto-imagem, a autoconfiança, a relação com o mundo e com os outros, tudo o que se traduz subjetivamente por uma carência, por angústias, mal-estar, descontentamento, por uma falta de amor-próprio, por dúvidas sobre a identidade ou sobre o sentido do trabalho e mesmo da vida.

Nesse caso, o desejo de mudança não visa necessariamente, ao menos a princípio, a uma ação identificada. Ele pode ser alimentado por uma relação infeliz com o mundo, por experiências que causaram mágoa, frustração, vergonha ou perturbação. Só depois de uma primeira análise é que a pessoa consegue perceber que sua forma de ser no mundo é um conjunto de esquemas de ação e de reação, que a levam regularmente, por exemplo, a fugir de suas responsabilidades, a procurar um bode expiatório, a ver perigos em toda parte, a se mostrar agressiva ou desconfiada, etc.

Novamente, o trabalho sobre o *habitus*, seja qual for o modo como ele for chamado, não é o projeto inicial. Em um primeiro momento, gostamos de imaginar que todos os problemas decorrem de uma carência ou de um defeito global, da falta de paciência ou de tolerância, de resistência à injustiça, do prazer de controlar tudo ou do amor à ordem. É preciso realizar um trabalho e assim perceber que estamos falando de esquemas de ação relativos a determinadas situações, e não a marcas de caráter, de qualidades ou de vícios que caracterizam a pessoa em todos os contextos.

## O trabalho sobre si mesmo

Em todos os casos, quando analisamos o desvio entre o que fazemos e o que desejaríamos fazer, estamos trabalhando sobre *nós mesmos* com o objetivo de melhorar nosso desempenho ou de modificar uma relação infeliz ou desajustada com o mundo e com os outros.

O trabalho sobre si mesmo pode ser entendido no sentido psicanalítico, o que incitaria a procurar na infância e no inconsciente algumas questões profunda e ativamente bloqueadas. De modo evidente, esse modelo é pertinente para alguns aspectos das profissões humanistas. O mesmo acontece com o esportista de alto nível que treina de modo intenso. Buscando obter sucesso em competições, o narcisismo, a agressividade, o imaginário, as angústias ou o prazer de correr riscos importam tanto quanto a forma. No entanto, o trabalho sobre si mesmo também pode ser entendido em um sentido menos "freudiano" para designar uma atividade de tomada de consciência e de transformação do *habitus* que, sem ser anódino, não tenha de mobilizar necessariamente mecanismos contundentes de defesa quanto os que têm vínculos com a análise freudiana do inconsciente.

Com freqüência, esse trabalho é iniciado visando ao melhor domínio das situações com as quais nos deparamos ou do nosso desempenho em um registro bem definido: ir mais rápido, mais longe, com menos vacilações, desvios ou erros. A preocupação com uma ação eficaz pode, aos poucos, ser substituída pela busca de sentido e de certezas: viver melhor consigo mesmo, lutar contra as dúvidas, contra as angústias e contra os momentos de depressão. Em todos os casos, trata-se da busca do *aperfeiçoamento*, no sentido mais amplo do termo, ou seja, afirmar a própria identidade, conceber e realizar projetos com êxito, aumentar a capacidade de enfrentar a complexidade do mundo e de superar os obstáculos aos nossos projetos.

Muitas vezes, essa intenção está repleta de *ambivalência*, pois *é difícil* dominar melhor a prática, afirmar a identidade, ampliar conhecimentos e aumentar competências, *ela tem um custo!* Precisamos de tempo, dinheiro, esforços, renúncia a outras atividades, paciência; temos de superar momentos de insegurança, fracassos, humilhações e tensões com o ambiente que nos rodeia. Esse custo intelectual, emocional e relacional só pode ser assumido se as satisfações esperadas forem suficientes no âmbito da autoestima ou de outros aspectos.

Entretanto, a própria *mudança* é o que mais exige, mesmo sendo desejada; muitas vezes, o trabalho sobre si mesmo faz com que a pessoa *se transforme em outra*. A dança ou os esportes competitivos provocam mudanças em seus praticantes por meio da disciplina rigorosa e dos sofrimentos que impõe. Nas profissões humanistas, a mudança de si mesmo é de outra natureza: não é resultado de um exercício intensivo, mas de um retorno reflexivo sobre as próprias formas de ação, provocado pela vontade obstinada de mudá-las. Em vez de agir sobre o peso ou a musculatura, age-se sobre a própria agressividade, sobre a relação com o saber, sobre a forma de falar ou de se movimentar na sala de aula, sobre os preconceitos, as atrações e as rejeições, sobre as competências e atitudes. Essas transformações das práticas podem passar por uma mudança de identidade.

Os jovens prodígios dos esportes ou das artes, sujeitos a um treinamento rigoroso, muitas vezes vivenciam esse fato como uma forma de violência, a qual nega sua identidade, sua necessidade de autonomia e sua vontade de *far niente*. Mesmo adultos esportistas e artistas precisam de um *coach*, que encarna uma espécie de superego. Eles podem até odiar aquele que sempre diz: "*Recomece, tente de novo, esforce-se mais!*".

Em uma profissão humanista, é difícil delegar esse papel de superego a outrem. Os supervisores e formadores de adultos podem agir como treinadores, mas não podem exercer uma violência simbólica comparável à permitida em outros campos. O profissional que trabalha sobre si mesmo, ainda que conte com auxílio, deve ser, ao mesmo tempo, a vítima e o carrasco; como vítima, a pessoa quer permanecer igual a si mesma, às vezes, impregnada e resignada com sua mediocridade; como carrasco, ela "se obriga" a se transformar em alguém diferente.

Em algumas profissões, o sucesso passa por uma transformação voluntária da aparência física ou do corpo: vestir-se, maquiar-se, realizar exercícios cotidianamente, comer menos para desempenhar seu papel. A ambivalência do sujeito é *visível*, já que a privação, o trabalho e a dor são tangíveis, mesmo que seja resultado de uma boa causa. Essa ambivalência não é menor em algumas profissões humanistas; além disso, é muito doloroso e ascético transformar esquemas de pensamento e de ação devidamente instaurados, derrubar representações ingênuas, mas confortáveis, questionar saberes considerados estáveis do âmbito da educabilidade, por exemplo.

## Trabalho visível e invisível

A competência de um especialista consiste em fazer o que tem de fazer de forma correta, ainda que as condições da prática não sejam ideais. O maratonista aprende a correr contra o vento, o solista a tocar em um piano desafinado, o camponês ou o navegador a enfrentar as mudanças climáticas. Da mesma maneira, o professor aprende a dar aula com o barulho urbano, com 30°C à sombra, ao final da tarde de sextas-feiras...

Sempre que for possível, o especialista tenta otimizar as condições de trabalho e preparar-se para a própria ação, o que continua sendo difícil mesmo em condições favoráveis que, por outro lado, não são garantidas e tampouco duradouras. Assim, dia após dia, o professor escolhe e prepara atividades para otimizar sua ação, considerando a história e tudo o que sabe de seus alunos e de suas famílias, da escola, dos espaços de trabalho, das expectativas dos colegas e dos recursos disponíveis.

Apesar desses preparativos, a análise retrospectiva de uma ação indica, em geral, que algo não funcionou devido a uma preparação insuficiente: falta de informações, de antecipação, de contatos prévios, de verificação do material. Isso não traduz necessariamente uma falta de consciência profissional. O ensino é uma profissão que desafia uma preparação perfeita.

Os pilotos de Fórmula-1, assim como as estrelas do *show business* ou os cirurgiões, sabem muito bem que, no calor da ação, suas chances podem ser comprometidas por uma preparação deficiente. Portanto, investem muito nos preparativos, rodeados de equipes de assessores e especialistas. Em uma sala de aula, os desafios parecem menos importantes, e as decisões e as atividades são tão numerosas e semelhantes que não podem ser preparadas como um acontecimento extraordinário. Por outro lado, os professores não dispõem de tantos recursos materiais e humanos quanto os profissionais do esporte e de algumas outras áreas. São privilegiados os professores que contam com o apoio de alguém que os auxilia nas experiências ou nos trabalhos de laboratório nas disciplinas científicas. Os outros têm de contar apenas com seus próprios recursos. Além disso, em tese, a preparação da aula representa apenas uma metade do tempo dedicado ao trabalho. O que eles devem fazer?

Esse trabalho de preparação não é efetuado no calor da ação, mas antes disso. Dessa forma, daria origem a ações puramente racionais. Mas será que isso corresponde à realidade? Há vários motivos para dúvidas:

- A preparação de seqüências didáticas é um "poço sem fundo"; o professor age de modo pragmático, sabendo que poderia fazer um trabalho melhor, mas outras tarefas o esperam, isso sem contar a vida fora do âmbito profissional...
- Lutando contra o tédio e contra a rotina, o professor realiza preparativos desmedidos, abandonando outras tarefas importantes.
- Segue sua inspiração, suas atrações e suas rejeições em função das descobertas, dos momentos de cansaço e do acolhimento dos alunos às suas propostas.

- Parte dos investimentos é feita em meio a uma grande incerteza, pois não é possível testar uma idéia, julgar o nível dos alunos ou prever o ambiente de trabalho.
- Alguns preparativos exigiriam uma forma difícil de lucidez, um retorno doloroso ao que aconteceu ou geralmente acontece.
- A improvisação didática (Perrenoud, 1983, 1994a) desafia um planejamento rigoroso; o professor está preso a engrenagens e nem sempre pode dosar seu esforço.
- Por trás dos aspectos técnicos, há angústias, sonhos e inquietações; em suma, há pessoas e relações.
- Algumas ações eficazes não são realizadas porque não há competência ou vontade. Elas são substituídas por outras, menos adequadas. Assim, um professor que não gosta de escrever ou que se sente incapaz de fazê-lo passa horas consultando "textos de autores" para ilustrar uma determinada noção, enquanto outro redige, em alguns minutos, um texto adequado.

Portanto, não é possível limitar a análise das práticas e o trabalho sobre o *habitus* àquilo que acontece na *sala de aula*. A prática também é o trabalho *nos bastidores*, individual ou coletivo, na sala de aula, na sala dos professores, no centro de documentação ou em casa, no restaurante ou no ônibus.

Trata-se de um trabalho pouco conhecido, difícil de se decifrar e de se decompor. A "correção das cópias" é um pouco mais conhecida, porque se refere à avaliação. Outras correções, mais triviais, não podem ser apreendidas pelo olhar dos especialistas: as dos cadernos e das outras produções que não recebem nota. É preciso acrescentar a isso a preparação das aulas ou das atividades, relativas a uma "ergonomia didática" ainda pouco desenvolvida. Além disso, não devemos esquecer tudo o que se relaciona a pensamentos difusos, à releitura dos acontecimentos, a sonhos e medos e à reflexão sobre a ação e sobre suas condições.

Um professor pode praticar seu ofício mesmo com as mãos vazias e com o olhar perdido no espaço. Questiona-se sobre seus alunos ou sobre o sentido de seu trabalho, prepara-se para certos conflitos, antecipa algumas reações, tenta explicar o que aconteceu. Em todas essas operações mentais, do pensamento mais reflexivo ao sonho, seu *habitus* está presente, com seus componentes conscientes e inconscientes.

O que ocorre fora da sala de aula influencia o que acontece dentro dela e faz parte da prática. Logo, não há nenhum motivo para excluir esse continente obscuro da análise. Entretanto, tendemos a privilegiar os momentos mais interativos e, entre os preparativos, as tarefas mais objetivas. Os trabalhos sobre a explicitação propõem ferramentas para analisar também a inação aparente, os períodos de latência, os quais também estão repletos de pensamentos e de emoções, embora aparentemente o professor não esteja "em ação".

## A orquestração dos *habitus*

Os atores costumam dizer que representam melhor quando seus parceiros são talentosos e "atraem" o melhor que eles têm em si mesmos. Os professores poderiam dizer o mesmo, mas não podem escolher nem os alunos nem seus pais, nem sua hierarquia e nem seus colegas. Eles devem lidar com isso, ao menos no âmbito do imediatismo.

A médio prazo, assim como um músico virtuoso esforça-se para não tocar em uma orquestra medíocre, um professor experiente tenta controlar, ao menos em parte, seu ambiente profissional; por exemplo, pode escolher um determinado estabelecimento de ensino ou um determinado curso, integrando-se a uma equipe ou efetuando opções táticas que preservem sua autonomia.

A escolha dos parceiros é resultante do *habitus*, consciente ou inconsciente, assim como das condições de trabalho. No entanto, existe uma diferença importante: os parceiros de um professor também são sujeitos e atores, os quais agem como ele, antecipam, refletem, aprendem com a experiência, mas também são devorados pelas rotinas e por uma construção singular, limitada e, muitas vezes, rígida da realidade.

Na medida em que a ação é interação, é cooperação, o sistema de ação entra em crise se um dos atores evolui de forma unilateral. Ele deixa de corresponder às expectativas de seus parceiros ou o contrário disso. Nas situações mais cotidianas, no nível mais técnico, basta uma regulação explícita para que haja um ajuste. Contudo, quando as mudanças são mais profundas, é difícil compreender por que a orquestração dos *habitus* se degrada, pois não dispomos desse conceito. Há mal-estar, sensação de discordância, de ineficácia, sente-se que há algo vago, mas a regulação não é evidente. Vamos supor, por exemplo, que um professor passe por um longo estágio Gordon (1979) e realize um treinamento intensivo em escuta ativa e na "Mensagem-Eu", conseguindo mudar seu *habitus* nesse sentido. Quando retorna à classe, à equipe, ao estabelecimento de ensino, à família ou ao círculo de amigos, ele está mudado e reage de forma diferente em caso de conflito, dúvida, angústia ou cansaço. Se for suficientemente consciente da mudança, poderá explicá-la e fazer com que a compreendam; inclusive poderá levar seus parceiros a adotá-la. No entanto, se não percebe sua evolução, se considera que ainda é o mesmo ou não quer compreender por que não o compreendem, os grupos envolvidos podem entrar em disfunção ou em crise.

O fato de considerar a orquestração dos *habitus* pode conduzir a estratégias de formação ou de mudança que tenha por meta os grupos. Um paradigma semelhante está na base das terapias de grupo ou de família (Watzlawick, 1978a, b); Watzlawick e Weakland, 1981; Watzlawick, Helmick Beavin e Jackson, 1972; Watzlawick, Weakland e Fish, 1975).

Quando isso não é possível, quando não se quer que a mudança seja bloqueada ou limitada pela rigidez das expectativas e dos modelos de interação estabelecidos, é importante que o ator que se transforma leve sua diferença em consideração e inicie abertamente um período de transição, (explicando-se e mostrando as chaves da mudança), ou dê provas de sua paciência, renunciando à concretização imediata e integral de seus novos conhecimentos ou de suas novas convicções.

Uma prática reflexiva individual ou coletiva, ou aquela que ocorre no contexto de um grupo de análise das práticas, deve ajudar todos nós a tomarmos consciência da dificuldade de mudar sozinho. No caso de um professor, pode acontecer que seus alunos e seus pais exerçam uma influência estabilizadora e até mesmo conservadora, mais contundente que a de seus colegas e de sua hierarquia. Resulta desse fato a importância da formação e da metacomunicação. Além de ter de efetuar um trabalho sobre si mesmo, o que não é fácil, a orquestração dos *habitus* obriga a pessoa que opta pela mudança a renegociar contratos e costumes que regem suas relações com os outros. Os terapeutas que tratam indivíduos consideram essa dimensão. Eles sabem que seu paciente está entre um convite à mudança, fruto da terapia, e uma proibição à mudança, proveniente do seu ambiente de vida. A contradição pode ser ainda maior se o paciente for alguém escolhido para carregar o peso da disfunção de um grupo. Na análise das práticas e, de modo mais geral, na formação de adultos, a consideração do ecossistema dos formandos e da orquestra da qual fazem parte ainda é experimental, o que se deve, em parte, ao fato de ainda não ter sido suficientemente teorizada.

## Da análise de sentido comum a um trabalho controlado

Se toda prática reflexiva afeta inevitavelmente as disposições estáveis subentendidas pela ação, ela também pode fazer com que elas sobrevivam de forma implícita ou influenciem de forma explícita o *habitus*.

Na maioria dos casos, devido à falta de uma conceituação consistente e compartilhada sobre o que a prática de uma pessoa subentende, ela é tratada apenas no *senso comum*, falando-se confusamente de traços de personalidade, de atitudes, normas, valores, obsessões, pulsões, fantasmas, etc. Isso provoca três conseqüências:

1. Um agravamento dos aspectos *conscientes*, os quais podem ser nomeados, enquanto é mais difícil encontrar palavras para descrever as estruturas da ação.
2. Uma centralização nos *acontecimentos* (que podem ser observados e contados) em oposição ao pensamento estrutural (que é oculto e abstrato).
3. Em se tratando de algo inconsciente, tende-se a apelar às interpretações psicanalíticas *selvagens* mais que à explicitação de um inconsciente prático; de imediato, passa-se, então, a uma "teoria" dos desejos, das causas, das pulsões, dos complexos e de outros aspectos muito gerais da economia psíquica de uma pessoa.

Podemos deduzir disso algumas *condições* para que o trabalho reflexivo sobre o *habitus* transcenda o sentido comum:

a) Uma cultura teórica mínima no âmbito das ciências cognitivas, da psicanálise e da antropologia das práticas.
b) Uma intenção comum e deliberada de trabalhar nesse nível e, portanto, de priorizar as *estruturas invariáveis* da ação sem se deter no aspecto lúdico (ainda que este seja um ponto de partida obrigatório).
c) Um desejo de *descrever* a ação em vez de buscar imediatamente suas causas e uma grande *prudência* nas interpretações que a carregam de intencionalidade e de sentido.
d) Uma *ética* perfeita e uma considerável clareza *conceitual*, permitindo saber por onde passa o limite entre uma análise do *habitus* na ação profissional e outros procedimentos, como a psicanálise coletiva ou a dinâmica de grupo.

Até hoje, nunca faltaram as análises selvagens, pois é difícil analisar as práticas sem se referir, ao menos implicitamente, ao *habitus*, seja qual for a forma em que for referido. Porém, ainda é preciso desenvolver procedimentos mais rigorosos.

### Análise das práticas e o trabalho sobre o *habitus*

Em um grupo de análise das práticas, aproximamo-nos constantemente do *habitus*; porém, essa aproximação, muitas vezes, permanece implícita por motivos deontológicos, teóricos e metodológicos:

- A análise de práticas só é possível com a manutenção da ficção, estipulando que, ao falar da prática, não estamos aludindo ao profissional e ao seu *habitus*. Um profissional só pode descrever sinceramente o que faz se *desconhecer*, de certa forma, as interpretações que seu relato pode suscitar. Por isso, é impossível que haja um grupo de análise de práticas composto por psicanalistas e sociólogos. Os primeiros não perderiam de vista, nem por um segundo, o sentido psicanalítico do que descrevem ao grupo em termos de inconsciente e de estrutura psíquica profunda, enquanto os sociólogos fariam algo similar no registro dos condicionamentos culturais, da posição e da trajetória sociais. É possível que os mais prudentes não dissessem nada, enquanto os mais arrogantes apresentariam seu relato de uma forma que sugerisse sutilmente uma "interpretação correta". Os profissionais "comuns" agem da mesma maneira, mas seus mecanismos de defesa são menos diretos. Pode ser que a condição de possibilidade de uma análise de práticas seja uma certa manifestação de ingenuidade, pois, em um grupo que decodifica e nomeia corretamente o que há por trás das práticas, seus participantes podem se sentir muito vulneráveis.
- Nem sempre dispomos de palavras e de conceitos que permitam falar do *habitus*. O vocabulário psicanalítico é o mais familiar; porém, está repleto de significados subliminares; o vocabulário da psicologia, da antropologia ou da ergonomia cognitivas não é conhecido. Esse obstáculo poderia ser atenuado por meio da aquisição de uma cultura e de uma linguagem comuns e bastante pontuais para descrever o *habitus*. Em contrapartida, talvez seja salutar não encontrarmos facilmente as palavras para nomear as disposições estáveis de um profissional. Após serem nomeadas, elas poderiam rotulá-lo com uma série de características: impulsivo, inquieto, ativista, versátil, etc.
- É preciso perceber a repetição de alguns "cenários" para identificar esquemas com uma certa confiabilidade. Ou seja, um grupo de análise de práticas em geral reflete a partir de uma situação *única*. Por isso, apenas pode "flertar" com o trabalho sobre o *habitus*, apresentar pistas e formular hipóteses. O profissional tem de con-

tinuar o trabalho sozinho a partir de um conhecimento mais íntimo do conjunto de suas reações em situações semelhantes.

Sendo assim, um grupo de análise de práticas não é o espaço por excelência de um trabalho sobre o *habitus*, mesmo que possa "preparar o terreno" para ele. Percebemos aqui um dos vínculos fecundos entre os intercâmbios sobre as práticas e a reflexão solitária: o fato de ouvir perguntas que nunca nos fizemos e hipóteses que quebram alguns tabus talvez provoque uma reflexão que nunca teria se iniciado de forma espontânea.

Sem subestimar o papel de incitação dos grupos de análise de práticas, é importante perceber que eles não são dispositivos concebidos para avaliar o *habitus* dos participantes. O trabalho em equipe é um contexto mais adequado para esse exercício de alto risco.

O contrato de supervisão também pode ser útil, mas ainda não é uma fórmula corrente no âmbito da educação. Para que essa dimensão da prática reflexiva não continue sendo uma aventura solitária e extraordinária, seria importante refletir sobre os dispositivos mais apropriados a ela.

Previamente, talvez seja preciso ressaltar o reconhecimento de um inconsciente prático na esfera profissional e o interesse de ampliar a prática reflexiva nesse sentido.

## Rumo a uma análise do trabalho

Os dispositivos que permitem trabalhar com o inconsciente prático podem ser apoiados – com algumas pequenas mudanças – por trabalhos sobre a videoformação, assim como sobre a explicitação e sobre seus vínculos com a fenomenologia, o que remete às possíveis junções entre a etnometodologia (Coulon, 1993; de Fornel, Ogien e Quere, 2001) e a teoria do *habitus*.

Além disso, é possível utilizar métodos de análise da atividade na área da ergonomia e da psicossociologia do trabalho, como o método do sósia (Oddone, 1981) ou o método de autoconfronto (Clot, Faïta, Fernandez e Scheller, 2001).

Antes de buscar métodos precisos, talvez o caminho mais profícuo seja o desenvolvimento de uma teoria do *trabalho* em geral e do *trabalho docente* em particular, em suas dimensões conscientes e inconscientes.

As abordagens ergonômicas do trabalho docente ainda são bastante incomuns e dispersas. Durand (1996) inspira-se diretamente na ergonomia cognitiva. A abordagem sociológica de Tardif e Lessard (1999) centra-se mais nas tarefas e menos no que há por trás delas. Tentei efetuar uma abordagem em termos de *habitus* e de competências em outras obras (Perrenoud, 1996c, e).

Evidentemente, podemos nos inspirar em trabalhos de ergonomia, tentando transpô-los ao ensino (Leplat, 1997; de Montmollin, 1996; Thereau, 2000) em obras sobre a psicologia do trabalho (Clot, 1995, 1999; Guillevic, 1991) ou sobre a sociologia do trabalho (de Terssac, 1992, 1996; Jobert, 1999). Há ainda trabalhos sobre os saberes da ação (Barbier, 1996) e sobre a aprendizagem por meio da análise do trabalho (Barbier et al., 1996; Clot, 2000; Samurçay e Pastré, 1995; Werthe, 1997).

Ainda que, hoje em dia, tenhamos à disposição modelos provisórios para conceituar o inconsciente prático, faltam-nos as ferramentas para descrever essa parte do *habitus* e ainda mais para acompanhar a tomada de consciência e a transformação. Sob esse ponto de vista, a ampliação da prática reflexiva às dimensões inconscientes da ação deve ser analisada e realizada. No entanto, o fato de tê-la sob consideração permite ultrapassar alguns limites dos trabalhos de Schön e Argyris.

# 8

# Dez Desafios para os Formadores de Professores

Não é possível formar profissionais reflexivos sem inserir essa intenção no plano de formação e sem mobilizar formadores de professores com as competências adequadas.

Uma parte deles deve se especializar em análise de práticas, em estudos de caso, em supervisão de estágios, em acompanhamento de equipes e de projetos, visando exercer seu trabalho de formadores *a partir das práticas*. Atualmente, ainda são poucos os formadores que apresentam tais competências, identidade e projeto, e seu *status*, com freqüência, é marginal, pois não possuem nem a respeitabilidade outorgada pelos saberes disciplinares, nem mesmo aquela, um pouco menos importante, garantida por uma especialização didática ou tecnológica aprofundada. Por isso, ainda há um longo caminho a ser trilhado para que os formadores mais comprometidos com o desenvolvimento da prática reflexiva possam atingir o mesmo nível que os outros formadores.

Entretanto, esse não é o único desafio com que nos defrontamos. A formação de um profissional reflexivo tem de ser uma preocupação de todos os formadores, inclusive dos formadores de campo. Nesse momento, delegaremos estes a segundo plano (Perrenoud, 1994c, 1998a, c) a fim de nos ocuparmos com os formadores *permanentes* que pertencem às instituições de formação inicial ou contínua, universitárias ou não. Em sua maioria, esses formadores ainda são *professores* que só têm a etiqueta de formadores, em geral, substituída pela de professor, pois oferece melhor prestígio para todos os que se identificam mais com os saberes transmitidos do que com os dispositivos de ensino e aprendizagem. Alguns deles são professores universitários, outros são professores dos ensinos médio e fundamental, dedicados à formação inicial ou contínua, muitas vezes, durante um determinado período de tempo de sua vida profissional, em geral, de forma reversível.

Talvez pareça uma provocação pôr em dúvida a capacidade dos formadores de professores de formar profissionais reflexivos. Alguns deles são pesquisadores, todos eles refletem sobre o que fazem, na maior parte dos casos possuem um nível elevado de formação e todos eles são capazes de efetuar análises e sínteses. Entretanto, há um grande passo a ser dado até que se conclua que são e que formam profissionais reflexivos.

- Não é suficiente ter uma formação de alto nível e excelentes recursos intelectuais para ser um profissional reflexivo, em particular como professor ou como formador; as universidades estão repletas de eruditos que não sabem ensinar e que não se questionam com relação a esse aspecto; em menor proporção, eles também podem ser encontrados no ensino médio.
- Um "formador reflexivo" não forma, *ipso facto*, professores reflexivos apenas por encarnar uma postura reflexiva. É preciso ter *intenção* e *dispositivos* centrados no treinamento da reflexão e da crítica e em diversos campos de conhecimentos e das competências.

Para que o corpo de formadores, em seu conjunto, contribua com a formação de professores reflexivos, deve superar alguns *desafios*. Apresentaremos uma dezena deles, formulados como contradições dificilmente superáveis:

1. Trabalhar o sentido e as finalidades da escola sem transformar isso em missão.
2. Trabalhar a identidade sem personificar um modelo de excelência.
3. Trabalhar as dimensões não-reflexivas da ação e as rotinas sem desqualificá-las.
4. Trabalhar a pessoa do professor e sua relação com o outro sem pretender assumir o papel de terapeuta.
5. Trabalhar os não-ditos e as contradições da profissão e da escola sem decepcionar a todos.
6. Partir das práticas e da experiência sem se restringir a elas, a fim de comparar, explicar e teorizar.
7. Ajudar a construir competências e exercer a mobilização dos saberes.

8. Combater as resistências à mudança e à formação sem desprezá-las.
9. Trabalhar as dinâmicas coletivas e as instituições sem esquecer as pessoas.
10. Articular enfoques transversais e didáticos e manter um olhar sistêmico.

A lista não pretende ser exaustiva. As possibilidades nos parecem suficientes para vislumbrar uma imagem da profissão de formador que poderia avançar em sua própria profissionalização, favorecendo a imagem da profissão de professor (Perrenoud, 1994a, b) e o desenvolvimento de uma postura reflexiva por meio de todos os componentes da formação.

## TRABALHAR COM O SENTIDO E AS FINALIDADES DA ESCOLA SEM TRANSFORMÁ-LOS EM MISSÃO

Nenhum formador de professores pode ignorar o problema das finalidades da escola e de seu sentido. Somado a isso, não pode resolvê-lo, pois ele está no centro das *contradições* do sistema educativo e da intenção de educar e instruir: contradições entre o desejável e o possível, entre as promessas e os atos, entre as belas idéias e as resistências à realidade, entre as aspirações democráticas e os mecanismos de exclusão.

Os formadores podem se sentir impelidos a personificar o superego ou a consciência moral do sistema educativo. Os formandos, às vezes, esperam que eles acabem com as incertezas que pesam sobre a escola. Embora sem ocultar suas convicções, os formadores não devem assumi-las como uma "missão". Portanto, o caminho mais simples seria o de não abordar o problema da finalidade, dos valores e do sentido da escola e da sociedade que a dá respaldo. Entretanto, é importante tratar esse problema na etapa de formação sem abandonar, cada um, à sua própria solidão.

Com relação a esse aspecto, os formadores poderiam:

- Preparar, em seu espaço de formação, um lugar para debater o sentido e a finalidade da escola sem ocupar esse lugar e sem oferecer respostas tranqüilizadoras; o importante é compreender que as contradições são incontornáveis e que é preciso conviver com elas.
- Remeter todos os formadores (em sua etapa inicial ou contínua) à sua história de vida, às suas origens, às filiações, às revoltas, aos compromissos éticos e ideológicos, ao seu projeto motivando-os a

refletir sobre a articulação entre sua (futura) atuação profissional e o que ele deseja realizar.
- Fazer com que os professores trabalhem seu desejo de ensinar e refletir sobre os dilemas com os quais o "Frankenstein pedagogo" se depara (Meirieu, 1984), correndo o risco de perder sua identidade e liberdade.
- Fazer com que tomem consciência do hiato entre as intenções e os atos, mostrar que um discurso generoso e coerente pode coexistir com práticas que o desmentem no dia-a-dia; fazer com que compreendam que os grandes princípios não resultam em nada se não são parte da avaliação, dos manuais, do trabalho coletivo, das práticas de sala de aula e das relações com os alunos.
- Trabalhar a autonomia e a aceitação de riscos, o medo à autoridade e ao julgamento alheio, a tentação do conformismo, o desejo de se integrar, de ser aceito, de ser como todos são.
- Desenvolver uma reflexão ética, não de modo abstrato, mas sobre casos concretos e sobre dilemas vivenciados pelos participantes.
- Insistir nas dimensões coletivas da responsabilidade nos limites da ação individual.
- Fazer com que compreendam que o esclarecimento das finalidades – sempre relativo – não muda a questão da eficácia da escola e da realização desigual de seu projeto em função do pertencimento social dos aprendizes.

Em suma, sobre a questão dos valores, da finalidade e do sentido, deve-se remeter cada um às suas responsabilidades, às suas fidelidades e solidariedades pessoais, isto é, operar a *devolução* do problema aos atores.

## TRABALHAR A IDENTIDADE SEM PERSONIFICAR UM MODELO DE EXCELÊNCIA

"Será que vou morrer de pé, com um giz na mão, diante da lousa?", perguntam-se vários professores entrevistados por Huberman (1989). "Quem sou eu? O que faço nessa profissão? Será que tudo isso é válido? Sou capaz de ensinar sem perder minha alma?"

Em uma profissão humanista, que faz quem a exerce e aqueles a quem ela se destina correr riscos, a busca de identidade é legítima. Sua força e sua atualidade variam de acordo com as pessoas, assim como com suas épocas.

Nesse registro, o formador, às vezes, elabora perguntas explícitas; porém, em outras, depara-se com um algo inconfessável que se traduz no não-verbal ou nas intervenções que exprimem dúvida e sofrimento.

A tentação de personificar um modelo de identidade torna-se, então, muito presente. Supostamente, o formador já resolveu suas crises de identidade; ele ocupa essa função ou exerce essa profissão porque construiu competências valorizadas. É normal que seja considerado um referencial e até mesmo uma norma. Ninguém controla por completo os fenômenos de projeção ou identificação que evoca, mas é esperado um mínimo de lucidez! Jean Rostand descreveu magistralmente o desafio do formador:

> Formar as mentes sem conformá-las, enriquecê-las sem doutriná-las, armá-las sem recrutá-las, comunicar-lhes uma força, seduzi-las verdadeiramente para levá-las à sua própria verdade, dar-lhes o melhor de si mesmo sem esperar esse ganho que é a semelhança. (Citado por Jacques Merlan em um curso universitário de verão.)

É melhor não fingir que se pode chegar a isso de forma mecânica; para um formador de professores, é difícil abandonar a idéia de que ele encarna uma espécie de domínio total e mesmo de excelência, ou, no mínimo, representa uma figura aceitável da profissão. Se pensasse de modo contrário, como poderia ter a suficiente auto-estima para pretender formar outras pessoas? Isso é ainda mais forte em uma profissão em que se diz com prazer *"ensina-se aquilo que se é"* e em que a legitimidade do formador de professores está baseada em uma prática de ensino.

Sendo assim, deve ser feito um esforço tenaz para se ter a ousadia de pensar e dizer, de forma confiável, que, embora se personifique uma forma de excelência ou de coerência, ela não é oferecida como modelo. Sem inibir a identidade do formador, é preciso fazer com que os formandos sejam capazes de superá-la, de compreender que ela não passa de uma etapa e que o fato de adotá-la os impediria de ter acesso àquilo que Rostand chama de "sua própria verdade".

Uma tematização da construção da identidade em função da história pessoal e dos sucessivos pertencimentos talvez ajudasse o professor em formação a se desvincular, a compreender a parcela de singularidade de sua busca, assim como a parte inserida na história de sua geração, em sua cultura e em sua trajetória social. Sobretudo na etapa de formação inicial, seria interessante ressaltar o fato de que a construção da identidade nunca acaba, que ela é constantemente ajustada pela vida, pelos acontecimentos, pelas experiências e pelos encontros.

É importante *exercitar-se para não julgar*. Um professor precipitado, em início de carreira, em uma escola onde deve lidar, sem auxílio, com turmas difíceis, pode legitimamente se sentir compelido – se isso estiver dentro de suas possibilidades – a transmitir saberes apenas aos alunos interessados em um determinado conteúdo, o que o induzirá à busca de um posto de trabalho em bairros residenciais, aos cursos que levam a longos estudos universitários, não por esnobismo ou elitismo, mas para evitar que se reproduza uma experiência destrutiva, a qual talvez produza nele um sofrimento nunca elaborado. A análise desse percurso – que será seguido por um grande número de professores iniciantes – permitiria perceber que a busca da identidade nem sempre pode ser assimilada à perseguição de um ideal; ela pode, nas profissões difíceis, assemelhar-se a um mecanismo de defesa, a uma forma de abandonar vários aspectos pessoais a fim de sobreviver.

## TRABALHAR AS DIMENSÕES NÃO-REFLEXIVAS DA AÇÃO E AS ROTINAS SEM DESQUALIFICÁ-LAS

Visando à ação, não podemos pensar constantemente em tudo. Isso talvez nos conduzisse à paralisia; pensemos em uma centopéia, que ficaria imóvel se tomasse consciência de tudo o que tem de fazer para se movimentar... Com freqüência, um professor liga o *piloto automático* – como todos nós, em nosso ambiente habitual de trabalho e de vida. Esse "inconsciente prático" é funcional enquanto as condições de uma ação eficaz permanecem estáveis. A rotina libera a mente. O ser humano só toma realmente consciência do que faz quando a realidade *resiste* a ele e leva-o ao fracasso. Mesmo nesses momentos, essa tomada de consciência é fugaz e parcial; ele retoma seus automatismos depois de superar a dificuldade.

Não é isso mesmo o que acontece? Por que, na etapa de formação, é preciso tomar consciência do que fazemos para além desses momentos de ajuste? Para satisfazer um ideal de lucidez e racionalidade? De forma alguma. Não se trata de uma questão de princípios. Não é necessário e nem é possível explicitar tudo em uma profissão complexa.

Então, qual o motivo? Porque a tomada de consciência espontânea é muito egocêntrica e está associada aos obstáculos percebidos. Às vezes acontece de uma parte das práticas não-reflexivas nunca ser vivenciada como obstáculo, ainda que regularmente elas sejam fontes de fracasso ou de sofrimento para alguns alunos. Um professor pode, por exemplo, *administrar* as perguntas dos alunos sem perceber que só aceita aquelas que não interferem em seu plano, que não o obrigam a se repetir, que demonstram atenção total e um bom nível de compreensão. Em suma, considera-se apenas as perguntas pertinentes, "inteligentes", relativas ao tema, as quais fazem a aula seguir adiante.

Sem entrar em um debate didático aprofundado, poderíamos lançar a idéia de que essas perguntas só podem ser articuladas pelos alunos capacitados, com um pouco de reflexão, para encontrar eles mesmos as respostas. As perguntas permitem que os alunos que as propõem distingam-se, sintam-se tão "inteligentes" quanto elas o são. Ao professor, elas dão a impressão de praticar um diálogo socrático e de ser aberto às interrogações. No entanto, a realidade é menos "cor-de-rosa": essa concepção de perguntas faz com que aqueles que realmente necessitam delas não as façam, pois eles não ouviram bem, não situaram de modo adequado o contexto, não compreenderam bem a explicação ou a orientação. As perguntas verdadeiras são pedidos de ajuda e revelam uma dificuldade.

Será que um professor sabe como lida com as perguntas de seus alunos? Nem sempre, porque, de seu ponto de vista, tudo está funcionando. Um aluno que não faz perguntas não cria problemas, exceto em uma pedagogia que solicita *ativamente* perguntas, em vez de apenas tolerá-las. Assim, um professor é responsável, ao longo de sua carreira, por desprezar as perguntas *sem perceber*. Ele já se acostumou. Se for interrogado superficialmente sobre sua forma de tratar as perguntas dos alunos, dará algumas justificativas, como: "Nunca respondo a uma pergunta quando já dei toda a informação. Os alunos têm de escutar" ou "Não aceito nenhuma pergunta que não esteja relacionada ao tema da aula" ou, ainda, "Nunca respondo às perguntas cujas respostas os alunos podem encontrar em algum texto de referência ou em uma breve auto-reflexão". Essas explicações não são absurdas, mas não se toma consciência da forma – verbal ou não – em que o professor lida *efetivamente* com as perguntas (Maulini, 1998b). Um estudo realizado no Quebec (Weidler Kubanek e Waller, 1994) mostra que muitos alunos aprenderam na escola, desde muito cedo, a *não fazer perguntas* para não parecerem ridículos e não atrair comentários irônicos quando não recebem a devida resposta. Os professores ficam aterrorizados quando descobrem essa realidade. "Não é isso o que queremos", eles dirão. Isso significa que, nesse registro, eles, na verdade, não sabem o que fazem.

Esse exemplo parece anódino e não remete, ao menos em uma primeira análise, a mecanismos de defesa e bloqueio, como os enfrentados pelos psicanalistas e seus pacientes. Temos, nesse caso, um inconsciente *prático*, didático, administrativo, ou seja, banal. Evidentemente, propor perguntas e respondê-las remete a uma relação com o poder, com o saber e com a ignorância; remete ao risco e ao segredo. Antes de considerar mecanismos tão complexos, podemos buscar explicações mais simples. O acolhimento dissuasivo freqüentemente reservado às perguntas dos alunos às vezes demonstra a vontade que o professor tem de prosseguir a aula sem perder tempo, a sua irritação diante da falta de iniciativa ou de seriedade de alguns alunos, a sua vontade de não perder a linha de raciocínio, a sua suspeita de que os alunos tentam ganhar tempo e desviá-lo do seu rumo.

Almejando o controle dos efeitos perversos dessas rotinas, o professor tem de admiti-las, tem de tomar consciência das próprias atitudes e formas de reagir, compreendendo suas "razões" e tendo vontade de mudar. A formação pode promover essa tomada de consciência, fazer com que as práticas possam ser colocadas em palavras e elucidar as causas. Em seguida, cada um escolherá se deseja retomar suas rotinas ou se vai tentar modificá-las.

## TRABALHAR A PESSOA DO PROFESSOR E SUA RELAÇÃO COM OS OUTROS SEM PRETENDER ASSUMIR O PAPEL DE TERAPEUTA

O procedimento que acabamos de evocar em relação às perguntas afeta camadas mais profundas da personalidade. No âmbito da formação, deparamo-nos com imensas ambivalências, com mecanismos de defesa que, às vezes, se tornam ainda mais fortalecidos quando o inconsciente prático se comunica, sem solução de continuidade, com o inconsciente "freudiano". Quem sabe se por trás de um aparente desajuste didático na condução das perguntas dos alunos não se oculta alguma manifestação de medo ou de desprezo, de amor pelo poder, ou mesmo de sadismo e negação do outro? Tais atitudes estão arraigadas nas camadas inconscientes da personalidade e manifestam-se em outros contextos relacionais.

A principal ferramenta de trabalho do professor é sua pessoa, sua cultura, a relação que instaura com os alunos, individual ou coletivamente. Mesmo que a formação esteja centrada nos saberes, na didática, na avaliação, na gestão de classe e nas tecnologias, nunca deve esquecer a pessoa do professor. No entanto, os formadores ainda devem adquirir as competências necessárias para se aventurarem com confiança nesse registro. Se não as possuem, preferirão acreditar que é possível atuar "racionalmente" sobre problemas "estritamente profissionais" com a maioria dos professores, considerando que aqueles que têm "problemas pessoais" e precisam de uma "ajuda psicológica" não são responsabilidade dos formadores.

Podemos objetar, sobre essa separação, que, em uma profissão humanista, a dimensão pessoal não pode ser assimilada a uma dimensão patológica, embora todos tenhamos uma parcela de neurose. A dimensão pessoal e interpessoal refere-se à normalidade e não precisa de terapia. Isso não é um motivo para negá-la. Ela intervém especialmente na relação:

- com o saber, com o erro, com a ignorância;
- com o risco, com a incerteza;

- com a ordem (e a desordem), com o imprevisto, com a regra (e o desvio dela);
- com o tempo, com o planejamento, com a obediência a ele, com a improvisação;
- com a ausência ou com o atraso dos outros, com suas emoções e com seus estados anímicos, com suas expectativas;
- com as diferenças entre as pessoas, com a distância intercultural ou interpessoal;
- com a escrita, com a palavra, com o silêncio, com a comunicação;
- com o poder, com a autoridade, com a instituição;
- com o conflito, com a negociação, com as relações de força;
- com os objetos e com os procedimentos técnicos;
- com o trabalho, com o jogo, com a atividade, com o ócio;
- com as hierarquias de excelência, com as classificações, com a avaliação;
- com as desigualdades, com as injustiças;
- com o sofrimento, com a frustração, com o prazer.

Poderíamos enumerar outros componentes do *habitus*, que é produto da história pessoal do professor, da cultura dos grupos dos quais provém – família, região, classe social de origem – e de suas atuais filiações. Essas diversas "relações com..." são disposições construídas, formadas por conhecimentos, valores, normas, atitudes, lembranças, intenções e gostos. Elas orientam, com alguma estabilidade, nossas reações nas situações da existência. O *habitus* e a personalidade estão por trás das dimensões não-reflexivas da ação, assim como nosso pensamento racional, mesmo se a consciência daquilo que os determina permite que o sujeito livre-se deles ao menos em parte.

A análise das práticas (Altet, 1996; Blanchard-Laville e Fablet, 1996), bem como os discursos, fazem surgir esses aspectos do *habitus* e da personalidade. O formador deve ter as competências e a identidade necessárias para não se perturbar com isso, para não sentir a tentação de "brincar" de terapeuta, para não julgar, mas para autorizar e facilitar uma *conexão* entre esses aspectos e os problemas profissionais.

## TRABALHAR OS NÃO-DITOS E AS CONTRADIÇÕES DA PROFISSÃO E DA ESCOLA SEM DECEPCIONAR A TODOS

Nenhuma organização e nenhuma prática são totalmente transparentes no que tange às razões e às conseqüências da ação. "Quando vemos o que vemos e ouvimos o que ouvimos, não podemos evitar pensar o que pensamos nem fazer o que fazemos", dizia Reiser. No entanto, o ator social comum não pode confessar isso, não assume o risco de reconhecer abertamente que seus objetivos nem sempre são claros, que, muitas vezes, muda de tática sem motivo, que faz algo que não poderia justificar seriamente, que não sabe tudo o que, por suposição, deveria saber, que não prepara todas as aulas com o cuidado que deveria ter que permanece indiferente a problemas que deveriam preocupá-lo, que esquece informações cruciais, que abdica de determinadas regras por comodismo, que não aplica todos os seus princípios e finge não ver os comportamentos que deveria censurar. Como confessar que não somos totalmente sérios, honestos, coerentes, lúdicos, rigorosos, desinteressados e profissionais?

Como todos estão na mesma situação, consideram que os outros não são assim tão irrepreensíveis como pretendem. No entanto, à exceção de haver uma grande cumplicidade, todos representam a *comédia do domínio* em seu ambiente profissional.

No âmbito da formação, o desafio não tem vínculo com a denúncia das falhas, com a desvalorização dos atores e com lavagem de roupa suja. Ao mesmo tempo, se sacrificamos todos os mitos, não conseguimos ter acesso a uma parcela importante dos gestos profissionais. Por exemplo, não podemos falar abertamente:

- do período de trabalho, das ausências, dos atrasos, da importância real do trabalho de preparação;
- dos momentos de improvisação, dos cursos não-preparados, das situações didáticas que não são dominadas;
- das avaliações apressadas, visando apenas dar uma nota para o aluno obter a média;
- dos alunos que não apreciamos e dos quais nos livraríamos com prazer;
- das ocasiões em que perdemos a paciência, gritamos, punimos injustamente;
- das atividades em que perdemos o controle e não sabemos mais do que os alunos sabem;
- dos momentos de pânico em que nos sentimos vencidos pelos obstáculos e não sabemos o que fazer;
- das etapas de depressão em que atuamos lentamente, como se estivéssemos "rodeados de neblina";
- dos "truques" bastante inconfessáveis que utilizamos para manter a ordem e conservar o poder;
- das relações de sedução que temos com alguns alunos.

Se tudo isso faz parte do domínio dos *não-ditos* (Perrenoud, 1996c), como poderíamos transformá-los em objetos de formação? Por um lado, esses componentes pouco confessáveis são função das representações e das competências do professor, mais do que falta de seriedade ou de coerência.

## PARTIR DAS PRÁTICAS E DA EXPERIÊNCIA SEM NOS LIMITARMOS A ELAS, A FIM DE COMPARAR, EXPLICAR E TEORIZAR

Uma formação prescritiva ou limitada a oferecer saberes "objetivos" só pode transformar aleatoriamente as práticas. Algumas prescrições podem ser vistas com seriedade, alguns saberes podem despertar ecos e alterar comportamentos. No entanto, uma formação desse tipo é como uma garrafa lançada ao mar, pois não sabemos nada sobre as pessoas às quais se destina e, conseqüentemente, ignoramos tudo sobre sua forma de raciocínio e sobre o que, *para elas*, constitui aberturas à mudança: experiências, perguntas, angústias, projetos, dúvidas, raivas, remorsos, revoltas, curiosidades...

Quando o ponto de partida é o das práticas, isso não significa necessariamente que devamos realizar um seminário de análise de práticas no sentido canônico. Trata-se apenas de *saber de onde partimos*, incitar todos a verbalizar suas representações e suas formas de ação. Aproximamo-nos do raciocínio da didática das ciências quando ela afirma que é preciso partir dos conhecimentos prévios do aprendiz, fundamentados ou não, para construir novos saberes. Chegamos, assim, aos trabalhos de transferência de conhecimentos, os quais tentam elucidar as condições em que os saberes podem ser mobilizados em novos contextos.

Se partirmos das práticas, temos de ter tempo para escutar relatos, justificativas e itinerários. Essa irrupção da "vivência" pode provocar fascínio, fenômenos de identificação e projeção, uma "sideração narcisista" (Imbert, 1994), pois o outro sempre nos estende um espelho. O risco de ser paralisado pelos relatos de práticas é ainda maior se elas foram reprimidas durante muito tempo; a criação de um espaço de palavra elimina as barreiras e, em um primeiro momento, dá origem a uma onda repleta de emoção. Mesmo no âmbito das análises das práticas, é preciso deixar em segundo plano esse fascínio para introduzir *rupturas com o sentido comum* e para construir questionamentos e interpretações que permitam que todos avancem para além de sua compreensão inicial.

Se o formador deve transmitir um conteúdo específico, ele terá ainda mais motivos para não se limitar ao relato das práticas e para abreviar uma troca que não vai resultar em nenhuma nova construção. A arte é ter como referência a experiência para depois sair desse âmbito, afastar-se progressivamente do "muro das lamentações" ou da simpatia recíproca, construindo conceitos e saberes partindo das situações e das práticas relatadas.

## AJUDAR A CONSTRUIR COMPETÊNCIAS E EXERCER A MOBILIZAÇÃO DOS SABERES

Hoje em dia, fala-se muito de competências, tanto no campo do trabalho quanto no da formação sem que essa expressão tenha um significado estável e compartilhado. Isso faz com que, muitas vezes, saberes e competências se contraponham inutilmente. De acordo com Le Boterf (1994, 1997, 2000), às vezes concebemos a competência como uma capacidade de *mobilizar* todos os tipos de *recursos cognitivos*, entre os quais estão as informações e os saberes: saberes pessoais, privados ou saberes públicos, compartilhados; saberes acadêmicos, saberes profissionais, saberes de senso comum; saberes provenientes da experiência, de uma troca, ou saberes adquiridos na etapa de formação; saberes de ação, pouco formalizados, e saberes teóricos, baseados na pesquisa.

Em todos esses casos, se o sujeito não for capaz de investir seus saberes com discernimento, de relacioná-los a situações, de transpô-los e enriquecê-los, eles não lhe serão muito úteis para agir. Muitas vezes, essa mobilização deve ser realizada em momentos de grande urgência, pois o profissional não tem tempo de pesquisar em um manual, e de incerteza, devido à falta de dados completos e totalmente confiáveis (Perrenoud, 1996a). Raras vezes um professor dispõe de uma "teoria" completa e pertinente para agir "com conhecimento de causa". Para decidir em tempo real, utiliza fragmentos de saber se eles estiverem disponíveis em sua memória ou "próximos de suas mãos", aventurando-se para além deles, de forma improvisada ou reflexiva, conforme os casos, utilizando sua razão e sua intuição.

Uma competência não é um saber procedimental codificado que pode ser aplicado literalmente. Ela *mobiliza* saberes declarativos (que descrevem o real), procedimentais (que prescrevem o caminho a ser seguido) e condicionais (que dizem em que momento deve se realizar determinada ação). Entretanto, o exercício de uma competência é mais do que uma simples aplicação de saberes; ela contém uma parcela de raciocínio, antecipação, julgamento, criação, aproximação, síntese e risco. O exercício da competência põe em andamento nosso *habitus* e, sobretudo, nossos esquemas de percepção, de pensamento e de mobilização dos conhecimentos e das informações que memorizamos.

A formação gosta de destacar o domínio dos saberes e deixa ao acaso a aprendizagem de sua transferência e mobilização. Mobilizar seriamente as competências é um ato demorado; isso passa por um contrato didático e por outra avaliação, exige situações de formação mais criativas e mais complexas que as alternâncias entre aulas e exercícios. Já discutimos em outra obra que a escola obrigatória deveria assumir se realmente quer construir competências (Perrenoud, 1997a; 2000b). Mesmo no âmbito da formação profissional, nem sempre as competências estão no centro dos planos de formação. Recusa-se a elas aquilo que Gillet (1987) chama de "direito de gerência" sobre os conhecimentos disciplinares. Remetemos com prazer a integração dos saberes e o exercício de sua mobilização à prática, já que os formadores só têm tempo para transmitir, de forma condensada e, às vezes, pouco interativa, os saberes que consideram indispensáveis.

Quando alguém se torna formador de professores, a construção de competências profissionais deve se transformar no verdadeiro desafio. Um formador de adultos não é um professor que se dirige a adultos. Ele renuncia a virar com pressa as páginas do texto do saber e oportuniza situações em que se aprende "a fazer o que não se sabe fazer fazendo" (Meirieu, 1996), em que se analisa a prática e os problemas profissionais encontrados.

Um adulto pode aprender sozinho, por meio de reflexões pessoais e de leitura. Na formação, é preciso não o deixar dependente do formador, mas acelerar seu processo de autotransformação por meio de uma prática reflexiva contextualizada, com fundamentos teóricos e conceituais e com procedimentos mais metódicos. O desenvolvimento das competências está no cerne da profissão de formador, a qual assume mais o papel de um *treinador* que de um "transmissor" de saberes ou modelos. O treinador observa, chama a atenção, sugere, motiva, às vezes ilustra um gesto difícil. Está centrado no aprendiz e em seu processo de desenvolvimento, tentando estimulá-lo em vez de controlá-lo.

Os formadores de professores ainda estão longe de terem essa postura, e não são capazes de adotá-la na prática. Este é um dos principais desafios da formação de formadores. Sobretudo, trata-se de uma *questão de identidade*, ainda mais viva porque muitos formadores de professores eram ou continuam sendo professores...

## COMBATER AS RESISTÊNCIAS À MUDANÇA E À FORMAÇÃO SEM DESPREZÁ-LAS

Qualquer formação incita à *mudança* de representações e mesmo de práticas. Portanto, normalmente suscita *resistências*, as quais são mais contundentes quando têm relação com a identidade, com as crenças e com as competências dos formandos. Tais resistências não são irracionais. É importante reconhecê-las e considerá-las inteligíveis, legítimas e pertinentes, antes de combatê-las, a fim de poder superá-las com mais facilidade.

Os inovadores, os formadores, os treinadores e os professores compartilham a desagradável tendência de "não compreender por que não são compreendidos". É que, muitas vezes, eles têm memória curta e esqueceram os temores e os obstáculos que tiveram de superar para chegar ao seu atual nível de domínio. Nada é mais desesperador quando um formador diz: "Olhe, é fácil, faça como eu!", embora ninguém tenha entendido como ele age, e todos se sintam incapazes de imitá-lo. Um formador não deve esperar que os estagiários percorram, em alguns dias, o caminho que ele percorreu em 10 anos.

A esse conhecimento da distância que o aprendiz tem de percorrer, base de toda didática, podemos acrescentar fatores específicos do âmbito da formação de adultos. Os adultos não gostam de confessar que não sabem, sobretudo quando lhes deixamos entender que deveriam saber. Ademais, é difícil que se relacionem de forma adequada com o formador. Alguns retornam docilmente ao ofício de aluno, o que fez com que Beillerot (1977) comparasse um estágio de formação com uma "regressão institucionalizada"; outros recusam a assimetria da situação e querem se sentir no mesmo patamar do formador, sem possuir os recursos para isso; há uma grande confusão entre negociação do contrato e das modalidades de formação e equivalência dos papéis e das competências.

## TRABALHAR AS DINÂMICAS COLETIVAS E AS INSTITUIÇÕES SEM ESQUECER AS PESSOAS

Inseridos em um ambiente de trabalho que controla seus desejos de mudança, os professores não conseguem, ou melhor, não se sentem autorizados a "mudar sozinhos". Paradoxalmente, quanto mais eficaz for uma formação contínua, mais ela pode fazer com que os formandos entrem em conflito com seus colegas. Os conhecimentos e as competências adquiridos, sobretudo quando demonstrados na sala de aula ou na instituição escolar, não são do agrado daqueles que não os adquiriram. As tentativas de inovação provocam sarcasmo e até mesmo represália.

Os profissionais que aprimoram sua formação pressentem esses aborrecimentos e, buscando evitá-los, fecham-se para as inovações ou passam a considerá-las simples informações sem pertinência em sua prática pessoal. Por exemplo, eles ficam sabendo o que é uma avaliação formativa; porém, nem pensam em aplicá-la. Assim, são duplamente vencedores: conhecem as novidades e também se sentem protegidos dos ataques dos colegas.

Em alguns casos, os modelos didáticos ou pedagógicos descobertos durante a formação são totalmente impossíveis de serem aplicados fora de uma equipe ou de uma rede de cooperação. Sozinho, não é possível organizar vínculos entre as disciplinas, realizar atividades no nível do estabelecimento, criar ciclos de aprendizagem plurianuais, aplicar dispositivos de individualização ou negociar regras de vida comum válidas para toda a escola. O desenvolvimento das novas tecnologias, a diferenciação do ensino, os procedimentos de projeto, a educação para a cidadania também passam a ser, cada vez mais, *ações coletivas*.

A solução não está fora de alcance: basta que as ações de formação dirijam-se a grupos, equipes ou instituições. Atualmente se fala – talvez com um pouco de precipitação – de "competências coletivas". Essa preocupação ao menos demonstra a existência de alguma sensibilidade com relação à questão da orquestração dos *habitus*, da sinergia das práticas e das competências individuais. A questão da organização *aprendente* está "na moda". Extrapolando os efeitos da moda, a expressão destaca a incidência real das interdependências e dos efeitos sistêmicos sobre as formações.

Será suficiente transportar a formação a toda a instituição escolar e reunir todos os interessados para resolver o problema? Identificamos, no mínimo, quatro obstáculos no caminho:

1. É preciso convencer todos os membros do corpo docente de uma escola a se envolver em uma formação comum. A referência do projeto institucional pode ser útil se ele realmente pertencer a todos. A insistência do diretor do estabelecimento de ensino pode levar os professores a se inscreverem, mas, muitas vezes, eles se sentem obrigados a fazê-lo e participam sem um desejo real de se formar. Uma liderança informal pode causar os mesmos efeitos: fazer com que todos participem sem que a necessidade seja igualmente sentida e sem que os riscos sejam igualmente assumidos. Mesmo no seio de uma equipe pedagógica restrita, não é fácil elaborar um projeto de formação comum e levá-lo adiante.
2. O formador encontra-se na presença de um ambiente de trabalho estruturado, com seus conflitos, zonas de sombra, não-ditos, mau humor que afloram palavras que ocultam as reivindicações destinadas à direção, com relações de força entre disciplinas, com cursos ou outras frações. Nem sempre o formador está preparado para esse trabalho; pode ser apanhado, seqüestrado e utilizado pelo sistema de ação à revelia.

3. Seria um absurdo tentar formar todo o grupo de um estabelecimento de ensino se não se conhece sua situação e as práticas vigentes. Portanto, o formador tem de entrar na intimidade das pessoas que forma, tornar-se depositário de seus segredos e agir contra tensões, dinâmicas relacionais e desafios internos sem possuir necessariamente as competências para tal ou sentir-se à vontade com a situação.
4. A natureza do procedimento de formação muda. Mesmo quando, em princípio, seja estabelecido que ele se centrará nos conteúdos, pode evoluir para uma intervenção, para um acompanhamento de projeto, para uma auditoria selvagem, ou, às vezes, para uma supervisão ou uma mediação.

Esse deslocamento da formação para os estabelecimentos, seus riscos e as novas competências que exige dos formadores, que superam sua especialização, exige mudanças de identidade que não podemos aprofundar nesse momento. No entanto, percebemos claramente que a intervenção em estabelecimentos escolares está direcionada de forma prioritária para os enfoques menos tecnológicos e menos didáticos, os quais se restringem ao grupo, à relação, à comunicação e à cooperação profissional. O fato é que, sem dúvida, os formadores envolvidos têm recursos e preferências para se projetar na vida de um estabelecimento de ensino sem perder sua identidade e sem encontrar com habilidade os limites de sua especialização.

## ARTICULAR ENFOQUES TRANSVERSAIS E DIDÁTICOS E MANTER UM OLHAR SISTÊMICO

No ensino fundamental, os professores são polivalentes: trabalham com toda a turma todas as disciplinas. Inclusive no ensino médio, ainda que os professores sejam especializados, eles trabalham com muito mais que uma disciplina, pois têm de enfrentar problemas não-disciplinares. Exceto no caso de se lecionar no último colégio tranqüilo da região, não é possível não tomar conhecimento das condições elementares da relação pedagógica, de tudo o que afeta muito os saberes e a relação com os saberes: a dinâmica da classe, a manutenção da ordem, a heterogeneidade do público, o ambiente do estabelecimento escolar.

Os formadores que trabalham em um contexto de uma disciplina ou de uma tecnologia podem ser seduzidos a ignorar esses aspectos transversais e sistêmicos, centrando-se em seu domínio de especialização. É válido que os formadores se especializem; porém, isso não os deveria levar a compartimentar a prática pedagógica para reproduzir apenas seus âmbitos de especialidade. Só é possível formar profissionais considerando o caráter *sistêmico* de sua tarefa e de seu ambiente.

Entretanto, diversos formadores evitam, de forma sistemática, ir além dos limites de seu campo de especialização. Essa aparente virtude, às vezes, oculta o medo de se expor e pode constituir uma forma de renúncia à sua responsabilidade, sobretudo quando o formador sabe muito bem que nenhum outro colega competente poderá substituí-lo a curto prazo. No âmbito da medicina, os especialistas formam uma rede. Quando um deles atinge os limites de sua competência, encaminha seus pacientes a um colega, o qual assume o caso. Isso não acontece com a formação de professores. Se, ao menos, fosse dada a palavra aos professores, surgiriam muitos problemas profissionais com uma dimensão sistêmica. Com freqüência, o formador retém apenas aqueles que são de sua estrita competência e renuncia a acompanhar os outros. No máximo, reconhece que existem, que são importantes, e deseja que os professores encontrem um interlocutor competente para acompanhá-los...

Haverá soluções? Não existe nenhuma fórmula milagrosa, mas há, no mínimo, três pistas:

– intervenções associadas: por exemplo, um didático e um especialista em temas transversais; esta é a forma adotada no grupo de referência da IUFM,* na região do Loire (Altet, 1998);
– uma formação comum dos formadores, os intercâmbios regulares, para que cada um deles se aproprie progressivamente de uma parte das competências de seus colegas;
– a constituição de verdadeiras redes e associações nos organismos de formação contínua e a construção de *unidades de integração* no âmbito da formação inicial.

Além disso, deveria existir também um trabalho *epistemológico* relacionado ao conjunto das ciências da educação: se admitirmos que os enfoques didáticos, assim como os transversais (avaliação, gestão de classe, diferenciação, interculturalismo, violência, por exemplo) são *olhares cruzados* sobre a *mesma* realidade complexa e sistêmica, podemos esperar um enfraquecimento progressivo das compartimentações e das ignorâncias mútuas. Os "transversais" que trabalham com a regulação dos processos de aprendizagem, com a relação com o saber, com as situações-problema, com os procedimentos de projeto, na maioria dos casos, estão muito pró-

---

*N. de RT. Instituts Universitaires de Formation des Maîtres.

ximos das questões didáticas, com a diferença de que não se encerram em nenhuma disciplina, e tentam obter mecanismos comuns. Por outro lado, os professores que integram a cultura, o sentido dos saberes, a relação com o poder, as relações intersubjetivas, as práticas sociais ou a problemática da transferência em seu campo de análise, muitas vezes, encontram-se no espaço de articulação entre o disciplinar e o transversal. Se, em vez de serem territórios separados, os objetos do saber fossem olhares construídos sobre as mesmas realidades, seria estranho que pudessem continuar sendo totalmente dissociados quando a imbricação dos fenômenos exige sua mobilização conjunta...

## COMPLEXIDADE E POSTURA REFLEXIVA

Os dez desafios analisados não se referem aos conteúdos das formações oferecidas aos professores. Todos eles resultam dos *dispositivos de formação* e das *práticas* neles aplicadas. Nenhum deles pode ser superado se ficar confinado a um campo de especialidade. De alguma maneira, trata-se de assumir a complexidade da profissão e, portanto, de abdicar de um domínio total, de um domínio definitivamente construído de um domínio baseado em saberes infalíveis.

Para desenvolver uma postura reflexiva nos professores, não basta que os formadores adotem-na "intuitivamente" em seu próprio trabalho. Eles devem conectar essa intuição a uma análise do ofício de professor, dos desafios da profissionalização e do papel da formação inicial e permanente na evolução do sistema educativo.

Além disso, é importante que os formadores de professores construam uma identidade de formadores. Para uma análise mais profunda das diferenças entre a identidade de professor e a identidade de formador, o leitor pode consultar o livro de Braun (1989). O esquema proposto não passa de uma ferramenta de referência, com pólos bastante opostos. Há professores que, em muitos aspectos, trabalham como formadores. Encontramos ainda formadores de adultos que sempre agem como professores. Os seres "de carne e osso" só são excepcionalmente classificados. Não se trata, portanto, de contrapor duas populações, mas de propor algo útil a todos, para que possam se situar e clarificar seu projeto.

Em última instância, seja qual for seu público, desejamos que todos os professores também se tornem formadores, tanto no caso de crianças quanto no de estudantes mais velhos. Lutar contra a exclusão, contra o fracasso escolar, contra a violência; desenvolver a cidadania, a autonomia, criar uma relação crítica com o saber: tudo isso exige que os professores de todos os níveis transformem-se em *formadores*. Sem dúvida, esta é a

### Diferenças entre um professor e um formador

| Professor | Formador |
|---|---|
| Partir de um programa | Partir das necessidades, práticas e problemas encontrados |
| Contextos de procedimentos impostos | Contextos e procedimentos negociados |
| Conteúdo padronizado | Conteúdo individualizado |
| Enfoque nos saberes a serem transmitidos e em sua organização em um texto coerente | Enfoque nos processos de aprendizagem e em sua regulação |
| Avaliação somatória | Avaliação formativa |
| Pessoas colocadas entre parênteses | Pessoas no foco de atenção |
| Aprendizagem = assimilação de conhecimentos | Aprendizagem = transformação da pessoa |
| Prioridade aos conhecimentos | Prioridade às competências |
| Planejamento importante | Planejamento adaptado às circunstâncias |
| Grupo = obstáculo | Grupo = recurso |
| Ficção de homogeneidade inicial | Balanço de competências inicial |
| Atenção a um aluno | Atenção a um sujeito que está "se formando" |
| Trabalho em fluxo conforme um programa | Trabalho em fluxo constante em função do tempo existente para alcançar o objetivo |
| Postura de sábio que compartilha seu saber | Postura de treinador que orienta com firmeza uma autoformação |

razão fundamental de privilegiar a postura reflexiva. Somente ela garante, a longo prazo, uma regulação que tem relação mais com o objetivo do que com o programa e com as regras a serem respeitadas para ser irrepreensível do ponto de vista da instituição.

Quando essa mudança tiver se realizado, os professores-formadores de crianças ou de adolescentes não terão nenhuma dificuldade para transmitir aos colegas o que conseguiram afetuar em sua sala de aula. À espera disso, consideramos importante distinguir diversas posturas e incitar os formadores de professores a se deslocarem para a coluna direita do quadro, considerando que esse deslocamento não é automático, que ele ocorre a partir de uma tomada de consciência, que passa por uma mudança de identidade, por outro projeto, por novas competências e por outras representações.

Os professores que se tornam formadores seguirão com mais facilidade esse caminho se buscarem o entendimento e trabalharem juntos, reinventando coletivamente a formação tendo por base os limites de suas práticas pessoais em vez de almejarem um modelo. Moyne (1998) relata o itinerário de formadores constituídos em grupo de análise de práticas. Esse trabalho reflexivo, individual ou coletivo, não dispensa leituras no âmbito da formação de adultos, em uma empresa ou em outros setores na função pública... O essencial, todavia, não provém do método.

# 9

# Prática Reflexiva e Envolvimento Crítico*

As sociedades se transformam – vão e vêm. As tecnologias mudam o trabalho, a comunicação, a vida cotidiana e até mesmo o pensamento. As desigualdades se deslocam, se agravam, são recriadas em novos terrenos. Os atores encontram-se em múltiplos campos sociais; a modernidade não permite que ninguém se proteja das contradições do mundo.

Que lições devemos extrair disso para a formação dos professores? Sem dúvida, convém ressaltar sua preparação para a prática reflexiva, para a inovação e para a cooperação. Talvez seja igualmente importante estimular um relacionamento menos frio e individual com a sociedade. Embora os professores não sejam intelectuais em tempo integral, são mediadores e intérpretes *ativos* de culturas, valores, de conhecimentos prestes a se transformar. Tanto no caso de serem considerados depositários da tradição como desbravadores do futuro, não poderiam desempenhar esse papel sozinhos.

A prática reflexiva e o envolvimento crítico, neste contexto, serão considerados como orientações prioritárias da formação dos professores. No entanto, antes de desenvolver essa dupla tese, questionaremos, em primeiro lugar, a idéia de que as transformações sociais provocam automaticamente evoluções na escola e, portanto, na formação dos profissionais.

---

*Este capítulo retoma a essência de um artigo publicado em português: "Formar professores em contextos sociais em mudança. Prática reflexiva e participação crítica", *Revista Brasileira de Educação*, 1999, nº 12, p. 5-21.

## A ESCOLA PODE PERMANECER IMÓVEL EM CONTEXTOS SOCIAIS MUTANTES?

O bom senso leva-nos a crer que, se a sociedade muda, a escola tem de evoluir junto com ela, antecipar e até inspirar transformações culturais. Todavia, isso significaria esquecer que o sistema educativo possui uma *autonomia relativa* (Bourdieu e Passeron, 1970) e que a *forma escolar* (Vincent, 1994) foi parcialmente construída para proteger professores e alunos da fúria do mundo.

É claro que os professores, os alunos e seus pais fazem parte do mundo do trabalho e, naturalmente, da sociedade civil. Portanto, por meio deles, retomam a fórmula de Mollo (1970), *a sociedade está na escola e a escola está na sociedade.* Entretanto, a escola não poderia cumprir sua missão se adotasse novas finalidades a cada mudança de governo e se sofresse abalos cada vez que a sociedade passasse por uma crise ou por conflitos graves. Em parte, a escola deve ser um *oásis,* que continue a funcionar mesmo nas circunstâncias mais graves, como guerras ou crises econômicas importantes. Ainda que não seja um santuário, ela continua sendo um espaço cujo *status* "protegido" é reconhecido. Quando a violência urbana ou a repressão policial irrompem nas escolas, as mentes espirituais sentem-se chocadas.

A escola não tem a vocação para ser instrumento de uma determinada facção e nem de partidos no poder. Ela pertence a todos. Até mesmo os regimes totalitários tentam preservar essa aparência de neutralidade e de paz. O sistema educativo tem de encontrar um justo equilíbrio entre uma abertura destrutiva para os conflitos e para os sobressaltos da sociedade e um fechamento mortífero, que a separaria do resto da vida coletiva.

Há, ainda, outro fator: apesar das novas tecnologias, da modernização dos currículos, da renovação das idéias pedagógicas, o trabalho dos professores evolui *lentamente,* pois depende muito pouco do progresso técnico; a relação educativa obedece a uma trama bastante estável, e suas condições de trabalho e sua cultura profissional estabelecem rotinas entre os professores. Por isso, a evolução dos problemas e dos contextos sociais não se traduz, *ipso facto,* em uma evolução das práticas pedagógicas.

Um observador que voltasse à vida depois de um século de hibernação notaria mudanças consideráveis na cidade, na indústria, nos transportes, na alimentação, na agricultura, nas comunicações de massa, nos costumes, na medicina e nas atividades domésticas. Se, por acaso, entrasse em uma escola, encontraria uma sala de aula, uma lousa e um professor dirigindo-se a um grupo de alunos. Sem dúvida, o professor não estaria mais usando uma longa capa, nem o professor de ensino fundamental usaria uma túnica. Os alunos não usariam mais uniformes nem tamancos. O professor teria descido da sua cátedra, e o visitante acharia os alunos muito impertinentes. Durante a aula, talvez percebesse alguns vestígios de uma pedagogia mais interativa e construtivista, de uma relação mais afetiva ou igualitária que a existente em sua época. No entanto, em momento algum duvidaria que se encontrava em uma escola.

Talvez houvesse um computador na sala de aula, conectado a uma rede. Porém, o visitante observaria que ele é utilizado para propor exercícios em sua tela e para preparar aulas "navegando" pela Web. O triângulo didático continuaria o mesmo, imutável, e os saberes acadêmicos teriam se modernizado muito pouco, com a matemática dos conjuntos ou a nova gramática, por exemplo.

A escola existe tanto nas sociedades agrárias quanto nas megalópoles, nos regimes totalitários e nas democracias, nos bairros chiques e nas favelas e, apesar dos equipamentos desiguais, dos professores quase formados, dos alunos quase cooperativos, as semelhanças saltam aos olhos.

Por que a formação dos professores teria de mudar se seu trabalho é imutável ou quase isso? A profissão de sacerdote muda ao mesmo ritmo que a sociedade? A matemática, a língua, as outras disciplinas, as notas, as lições de casa e as punições sobrevivem a todos os regimes e superam todas as crises. Não é suficiente continuar formando professores que sabem só um pouco mais que seus alunos e têm um pouco de método para transmitir seu saber? Sem descartar as transformações curriculares ou tecnológicas, *por que teríamos de mudar de paradigma*? O que prevalece permite escolarizar as massas sem ter de pagar muito aos professores. Não está ótimo assim?

O fato de que muitos jovens saiam da escola com pouca instrução, quase analfabetos, preocupa de fato os mais privilegiados? A ignorância dos outros é como a fome no mundo: todos a deploram e... continuam se dedicando às suas ocupações. A "miséria do mundo" (Bourdieu, 1993) não impede a Terra de girar e só faz sofrer realmente alguns miseráveis e suas vítimas diretas. Alguns dos nossos contemporâneos chegam a pensar, sem ousar dizê-lo em voz alta: "Se todo mundo fosse instruído, quem varreria as ruas?". Outros não entendem por que todos teriam de ter uma formação de alto nível, pois a maioria dos empregos disponíveis não exige isso.

Nosso objetivo não é cínico. Ele objetiva tão-somente demonstrar que a vontade de mudar a escola, para adaptá-la a contextos sociais mutantes ou para democratizar mais o acesso aos saberes, não é compartilhada por todos e, muitas vezes, é frágil, limitando-se a meros discursos.

É de bom-tom, atualmente, preocupar-se com a eficácia e com a qualidade da educação escolar. Não nos enganemos: o que se pretende é manter as aquisições gastando menos, pois os estados não possuem meios de desenvolver a educação como na época do crescimento. "Fazer melhor com menos": este passou a ser o lema dos governos há alguns anos.

Quem, de fato, se preocupa com o fato de que o sistema educativo cumpra suas promessas para todos? Quando a sociedade, de fato, preocupa-se em elevar o nível cultural das gerações é, em geral, para responder à demanda de educação escolar dos pais das classes médias. Depois de obterem o que querem, isto é, o acesso aos colégios que permitirão que seus filhos realizem estudos universitários, parece-lhes que a escola cumpriu sua missão. Atualmente, a democratização dos estudos atingiu um patamar que, em diversos países, coloca as classes médias entre os *favorecidos*. Os desfavorecidos são mais numerosos e tornam-se ainda mais desfavorecidos do que já eram. Sua expressão política tem influência limitada, já que eles são imigrantes sem direitos políticos e, de forma mais global, sua pobreza e seu baixo nível de instrução não permitem que sejam escutados e impedem que compreendam os mecanismos que produzem o fracasso escolar de seus filhos. O cúmulo da alienação, como todos bem sabemos, é se sentir o único responsável por sua infeliz condição, considerá-la uma conseqüência "lógica" e, portanto, "justa", de sua própria incapacidade de ser bem-sucedido.

Não há forças sociais importantes que exijam uma escola mais eficaz. Paradoxalmente, alguns governos e alguns ambientes econômicos lúcidos é que medem os riscos de uma escola estagnada e parcialmente ineficaz. Eles podem contar com o apoio ativo de diversas organizações internacionais, dos movimentos pedagógicos, da pesquisa na área da educação e das "forças de esquerda" menos atreladas ao conservadorismo sindical.

Logo, não é verdade que o contexto mutante da escola produza mudanças automáticas. Esse movimento deve ser lido e decodificado a fim de incitar a escola à mudança. No entanto, os professores e os pais que apóiam o *status quo* não têm nenhum interesse em fazer essa leitura. Por outros motivos, aqueles que acham que a escola é dispendiosa e que os impostos são abusivos se situam no campo conservador. Sendo assim, forças que querem adaptar a escola à evolução da sociedade são pouco numerosas e constituem uma aliança instável. Em outros termos: a idéia de que a escola deve formar o maior número possível de alunos considerando a evolução da sociedade não é combatida abertamente; porém, só é um princípio motivador para aqueles que realmente a levam a sério e a ela dão prioridade.

Assim, seria absurdo afirmar que, já que a sociedade muda, a escola vai utilizar toda a sua inteligência e seguir – ou mesmo antecipar – essas mudanças. Sem dúvida, as evoluções demográficas, econômicas, políticas e culturais transformam os públicos escolares e as condições da escolarização e acabam *obrigando* a escola a se adaptar a isso. Ela, então, promove mudanças, mas no último momento, de forma defensiva. Devido à falta de adesão maciça das pessoas ligadas à educação a uma política educacional utópica e audaciosa, a mudança social assume a aparência de uma obrigação a ser ignorada tanto quanto possível.

Os numerosos atores e grupos sociais que não têm nenhuma nova ambição com relação à escola e também não consideram que ela falhou em suas missões tradicionais não têm nenhum motivo para querer que ela forme melhor os alunos e que os professores sejam mais bem considerados e remunerados.

De fato, mesmo os que estão convencidos de que a escola tem de se adaptar à "vida moderna" e de "se tornar mais eficaz" não estão prontos para elevar o nível de formação e de profissionalização dos professores. Eles têm novas expectativas relacionadas ao sistema educativo; porém, não aceitam que ele seja um pouco mais oneroso. Sua ambivalência tem um duplo fundamento:

- sabem que não se pode formar professores do mais alto nível e dar-lhes mais responsabilidades sem lhes pagar mais; logo, os porta-vozes da economia sempre sonham com um aumento da eficácia que não exija novos recursos;
- temem que os professores que adotam a prática reflexiva, o envolvimento crítico e a cooperação tornem-se potencialmente contestadores ou, no mínimo, interlocutores incômodos.

Para os idealistas, o progresso da escola é indissociável de uma crescente profissionalização dos professores. Devemos ser bastante lúcidos para saber que esse paradigma e seus corolários, em termos de *status*, renda, nível de formação, postura reflexiva, *empowerment*, mobilização coletiva, gestão de estabelecimentos escolares e pensamento crítico estão longe de ser unanimidade, mesmo entre aqueles não-satisfeitos com o *statu quo*.

Além disso, devemos ser lúcidos para saber que esse paradigma (profissionalização, prática reflexiva e envolvimento crítico) não corresponde:

- à identidade nem ao ideal da maioria dos professores que exercem sua profissão;
- ao projeto nem à vocação da maioria daqueles que se volta para o ensino.

É claro que ninguém é indiferente aos benefícios simbólicos e materiais de uma crescente profissionalização e que nenhum professor opõe-se a reivindicar mais autonomia, desde que não tenha de pagar seu preço: mais responsabilidades, mais cooperação, mais transparência e, sem dúvida, mais trabalho...

Este não é um motivo para renunciar ao paradigma do professor reflexivo. Embora tenha poucas chances de se realizar de forma integral, a curto ou médio prazo, ele pode contribuir na orientação das reformas da formação inicial e contínua no sentido de preparar para o futuro.

Esse paradigma parece ainda mais irreal nos países que não possuem recursos suficientes para recrutar ou formar seus professores. É verdade que os debates internacionais privilegiam os modelos que correspondem melhor aos países industrializados. Entretanto, seria um erro acreditar que o desenvolvimento econômico garante a profissionalização; todos os países de alto desenvolvimento econômico apreciam essa idéia; porém, os progressos são muito lentos. Uma das desvantagens das sociedades desenvolvidas é que elas são *hiperescolarizadas*. O sistema educativo é uma grande burocracia, e uma parte do corpo docente adotou uma visão bastante conservadora da profissão.

Paradoxalmente, pode acontecer, sendo assim, que os países obrigados a formar um grande número de novos professores seja pelo crescimento demográfico, seja pelo desenvolvimento da escolarização de massa, tenham mais oportunidades de romper com as tradições e consigam inserir a idéia da profissionalização na concepção básica da profissão de professor. Os desafios enfrentados pelos países em desenvolvimento *exigem* uma estratégia de prática reflexiva e de envolvimento crítico, enquanto os países desenvolvidos parecem não esperar muito de seus professores, exceto que dêem suas aulas. Entretanto, não sonhemos: a profissionalização, a prática reflexiva e o envolvimento crítico superam os *savoir-faire* profissionais básicos, mas se supõe que foram adquiridos. Ainda que os países em movimento estejam prontos a mobilizar seus professores rumo à aventura do desenvolvimento, nem sempre possuem meios de formá-los...

Com certeza, esse problema não será resolvido por nenhum pensamento mágico. Se um país não possui recursos para a formação de todos os seus professores, parece surreal lutar por uma prática reflexiva. Mas, no final, isso é menos absurdo do que se poderia acreditar, como veremos a seguir.

## PRIMEIRO, AS COMPETÊNCIAS BÁSICAS

Por necessidade, quem tiver de passar por uma situação difícil sem ter formação desenvolve uma postura reflexiva. Aqueles professores cujas competências disciplinares, didáticas e transversais são muito inconsistentes sofrem cotidianamente a perda de controle de sua classe e, portanto, tentam desenvolver estratégias mais eficazes, aprendendo com a experiência.

Mas que desperdício significa isso! Na verdade:

- por um lado, eles descobrem por meio de tentativa e erro, não sem sofrimento, conhecimentos *elementares* que teriam podido construir em sua formação profissional; por exemplo, que as crianças não são adultos, que todas elas são diferentes, que elas precisam de confiança, que elas constroem por si mesmas seus saberes;
- por outro lado, para *sobreviver*, desenvolvem práticas *defensivas* que, embora não propiciem aprendizado, ao menos permitem-lhes manter o controle da situação; por isso, alguns evitam, durante muito tempo, aplicar métodos ativos e dialogar com outros profissionais.

Sendo assim, a prática reflexiva deve estar baseada nas *competências profissionais*. Quais? Tentamos descrever dez grupos de novas competências ligadas às transformações do ofício de professor:

1. organizar e estimular situações de aprendizagem;
2. gerenciar a progressão das aprendizagens;
3. conceber e fazer evoluir dispositivos de diferenciação;
4. envolver os alunos em suas aprendizagens e em seu trabalho;
5. trabalhar em equipe;
6. participar da gestão da escola;
7. informar e envolver os pais;
8. utilizar as novas tecnologias;
9. enfrentar os deveres e os dilemas éticos da profissão;
10. gerenciar sua própria formação contínua (Perrenoud, 1999a).

Pode-se discutir infinitamente esse referencial, assim como qualquer outro. O importante é que:

1. deve haver um amplo consenso, resultado de um verdadeiro debate, que se transforme em uma verdadeira ferramenta de trabalho para os alunos, para os formadores e para as pessoas vinculadas ao estabelecimento de ensino (direção do estabelecimento escolar, professores associados);
2. ele deve estar ligado às *competências* e tratar os saberes, sejam eles disciplinares, profissionais, sejam eles provenientes das ciências humanas, como *recursos* a serviço dessas competências, em vez de serem considerados fins em si mesmos;

3. as competências profissionais devem estar situadas claramente *acima* do domínio acadêmico dos saberes a serem ensinados, referindo-se elas à sua transposição didática na sala de aula, à organização do trabalho de apropriação, ao planejamento, à avaliação ou à diferenciação do ensino;
4. as dimensões transversais da profissão devem ser analisadas e não devem se limitar a algumas horas de "formação comum", de "pedagogia geral" ou de sensibilização aos aspectos relacionais; os componentes transversais devem ser objeto de aportes teóricos e de aprofundamentos nos estágios, da mesma forma que as didáticas das disciplinas;
5. a formação e o referencial de competências devem abarcar toda a realidade da profissão, partindo de uma análise rigorosa das práticas, em sua diversidade, sem esquecer o que nunca é dito de forma clara, mas que afeta bastante a vida cotidiana dos professores e dos alunos: o tédio, o medo, a sedução, a desordem, o poder, etc. (Perrenoud, 1996c);
6. o referencial de competências deve preponderar sobre o estado das práticas; sem transformar os novos professores em pobres kamikazes, condenados a sofrer com o sarcasmo ou com o ostracismo dos outros professores, eles devem contar com os meios de exploração dos novos caminhos abertos pela pesquisa na área da educação, pelas equipes inovadoras ou pelos movimentos pedagógicos;
7. essas competências devem ser desenvolvidas tendo por base a etapa de formação inicial, por meio de um verdadeiro dispositivo de alternância e de articulação entre a teoria e a prática; elas também devem orientar o desenvolvimento profissional, tanto nos estabelecimentos escolares como no contexto da formação contínua;
8. o referencial deve ser uma ferramenta bastante transparente para deixar subentendidas a concepção e a gestão dos planos e dos dispositivos de formação, assim como a avaliação das efetivas competências dos alunos ou dos professores;
9. a dimensão reflexiva deve se inserir na concepção das competências; portanto, deve-se renunciar às prescrições ou às receitas fechadas visando propor profundos conhecimentos sobre o processo de ensino e aprendizagem, ferramentas de inteligibilidade das situações educativas complexas e um pequeno número de princípios que oriente a ação pedagógica (construtivismo, interacionismo, atenção com o sentido dos saberes, negociação e regulação do contrato didático, etc.);

10. o envolvimento crítico e a interrogação ética devem ser sempre realizados de forma paralela, partindo das mesmas situações e desenvolvendo um julgamento profissional sempre situado na encruzilhada entre a inteligência das situações e a preocupação com o outro – e mesmo da solicitude sobre a qual Philippe Meirieu fala.

É possível perceber, de forma ainda mais nítida, nessas últimas teses, que a prática reflexiva e o envolvimento crítico não podem ser considerados peças relacionadas e nem mesmo andares acrescentados ao edifício das competências. Ao contrário disso, são *fios condutores* do conjunto da formação, são posturas que devem ser adotadas, desejadas e desenvolvidas pelo *conjunto dos formadores e das unidades de formação,* conforme as múltiplas modalidades.

Não pretendemos desenvolver nesse momento os dispositivos de formação (Perrenoud, 1996b, 1998c). Parece-nos suficiente dizer que, na verdade, as competências profissionais só são construídas em função de uma prática reflexiva e engajada, que se instala desde o início dos estudos. Em outros termos, esses dois componentes, os quais, até agora, foram apresentados como objetivos de formação, também são suas principais alavancas: se adotarem uma postura reflexiva e um envolvimento crítico, os alunos aproveitarão melhor essa formação alternada.

## A PRÁTICA REFLEXIVA COMO DOMÍNIO DA COMPLEXIDADE

Este conceito tornou-se conhecido com as obras de Schön (1983, 1987, 1991). No entanto, apesar dos trabalhos centrados na formação de professores, ainda existe uma certa confusão entre:

– por um lado, a prática reflexiva espontânea de todo ser humano que se depara com um obstáculo, com um problema, com uma decisão a ser tomada, com um fracasso ou com qualquer resistência à realidade ao seu pensamento ou à sua ação;
– por outro, a prática reflexiva *metódica* e *coletiva* realizada pelos profissionais enquanto não alcançam os objetivos propostos.

Uma sensação de fracasso, de impotência, de desconforto ou de sofrimento provoca uma reflexão espontânea em todos os seres humanos, e o mesmo acontece com o profissional. No entanto, ele também reflete quando se sente bem, pois livrar-se de situações desconfortáveis não é seu único motivo de tal atitude; sua reflexão também é fomentada pela vontade de realizar seu trabalho de forma eficaz e ética.

Em um "ofício impossível", raramente os objetivos são alcançados. É pouco freqüente que todos os alunos de uma turma ou de um estabelecimento de ensino dominem perfeitamente os conhecimentos e as competências visados. Por isso, no âmbito do ensino, a prática reflexiva, sem ser permanente, não deve se limitar à resolução de crises, de problemas ou de dilemas profundos. É melhor imaginá-la como um mecanismo *estável*, necessário em velocidade de cruzeiro e vital em caso de turbulências.

Outra diferença importante: um profissional reflexivo *aceita fazer parte do problema*. Ele reflete sobre sua própria relação com o saber, com as pessoas, com o poder, com as instituições, com as tecnologias, com o tempo que se vai e com a cooperação, assim como reflete sobre sua forma de superar limites ou de tornar mais eficazes seus gestos técnicos.

Enfim, uma prática reflexiva metódica insere-se no horário de trabalho como uma *rotina*. Não uma rotina soporífera, mas uma rotina *paradoxal*, um estado de alerta permanente. Por isso, ela precisa de disciplina e de métodos: ambos têm por finalidade fazer o professor observar, memorizar, escrever, analisar o que aconteceu, compreender e assumir novas opções.

Além disso, uma prática reflexiva profissional nunca é totalmente solitária. Ela se baseia em conversas informais, em momentos organizados de *profissionalização interativa* (Gather Thurler, 1996, 2000), em práticas metódicas de *feedback*, de *debriefing*, de análise do trabalho, de trocas sobre os problemas profissionais, de reflexão sobre a qualidade, de avaliação do que é feito. A prática reflexiva pode ser solitária, mas também passa por grupos, apela a peritos externos, insere-se em redes e até mesmo se baseia em formações que fornecem ferramentas ou bases teóricas que visam à melhor compreensão dos processos em jogo e ao melhor entendimento.

Por que é preciso inserir a postura reflexiva na identidade profissional dos professores? Em primeiro lugar, para livrar os profissionais do *trabalho prescrito*, para convidá-los a construir seus próprios procedimentos em função dos alunos, da prática, do ambiente, das parcerias e cooperações possíveis, dos recursos e limites próprios de cada instituição, dos obstáculos encontrados ou previsíveis.

Em um processo de profissionalização, *por definição*, o trabalho prescrito diminui. Ainda não se sabe *por que* ele diminui no ofício de professor, justificando, assim, sua profissionalização. Esse não é um processo automático. Uma parte dos sistemas educativos ainda aposta em uma forma de proletarização do ofício de professor (Perrenoud, 1996c), limitando a ação dos professores àquilo que a OCDE chama "prestação de serviços" (Vonk, 1992).

Serão apresentados três argumentos favoráveis à profissionalização:

1. As condições e os contextos de ensino evoluem cada vez mais rapidamente; já não é possível viver apenas com os conhecimentos de uma formação inicial, a qual se torna obsoleta em muito pouco tempo; também não é realista imaginar que uma formação contínua bem-elaborada poderá oferecer novas receitas quando as antigas se tornarem defasadas; o professor deve conceituar sua própria prática a fim de enfrentar *com eficácia* a variedade e a transformação de suas condições de trabalho.
2. Se quisermos que todos alcancem certos objetivos, o ato de ensinar deixa de ser suficiente; é preciso fazer com que *todos aprendam* por meio do procedimento mais apropriado. Esse ensino "sob medida" está muito além de todas as prescrições.
3. As competências profissionais são cada vez mais coletivas, na escala de uma equipe ou de uma instituição, e isso requer importantes competências de comunicação e de negociação e, portanto, de regulação reflexiva.

A postura e a competência reflexivas apresentam *diversos aspectos*:

- Na ação, a reflexão permite um distanciamento do planejamento inicial, o remanejamento constante, uma compreensão daquilo que está causando problema; permite se descentrar, regular o procedimento em andamento sem se sentir ligado a procedimentos prontos; apreciar um erro ou repreender uma forma de indisciplina, por exemplo.
- No futuro, a reflexão permite analisar com mais tranqüilidade os acontecimentos e construir saberes que envolvam situações comparáveis que possam surgir.
- Em uma profissão na qual os mesmos problemas são recorrentes, a reflexão também se desenvolve antes da ação, não só com o objetivo de planejar, construir cenários, mas com o objetivo de preparar o professor para lidar com imprevistos (Perrenoud, 1999b) e manter sua máxima lucidez.

Talvez seja preciso destacar a forte independência desses diversos momentos. A "reflexão durante a ação" (Schön, 1983) tem principalmente a seguinte função:

1. "Colocar na memória" observações, perguntas e problemas que não podem ser tratados no momento em que ocorrem.

2. Preparar uma reflexão mais distanciada do profissional sobre seu mecanismo de ação e seu *habitus*.

Sem entrar na questão dos procedimentos de formação em prática reflexiva (estudos de caso, análise de práticas, entrevistas de explicitação, escrita clínica, por exemplo), destacaremos que ela exige diversos tipos de capitais:

– saberes metodológicos e teóricos;
– atitudes e uma certa relação com a profissão e com a realidade;
– competências baseadas nesses saberes e nessas atitudes, os quais permitam mobilizá-los em situação de trabalho e uni-los à intuição e à improvisação, como ocorre na própria prática pedagógica.

Os saberes metodológicos têm relação com a observação, com a interpretação, com a análise, com a antecipação, bem como com a memorização e com a comunicação oral e escrita, assim como, inclusive, com o vídeo, desde que a reflexão só ocorra posteriormente. Vamos insistir nos saberes *teóricos*: o bom senso, baseado em capacidades de observação e de raciocínio, permite um primeiro nível de reflexão. Para permitir avançar, deve-se dispor de conhecimento na área das ciências humanas. Em alguns casos, o domínio dos saberes a serem ensinados é crucial; se ele não existir, alguns problemas não podem ser levantados. Por exemplo, a interpretação de alguns erros de compreensão é esclarecida pela história e pela epistemologia da disciplina ensinada.

## O ENVOLVIMENTO CRÍTICO COMO RESPONSABILIDADE CIDADÃ

Do ponto de vista da profissionalização, o fato de um professor reflexivo manter uma relação de envolvimento com sua própria prática é o mínimo que se pode esperar. Mas aqui se trata de outra forma de envolvimento, de um envolvimento crítico no *debate social sobre as finalidades da escola e seu papel na construção da cidadania*.

Nos dias de hoje, um professor relativamente competente e eficaz na sala de aula pode ficar ausente de qualquer outro cenário:

– ele não trabalha em equipe nem em rede;
– não participa da vida e do projeto do estabelecimento escolar;

– mantém-se afastado das atividades sindicais e corporativas relativas à profissão;
– investe muito pouco na vida social, cultural, política e econômica, seja ela local, regional ou nacional.

De acordo com esses quatro critérios, cada professor tem um perfil próprio. Entre os que se envolvem em todos os níveis e os que se mantêm afastados de tudo, encontramos uma ampla gama de práticas. Assim, pode-se trabalhar em equipe sem preocupação com a política educacional, ou ser militante sindical ou político sem envolvimento com seu próprio estabelecimento de ensino. O envolvimento ativo e crítico para o qual seria importante preparar os professores limitar-se-ia, portanto, a esses quatro níveis.

*Aprender a cooperar e a trabalhar em rede.* Atualmente, os professores não são obrigados a trabalhar juntos, ainda que convivam no mesmo andar e tomem café todos os dias na mesma mesa (Dutercq, 1993). A formação deve lutar contra o individualismo dos professores, contra a vontade de serem os "únicos capitães do barco". É importante trabalhar ao mesmo tempo as representações da cooperação e forjar as ferramentas para superar seus obstáculos e fomentar seu uso adequado.

*Aprender a vivenciar o estabelecimento de ensino como uma comunidade educativa.* Metaforicamente, o estabelecimento escolar tende a se tornar uma pessoa moral dotada de certa autonomia. Mas essa não tem nenhum sentido se o diretor do estabelecimento for a única pessoa a ser beneficiada com ela, assumindo de modo solitário os riscos e as responsabilidades do poder. Se quisermos que a escola transforme-se em uma comunidade educativa relativamente democrática, é preciso formar os professores nesse sentido, prepará-los para negociar e realizar *projetos*, dar-lhes as competências necessárias a uma negociação relativamente serena com outros adultos, inclusive com os pais (Derouet e Dutercq, 1997; Gather Thurler, 1998, 2000).

*Aprender a se sentir membro efetivo e garantir uma profissão verdadeira.* Nesse caso, o envolvimento não deve se limitar a uma atividade sindical, mas estender-se à política de uma profissão emergente. Quando um ofício se profissionaliza, no sentido anglo-saxão, o qual contrapõe ofício e profissão, os indicadores mais seguros dessa evolução são um crescente controle coletivo dos profissionais sobre a formação inicial e contínua e uma maior influência sobre as políticas públicas que estruturam seu campo de trabalho.

*Aprender a dialogar com a sociedade.* Este é outro assunto totalmente diferente. Uma parte dos professores envolve-se com a vida política como cidadãos. Mas, nesse contexto, trata-se de que se envolvam como professores. Não como membros de um grupo profissional que defende interesses de sua categoria, mas como profissionais que colocam sua especialização a serviço do debate sobre as políticas educacionais.

Nesses quatro níveis, é impossível envolver-se e manter, ao mesmo tempo, uma estrita neutralidade ideológica. Entretanto, não somos partidários de uma política extrema dos professores, como a que existe em certos momentos da história ou em algumas sociedades. Sem dúvida, em caso de guerra, de ocupação ou de tomada do poder por um governo autoritário, esperamos que os professores estejam do lado dos direitos humanos e passem a fazer parte da dissidência e da resistência. No entanto, em épocas de paz, um envolvimento crítico não passa necessariamente por um envolvimento militante, no sentido político da expressão, nem por uma crítica sistemática das opções governamentais. Envolver-se é, em primeiro lugar, *interessar-se*, informar-se, participar do debate, explicar, demonstrar. Entretanto, esse processo não é automático.

Façamos a experiência: escolham um período de intenso debate sobre a escola e tentem, em um estabelecimento escolar de determinado tamanho, avaliar a proporção dos professores que acompanham o debate ou participam ativamente dele. Chega-se à conclusão de que seria preferível que os professores fizessem *lobby* em vez de permanecerem totalmente indiferentes às decisões que remodelam o sistema educativo. Talvez a defesa dos interesses corporativos seja um primeiro passo rumo a um envolvimento crítico mais desinteressado.

Nessa escala, esse envolvimento é ainda mais necessário porque as sociedades contemporâneas não sabem mais muito bem que finalidades devem ser atribuídas à educação escolar. Escutam-se discursos bastante contraditórios sobre a escola. Alguns despertam expectativas e esperanças irreais: restabelecer os laços sociais, lutar contra a violência e contra a pobreza. Outros perderam toda confiança e criticam de forma contundente o sistema educativo: escola ineficaz, esclerosada, burocrática, arcaica, fechada... Nesses debates, onde estão os professores? Descobrimos alguns deles nos partidos, na mídia; alguns deles são eleitos, em especial na comunidade. No entanto, sua influência continua sendo marginal e individual. Enquanto os médicos exercem forte influência sobre a concepção e as políticas da saúde pública, não observamos nada equivalente com relação aos professores.

Naturalmente, trata-se de uma questão de *status*, de poder e de relações de força. Porém, também é uma questão que tem relação com:

- a identidade individual e coletiva;
- as competências.

Nesses dois pontos, a formação poderia agir e incitar os futuros professores a sair de sua "passividade crítica" como profissionais da educação.

De que forma? A operação é delicada, pois não se quer dizer que os futuros professores adotem uma visão única da educação. Seria necessário encontrar algo equivalente a essa mensagem "cívica" destinada aos eleitores: *"Votem em quem quiserem, mas votem!"*

Mais que doutrinação, deve-se utilizar análise e compreensão dos desafios. Nesse sentido, uma formação mínima nos âmbitos da filosofia da educação, economia, história e ciências sociais não seria uma atitude supérflua, ainda que esses saberes não fossem aplicados de modo direto na sala de aula. Quantos professores não perceberam nada quando o fascismo se instalou em seu país? Muitos não têm a mínima idéia do custo real da educação, nem de seu orçamento. A maioria conhece apenas rudimentos da história do sistema educativo ou não tem uma visão clara das desigualdades sociais e dos mecanismos que a perpetuam.

Formar as pessoas para que compreendam os mecanismos sociais não é algo neutro, mesmo se evitarmos qualquer tipo de doutrinação. Podemos esperar uma formação equivalente a propósito da cooperação, das organizações e das profissões, temas ainda mais legítimos para futuros professores.

Afirmamos, nesse contexto, que as condições necessárias para o envolvimento crítico são os conhecimentos e as competências analíticas, assim como a intervenção nos sistemas.

Quanto ao desafio da identidade, ele é ainda mais sensível. Será que as instituições de formação inicial devem defender uma concepção precisa do papel social do professor? Será que devem socializar a profissão? Ao menos, podemos lutar por debates e por tomadas de consciência. Segundo a fórmula de Hameline, pode-se esperar que a formação *desperte* os futuros professores, desestimule neles aquela idéia simples de que ensinar é transmitir um saber acima de qualquer suspeita a crianças ávidas por assimilá-lo, independentemente de sua origem social. Recordamos as resistências provocadas pelos trabalhos de Bourdieu e Passeron entre os professores de língua francesa nos anos 70, os quais evidenciavam o papel da escola na reprodução das desigualdades. Hoje em dia, a expressão parece tão banal que poderíamos pensar que já foi integrada. No entanto, não é isto o que ocorre: a maioria dos futuros professores aborda sua formação com uma visão angelical e individualista da profissão. Nada garante que a deixarão de lado ao longo dos estudos, a menos que seja para cair na rejeição e na negação...

## FORMADORES REFLEXIVOS E CRÍTICOS PARA FORMAR PROFESSORES REFLEXIVOS E CRÍTICOS

A universidade parece ser o lugar por excelência da reflexão e do pensamento crítico. Portanto, podemos nos sentir tentados a dizer que a formação dos professores de acordo com esse paradigma é uma tarefa "natural" das universidades.

Entretanto, exceto nos âmbitos da medicina, da engenharia e da administração, a universidade não está, de fato, organizada para desenvolver competências profissionais de alto nível. Mesmo nesses domínios, os saberes disciplinares superam o desenvolvimento de competências. Esse fato levou algumas faculdades de medicina a operar uma "revolução", introduzindo a aprendizagem por problemas, que coloca o aporte teórico a serviço da resolução de problemas clínicos a partir do primeiro ano. Nesse mesmo sentido, Gillet (1987) propõe que se deve dar às competências um "direito de gerência" sobre os conhecimentos; no entanto, essa visão é contrária à mais forte tendência das instituições escolares: promover cursos, multiplicar os saberes considerados indispensáveis e deixar nas mãos dos estágios, dos trabalhos finais ou práticos a preocupação de treinar sua integração e mobilização.

Por esse motivo, não é possível, sem um exame profundo, eleger a universidade como local ideal da formação dos professores. Mesmo no que se refere à prática reflexiva e ao envolvimento crítico, a dúvida metodológica se impõe.

### A prática reflexiva não é uma metodologia de pesquisa

A formação em pesquisa, própria dos cursos universitários de pós-graduação, não prepara, *ipso facto*, para a prática reflexiva. Devemos aceitar o fato de que, quando ensinam, os pesquisadores podem, durante anos, entediar seus alunos, perder-se em monólogos obscuros, apressar o andamento das discussões, apresentar transparências ilegíveis, organizar avaliações arcaicas e aterrorizar os estudantes devido ao seu nível de abstração e à falta de empatia ou de diálogo. Isso sugere um grande desprezo pelo ensino ou pouca capacidade reflexiva aplicada a esse trabalho.

Mesmo quando existem pontos comuns (Perrenoud, 1994a), a pesquisa e a prática reflexiva também apresentam grandes diferenças:

- Não têm o mesmo objetivo; a pesquisa na área da educação interessa-se por todos os fatos, processos e sistemas educativos, por

todos os aspectos das práticas pedagógicas. O professor reflexivo prioriza o exame de seu próprio trabalho e de seu contexto imediato, dia a dia, nas condições concretas e locais de seu exercício. Portanto há, ao mesmo tempo, limitação e focalização do campo de pesquisa.
- A pesquisa e a prática reflexiva não exigem a mesma postura. A pesquisa pretende descrever e explicar, exibe sua exterioridade. Por outro lado, a prática reflexiva deseja compreender para regular, otimizar, ordenar, provocar a evolução de uma prática *particular, a partir do interior*.
- A pesquisa e a prática reflexiva não têm a mesma função. A pesquisa visa aos saberes de alcance geral, duradouros, os quais podem ser integrados a teorias, enquanto a prática reflexiva limita-se à tomada de consciência e aos saberes de experiência localmente úteis.
- Elas não evidenciam os mesmos critérios de valor. A pesquisa exige um método e um controle intersubjetivo, enquanto o valor da prática reflexiva depende da qualidade das regulações que ela permite realizar e de sua eficácia na identificação e na resolução de problemas profissionais.

Por isso, só por promover a pesquisa, a universidade não pode pretender formar profissionais reflexivos, "superiores à média". Se quiser desempenhar essa tarefa, ela deverá desenvolver dispositivos *específicos*: análise de práticas, estudos de casos, videoformação, escrita clínica, técnicas de auto-observacão e explicitação, treinamento para trabalhar seu próprio *habitus* e seu "inconsciente profissional" (Paquay et al., 1996).

É lógico que o espírito científico, o rigor e a descentração são trunfos que a universidade pode colocar a serviço da formação dos professores. Da mesma forma, conforme sua concepção de pesquisa e de métodos, modulam-se as divergências e as convergências com a prática reflexiva. Tomemos dois exemplos:

1. Se a universidade se preocupasse mais com a formação de "pesquisadores reflexivos", encontraríamos muitas convergências; porém, infelizmente, em geral, a preparação metodológica baseia-se mais no tratamento de dados do que na negociação concreta e na regulação das atividades e do trabalho. Na representação dos estudantes, a atividade concreta de pesquisa é muito mitificada e reduz-se ao método. Fala-se pouco sobre as relações de poder, sobre as dimensões narcisistas, sobre a concorrência, sobre a parcela que corresponde ao acaso e ao inconsciente, so-

bre a vida concreta dos laboratórios (Latour, 1996; Latour e Woolgar, 1988). Dessa forma, a realidade do trabalho é expurgada de tudo aquilo que exige uma reflexão tática, ética, financeira, prática e uma reflexão de identidade, fingindo-se que os pesquisadores vivem em um mundo de idéias puras, sem contingências materiais e sem paixões humanas. Se o *trabalho real* fosse considerado, seriam reveladas as semelhanças entre o ofício de professor reflexivo e o de pesquisador reflexivo...

2. Se a universidade desse mais relevância ao contexto da conceituação e da descoberta, à construção da teoria, em vez de enfocar os métodos de análise de dados e a avaliação, ela poderia desenvolver uma postura mais reflexiva. Estimularia assim a *imaginação sociológica* (Mills, 1967), bem como a imaginação didática, a pedagógica e a psicanalítica, necessária para que o professor reflexivo possa "ver as coisas banais e familiares de outra maneira", recontextualizar os problemas, abordar questões sob outros ângulos, realizar "rupturas epistemológicas".

Em outros termos, um seminário de pesquisa, em função da forma como é concebido e conduzido, pode colocar os estudantes no centro de uma prática reflexiva ou formá-los como pequenos soldados da ciência. Enquanto os estudantes tiverem de obter e de manipular dados em função de hipóteses de pesquisa que não ajudaram a definir, manter-se-á a ilusão de que, assim, estamos formando pesquisadores, ainda que estejamos apenas treinando técnicos.

Portanto, encontramos um duplo desafio:

1. Ampliar a concepção da pesquisa e da formação em pesquisa, sobretudo na área das ciências humanas. O hiato entre essa formação e o desenvolvimento de uma postura reflexiva depende dessa ampliação.
2. Criar dispositivos nos cursos universitários que visem especificamente ao desenvolvimento da prática reflexiva, independentemente da pesquisa. Esses dispositivos também poderiam contribuir para formar pesquisadores; porém, acima de tudo, seriam colocados a serviço de um profissional comprometido com uma ação complexa.

Essas duas condições não bastam. A prática reflexiva só pode se tornar uma "segunda natureza", isto é, incorporar-se ao *habitus profissional* se estiver no centro do plano de formação, se estiver, ao menos em parte, vinculada a todas as competências profissionais almejadas e se vir a ser o motor da articulação entre teoria e prática. Isso provoca importantes conseqüências:

- na organização e na natureza dos estágios;
- nas relações e na parceria com os professores em exercício como formadores de campo;
- no sentido e nas modalidades de alternância entre estágios e formação mais teórica;
- no próprio papel de formador de campo, definido como um profissional reflexivo preparado para vincular um estagiário ao seu próprio questionamento.

Não se trata apenas de modificar os percursos de formação na área das ciências da educação, mas de criar todas as peças dos novos percursos, as quais podemos perfeitamente imaginar no âmbito das faculdades sem transformá-lo em grupos fechados ou em "escolas na universidade", sem renunciar à formação em pesquisa e sem abdicar, como em todo curso acadêmico digno desse nome, das transições para o mestrado e para o doutorado (Perrenoud, 1996b, 1998c).

## Da crítica radical ao envolvimento crítico

*A priori*, a universidade parece ser o espaço privilegiado de um olhar crítico sobre a sociedade devido à autonomia e à extraterritorialidade (relativas!) que lhe são reconhecidas desde a Idade Média. Porém, também aqui encontramos nuanças.

- Podemos observar que, em diversos domínios, esse *status* provocou um imenso distanciamento do mundo universitário com relação aos problemas atuais. Uma parte dos professores vive nesse "pequeno mundo", tão bem descrito por David Lodge, ou fica absorvida por pesquisas de alto nível sem se perguntar muito para que serve esse privilégio. Se a universidade é concebida como uma "torre de marfim" protegida dos ruídos do mundo para que todos possam se dedicar à busca serena do saber, não se deve esperar que os estudantes sejam incitados ao envolvimento crítico.
- Por outro lado, de acordo com a tradição ilustrada por Marcuse, a universidade abriga intelectuais comprometidos com a crítica radical da sociedade em que vivem. Nesse caso, não se sentem responsáveis pelas políticas e pelas práticas sociais, mas apenas

consideram que é sua tarefa identificar e mesmo denunciar suas incoerências, seus compromissos, sua ineficácia ou suas falsas aparências.

Essas duas concepções da universidade não correspondem ao critério de envolvimento crítico desenvolvido anteriormente. Não é suficiente que a universidade seja politizada para desenvolver um envolvimento crítico.

Por outro lado, a postura dos professores não se transmite magicamente aos estudantes. Para que o envolvimento crítico torne-se um componente do *habitus* profissional dos professores da mesma forma que a postura reflexiva, não basta confiar na essência da instituição; é necessário aplicar dispositivos de formação precisos, desenvolver competências baseadas em saberes provenientes das ciências humanas.

### As ciências da educação e as práticas reflexivas

No cerne do debate, encontramos a concepção das relações entre as ciências humanas e as práticas educativas. Se considerarmos que a formação dos professores é um simples serviço prestado à comunidade ou uma forma de incrementar o orçamento acadêmico para reinvestir os recursos restantes na pós-graduação e na área de pesquisa, poderemos duvidar que a universidade seja o espaço ideal para formar professores.

Por outro lado, se a inteligibilidades das práticas estiver no âmago do *programa teórico* das ciências da educação, tanto no caso das políticas educacionais quanto no da gestão dos estabelecimentos escolares ou do trabalho na sala de aula, então a formação dos professores e dos diretores das escolas será um enorme trunfo para a pesquisa fundamental, pois a formação profissional obriga a validar e a aprofundar as teorias até que elas se tornem confiáveis e possam ser utilizadas. Os trabalhos dos pesquisadores na área da educação, muitas vezes, provocam sorrisos em uma parte dos professores; isso ocorre porque, com freqüência, eles são testemunhas de um desconhecimento da realidade escolar cotidiana, o que torna insuportável seu discurso, seja ele crítico, prescritivo, idealista, teórico...

Ademais, como encruzilhada interdisciplinar, as ciências da educação só são consideradas de forma conjunta devido à sua referência comum a um campo social, a um sistema, a práticas complexas. Para além do alcance interdisciplinar, o envolvimento nas formações profissionais é a maneira mais segura de fazer com que coexistam e também *trabalhem juntos* psicólogos, historiadores, sociólogos, antropólogos, psicanalistas da educação, tanto no contexto das didáticas das disciplinas como no dos enfoques transversais.

As ciências da educação terão lucros com a formação dos profissionais da educação. Elas podem realizar isso sem fazer concessões teóricas nem epistemológicas. Esta é uma condição necessária para que a inserção da formação dos professores na universidade adquira sentido. Se os universitários considerarem que a formação profissional é um mal necessário, um preço a ser pago, uma forma de distraí-los de suas tarefas, a formação só pode ser medíocre. Ela será confiada a professores que não têm outra opção, enquadrados por alguns militantes.

Portanto, é muito importante saber por que a universidade quer formar professores (Perrenoud, 1993, 1999f, 1994b, 2000d, 2001c). Se os motivos estiverem fortemente ligados à sua identidade e vinculados à construção de saberes, se ela está disposta a conceber percursos de formação profissional abdicando de seus hábitos e de suas tradições didáticas, então ela é, sem contestação, o contexto apropriado.

No entanto, se, ao contrário disso, a universidade só quiser se encarregar da formação dos professores para não deixá-la a cargo de outras instituições ou para ampliar seu público, para obter subvenções ou para prestar um serviço, então é mais válido confiar a formação a instituições que não sentirão vergonha de formar profissionais.

Seria muito importante que as universidades dessem esse passo. Algumas o fazem há décadas, ainda que tenham de lutar contra o "retorno do reprimido", o peso dos saberes, as formas acadêmicas de sua transmissão e o desprezo pelas práticas.

O indefensável seria pretender formar professores sem ter recursos para tanto. Por isso, o desenvolvimento dos programas de formação dos professores deve ser objeto de parcerias fortes e equitativas com o sistema educativo.

É normal que para reconhecer os diversos âmbitos de formações, os ministérios estipulem suas condições quanto ao perfil profissional dos formadores e à qualidade das formações. Em contrapartida, devem facilitar a articulação entre teoria e prática. No entanto, não basta fazer com que as instituições cheguem a um acordo. A parceria tem de se estender às associações representativas da profissão. Embora os poderes organizadores possam determinar os locais de estágio e mesmo designar autoritariamente orientadores pedagógicos ou os professores dos estágios, só poderá haver uma formação de qualidade com base no voluntariado dos professores formadores de campo, com base em um acordo sobre a concepção da formação e em um compromisso coletivo em favor da profissionalização do ofício no sentido do envolvimento crítico e da prática reflexiva.

A universidade resiste a essas parcerias, as quais podem sujeitá-la à "demanda social" e acabar com sua independência. Porém, no âmbito da formação profissional, a parceria é incontornável e oferece, ao mesmo tempo, uma oportunidade única de construir percursos de formação defensáveis, acadêmicos e profissionais.

Ainda que a universidade seja, potencialmente, o melhor lugar para formar os professores no sentido da prática reflexiva e do envolvimento crítico, para realizar esse potencial e provar sua competência, ela tem de evitar toda arrogância e trabalhar com os atores de campo. Em contrapartida, os ministérios, as associações, as comissões escolares, os estabelecimentos e outros poderes organizadores devem se esforçar por iniciar e manter um diálogo que não negue as diferenças.

Desse ponto de vista, a realidade atual oferece um vasto caleidoscópio, inclusive no seio de cada país. Enquanto algumas universidades estão muito próximas de um modelo centrado na prática reflexiva e no envolvimento crítico, no âmbito das ciências da educação, outras estão nas antípodas. Portanto, não é possível simplificar esse quadro. De fato, todos os dilemas e todas as contradições do ensino superior refratam-se na questão do papel das universidades na formação dos professores (Lessard, 1998a).

# 10

# A Prática Reflexiva entre a Razão Pedagógica e a Análise do Trabalho: Aberturas

Todos os grandes pedagogos personificaram e ilustraram uma postura e uma prática reflexivas bem antes que os trabalhos de Schön transformassem em moda esse paradigma. Qualquer razão prática acompanhada de um mínimo de distância, de um trabalho de explicitação e formalização da experiência provém do paradigma reflexivo. Portanto, ele se encontra no centro de toda profissão e das práticas daqueles que, em todos os ofícios, contemplam uma eventual profissionalização.

Ao mesmo tempo, a simples reflexão sobre e na ação tem seus limites: os da tomada de consciência e os das ferramentas teóricas e metodológicas. Para extrapolar uma intenção reflexiva baseada no sentido comum e na inteligência profissional, é preciso passar para uma forma mais sofisticada de análise do trabalho e dos *habitus*, assim como de análise das competências presentes em toda atividade.

Portanto, este capítulo concluirá com uma dupla e breve abertura: para a tradição pedagógica e para correntes mais recentes ainda externas ao campo educativo. Neste momento, apenas sugeriremos vínculos e apresentaremos algumas pistas.

## A RAZÃO PEDAGÓGICA

Em alguns ofícios técnicos, talvez a dimensão reflexiva possa se limitar ao "Como fazer para melhorar?", sobretudo quando o trabalho não tem de enfrentar outras resistências que as dos objetos e não suscita nenhuma polêmica quanto aos seus fundamentos éticos ou às suas implicações para a natureza ou para os seres humanos. Atualmente, um médico que inicia sua carreira no Terceiro Mundo ou na burocracia hospitalar, um engenheiro que constrói estradas ou centrais nucleares, um biólogo envolvido com a indústria agroalimentar ou com a genética dificilmente podem refletir apenas nas formas de tornar sua ação mais eficaz ou eficiente.

Em um ofício impossível, em uma profissão humanista, é ainda mais difícil agir como um simples executante sem se questionar. O fracasso da ação pedagógica, naturalmente, tem relação com seus fundamentos didáticos e psicossociológicos, assim como com sua *legitimidade*, que remete à questão das *finalidades* da ação educativa.

De certa forma, essa ampliação contribuiu para embaralhar ainda mais as cartas: uma parte dos partidários do paradigma reflexivo no âmbito da formação dos professores distancia-se da pedagogia. Naturalmente, esta não é "solúvel nas ciências da educação" (Meirieu, 1995a), não pretende ser uma "disciplina científica" e também não se organiza como uma disciplina ética, filosófica, axiológica e mesmo literária, que reivindicaria um *status* universitário. Essa débil institucionalização é provocada, em parte, pelo fato de que os que reclamam da pedagogia são "franco-atiradores", marginais, rebeldes, individualistas, aventureiros que não sonham com títulos, com carreiras acadêmicas, com créditos de pesquisa nem de publicações conformes aos padrões universitários (Vellas, 2001). Outra parte da explicação refere-se ao desejo de respeitabilidade das ciências da educação; historicamente enraizadas em uma relação pragmática com a ação, elas tentam livrar-se desse vínculo para buscar reconhecimento no conjunto das ciências humanas e sociais. Dessa forma, tratam a pedagogia como esses primos distantes que os novos-ricos acolhem em sua cozinha, mas não convidam para suas recepções.

No entanto, se, hoje em dia, perguntarmos de quem é a responsabilidade de pensar as práticas educativas (Perrenoud, 1999e), não poderíamos abandonar a tradição pedagógica como um dos possíveis modelos da prática reflexiva. Sem dúvida, não é aí que devemos buscar ferramentas reflexivas formais, pois os pedagogos de campo não se preocupam com explicitar sua própria prática reflexiva. Parece-lhes mais urgente pensar a educação que o pensamento da educação. Os historiadores e os filósofos da educação (Hameline, 1986, 2001; Prost, 1985; Soëtard, 1997, 2001) é que se encarregam do "pensamento pedagógico", bem como alguns pesquisadores da área da educação que reivindicam a dupla identidade (Gillet, 1987; Houssaye, 1993, 1994; Imbert, 1992, 2000; Meirieu, 1995b, 1997, 1999; Vellas, 2001) ou outros que analisam a razão pedagógica (Gauthier, 1993a e b, 1997).

Em contraposição, nos escritos dos grandes pedagogos, como Dewey, Ferrière, Freinet, Marakenko, Oury, Pestalozzi ou Neil, encontramos uma encarnação da postura reflexiva, da paixão por compreender, dos incessantes e obstinados ir e vir entre a teoria e a prática, da obsessão por ajustar, observar e levantar hipóteses sobre a profissão.

Sociólogo, não cheguei à área da educação por meio dos pedagogos e mantenho certa reserva quanto à constante mescla dos gêneros, ao lirismo e ao otimismo dos pioneiros, à aplicação de toda "experiência" a partir do momento em que ela se torna um escrito (auto)biográfico. A "literatura pedagógica" pode irritar aqueles que consideram mais fácil separar a análise dos fatos e as escolhas ideológicas ou hesitam em acreditar que a teoria pode combinar muito bem com a defesa ou com a denúncia.

No entanto, parece pertinente estudar esses escritos se quisermos perceber a postura reflexiva "em atos" e, sobretudo, dissociá-la de uma espécie de regulação racionalista da ação profissional.

Por outro lado, para além dos autores, muitos militantes ou inovadores menos ilustres, que só escrevem sob ameaça, ou escreverem em um circuito confidencial, também encarnam uma postura reflexiva que não deve nada a Schön e que é fruto de uma relação com o mundo e de um compromisso mais do que de uma formação profissional.

Portanto, a iniciação à prática reflexiva, principalmente na formação inicial, também quer colocar os alunos em contato com a ala mercantil da profissão, ainda que esses professores considerem que o rótulo de "profissionais reflexivos" seja um pouco excessivo ou demasiado "tecnocrático" ou redutor.

É interessante conhecer as *idéias* dos pedagogos, ilustres ou desconhecidos, pois elas continuam sendo atuais enquanto os dilemas educativos continuam presentes ao longo das décadas e dos séculos. Mas meu sonho refere-se mais com o modo de existência dos "pedagogos", com sua forma de articular o dizer e o fazer (Meirieu, 1995b), de aprender com os outros e com a experiência, de seguir suas intuições, de aplicar na profissão o que parece "funcionar". Também é válido inspirar-se neles, já que todos professam uma fé cega na *educabilidade* dos seres humanos. Logo, essa fé, sem dúvida, é o motivador principal de uma prática reflexiva duradoura no ofício de professor. Para que se questionar se o fracasso é uma fatalidade?

## A ANÁLISE DO TRABALHO E DAS COMPETÊNCIAS

Não basta unir a prática reflexiva à tradição pedagógica para conseguir avançar. Alguns movimentos pedagógicos o compreenderam e esforçam-se para criar vínculos com a análise do trabalho (Werthe, 1997).

Os trabalhos de Schön estão repletos de intuições e metáforas surpreendentes. Não estão ligados à ergonomia nem à psicologia do trabalho, sem dúvida porque, nos Estados Unidos, essas disciplinas tinham uma orientação muito pragmática e behaviorista.

A ergonomia de língua francesa, especialmente a cognitiva, assim como a psicologia do trabalho na França oferecem muito mais espaço para a subjetividade e para o pensamento dos trabalhadores. Essas disciplinas estudam uma prática reflexiva na ação, sem chamá-la dessa maneira, devido às divisões epistemológicas que permitem que os pesquisadores contemporâneos possam trabalhar com problemáticas próximas, ignorando-se reciprocamente. Em torno do tema dos saberes de ação (Barbier, 1996) ou da singularidade da ação (Seminário do CNAM, 2000), alguns pesquisadores incluíram artigos de Schön, contribuições de ergônomos, de sociólogos do trabalho, de filósofos da ação e de psicólogos cognitivistas.

Começamos a ver afinidades interessantes, mas até hoje elas estão mais relacionadas aos teóricos da ação, do trabalho ou das competências do que aos profissionais reflexivos.

Poderíamos apresentar uma constatação paradoxal: no campo da educação, o paradigma do profissional reflexivo parece obter uma adesão de princípio (com milhares de nuanças na forma de compreendê-lo); porém, ele desemboca principalmente nos *dispositivos de formação*: grupos de trabalho sobre problemas profissionais, seminários de análise de práticas, estudos de caso, escrita profissional, supervisão. A própria natureza do processo reflexivo parece ser o ponto fraco do movimento. Os trabalhos sobre o *teacher thinking* (Day, Calderhead e Denicolo, 1990; Day, Pope e Denicolo, 1990) ou a razão pedagógica (Gauthier, 1993 a e b, Tardif e Gauthier, 1996) se interessam mais pelas decisões tomadas na sala de aula, pelo julgamento profissional na ação ou pelo planejamento do que pela reflexão mais distanciada sobre a ação e sobre o sistema de ação.

Para dominar os dispositivos de formação ou de inovação que pretendem desenvolver a prática reflexiva ou se basear nela, é preciso analisar com maior precisão os mecanismos reflexivos.

Com relação a esse ponto, a ergonomia cognitiva, as ciências da ação, a psicologia e a sociologia clínica do trabalho, bem como os trabalhos sobre as competências ou sobre a didática profissional, representam contribuições interessantes.

No que se refere ao trabalho sobre o *habitus*, já evocamos diversos trabalhos, sem dúvida porque a prática reflexiva "comum" atinge seus limites quando tem relação com o inconsciente prático. No entanto, os trabalhos de Barbier, Clot, Dejours, de Terssac, Jobert, Le Boterf, Leplat, Pastré, Pharo, Quéré, Schwartz, Vergnaud, Vermersch e muitos outros, que, de forma alguma, formam um conjunto integrado e não-contraditório (Clot, 1999), permitem pensar as dimensões conscientes da reflexão sobre a ação, sobre seus pressupostos e sobre seus recursos.

Devido às misturas interdisciplinares e a um trabalho teórico profundo, o paradigma reflexivo não cairá na mesma argumentação nem será confundido com alguns dispositivos que sempre correm o risco de se enfraquecer ou de serem fechados em uma tradição. Isso não significa que seja preciso dispor de uma teoria satisfatória do trabalho e do espírito para aplicar dispositivos de formação. No entanto, eles sempre deveriam ser concebidos por *ensaios* para contribuir com o esclarecimento dos conceitos fundamentais e com o desenvolvimento de uma postura e de uma prática reflexivas nos (futuros) professores.

## PROFISSIONALIZAÇÃO E PRÁTICA REFLEXIVA

Para além das evoluções da teoria da ação, por um lado, e dos dispositivos de formação dos professores, por outro, o desafio crucial reside na evolução do ofício tendo em vista uma profissão integral.

Sob esse ponto de vista, o desenvolvimento de uma postura e de práticas reflexivas mais amplas, constantes e instrumentadas, é a chave da profissionalização do ofício e, portanto, uma condição para sair – progressivamente – do impasse ao qual nos leva a maioria das reformas escolares.

Se, retomando uma fórmula de Philippe Meirieu, a escola faz *reformas* enquanto a medicina faz *progressos*, isso evidentemente ocorre porque os motivadores da evolução não são múltiplos nem descentralizados como deveriam ser, e porque se espera decisões e prescrições da instituição, ao menos para combatê-las em nome da autonomia...

No momento em que concluo este livro, o Ministério da Educação do Quebec acabou de restabelecer as apreciações codificadas do sucesso escolar (notas, porcentagens ou letras) e de retirar dos estabelecimentos de ensino o direito de elaborar seu próprio boletim. Será que os professores se revoltaram contra esse retrocesso, tanto no plano da avaliação quanto no da autonomia profissional? Muito pouco. Suas organizações se limitaram a exigir que o Ministério ofereça-lhes um maior número de ferramentas e de modelos para fazer a avaliação de acordo com os novos programas.

Esse episódio, que encontra seu equivalente em todos os sistemas educativos, sugere um balanço um pouco sombrio: a profissionalização não ganha terreno; ao contrário, graças à cultura empresarial da avaliação, à crise das finanças públicas e às ambivalências dos atores, estamos diante do risco de aumentar a burocracia nos sistemas educativos, o que afetaria o trabalho prescrito e aumentaria a proletarização dos professores.

Tal estagnação da profissionalização tem variadas causas. Pelo menos duas delas merecem ser citadas:

1. Os professores não dispõem – mais no ensino médio que no fundamental – de uma cultura em ciências humanas que propiciaria uma verdadeira especialização de concepção na área didática, na organização do trabalho e na concretização de projetos (Perrenoud, 2001b, c).
2. A postura e a prática reflexivas não estão no centro da identidade docente e da formação, apesar do número crescente de cursos universitários.

Isso significa que não basta elevar o nível de formação acadêmica para que a profissionalização da profissão de professor se desenvolva. O essencial refere-se à relação com o saber, com a ação, com o pensamento, com a liberdade, com o risco e com a responsabilidade.

Nesse sentido, o paradigma reflexivo é um emblema da profissionalização, entendida como um poder dos professores sobre seu trabalho e sua organização, um poder não usurpado pela fragilidade das práticas, mas abertamente assumido, com as correspondentes responsabilidades. Essa forma de profissionalização, naturalmente, não pode se desenvolver contra as instituições. Mas elas só se manifestarão se um crescente número de professores assumir-se como profissional reflexivo e incomodar-se com a forma como as burocracias os tratam; eles não devem reagir por meio do ressentimento nem dos protestos sindicais, mas pela construção negociada do sistema educativo.

# Referências Bibliográficas

ALTET M. (1992), «Une formation professionnelle par l'analyse des pratiques et l'utilisation d'outils conceptuels issus de la recherche: modes cognitifs et modes d'ajustement», *Les Sciences de l'Éducation pour l'ère Nouvelle*, n° 1-2, pp. 27-58.
ALTET M. (1994), *La formation professionnelle des enseignants*, Paris, PUF. ALTET M. (1996), «Les compétences de l'enseignant professionnel. Entre savoirs, schèmes d'action et adaptation: le savoir-analyser», in PAQUAY L., ALTET M., CHARLIER E. et PERRENOUD PH. (dir.), *Formerdes enseignants professionnels. Quelles stratégies? Quelles compétences?*, Bruxelles, De Boeck, pp. 27-40.
ALTET M. (1998), «Quelle formation professionnalisante pour développer les compétences de "l'enseignant professionnel" et une culture professionnelle d'acteur», in TARDIF M., LESSARD C. et GAUTHIER C. (dir.), *Formation des maîtres et contextes sociaux. Perspectives internationales*, Paris, PUF, pp. 71-86.
ALTET M. (dir.) (1998), *Analyse d'un dispositif de formation initiale des enseignants: le groupe de référence de l'IUFM des Pays de la Loire*, Université de Nantes, Centre de Recherche en Éducation et IUFM des Pays de la Loire.
ARGYRIS C. (1995), *Savoir pour agir*, Paris, Inter Éditions.
ARGYRIS C. AND SCHÔN D. A. (1978), *Theory in Practice: Increasing Professional Effectiveness*, San Francisco, Jossey-Bass.
BACHELARD G. (1938), *La formation de l'esprit scientifique*, Paris, Vrin. BAILLAUQUES S. et LOUVET A. (1990), *Instituteurs débutants, faciliter l'entrée dans le métier*, Paris, INRP.
BAILLAUQUES S. et BREUSE E. (1993), *La première classe. Les débuts dans le métier d'enseignant*, Paris, ESF.

BARBIER J.-M. (dir.) (1996), *Savoirs théoriques et savoirs d' action*, Paris, PUF.
BARBIER J.-M. et al. (dir.) (1996), *Situations de travail et formation*, Paris, L'Harmattan.
BEILLEROT J. (1977), *Un stage d'enseignants ou la régression instituée*, Paris, Pavot.
BEILLEROT J., BLANCHARD-LAVll..LE C. et MOSCONI N. (1996), *Pour une clinique du rapport au savoir*, Paris, L'Harmattan.
BÉLAIR L. (1991a), *L'évaluation d'une pédagogie différenciée en formation des maîtres: un programme alternatif de formation conjointe*, Université d'Ottawa, Faculté d'Éducation.
BÉLAIR L. (1991b), *Une formation initiale conjointe, une innovation axée sur la pratique en milieu scolaire*, Université d'Ottawa, Faculté d'Éducation.
BLANCHARD-LAVILLE C. et FABLET D. (dir.) (1996), *L'analyse des pratiques professionnelles*, Paris, L'Harmattan.
BLIN J.-F. (1997), *Représentations, pratiques et identités professionnelles*, Paris, L' Harmattan.
BLIN J.-F. et GALLAIS-DEULOFEU C. (2001), *Classes difficiles. Des outils pour prévenir et gérer les perturbations scolaires*, Paris, Delagrave.
BOSMAN C., GÉRARD F.-M et RoEGIERS X. (dir.) (2000), *Quel avenir pour les compétences?*, Bruxelles, De Boeck.
BOUMARD P. (1992), *Métier impossible. La situation morale des enseignants*, Paris, ESF.
BOURDIEU P. (1972), *Esquisse d'une théorie de la pratique*, Genève, Droz. BOURDIEU P. (1980), *Le sens pratique*, Paris, Éd. de Minuit.
BOURDIEU P. (dir.) (1993), *La misère du monde*, Paris, Le Seuil.
BOURDIEU P. et PASSERON J.-C. (1970), *La reproduction. Éléments pour une théorie du système d'enseignement*, Paris, Éd. de Minuit.
BOURDONCLE R. (1990), «De l'instituteur à l'expert. Les IUFM et l'évolution des institutions de formation», *Recherche et formation*, n° 8, pp. 57-72.
BOURDONCLE R. (1991), «La professionnalisation des enseignants: analyses sociologiques anglaises et américaines», *Revue française de pédagogie*, n° 94, pp. 73-92.
BOURDONCLE R. (1993), «La professionnalisation des enseignants: les limites d'un mythe», *Revue française de pédagogie*, n° 105, pp. 83-119.
BOURDONCLE R. et DEMAILLY L. (dir.) (1998), *Les professions de l'éducation et de la formation*, Lille, Presses Universitaires du Septentrion.
BOURDONCLE R. et LOUVET A. (dir.) (1991), *Les tendances nouvelles dans la formation des enseignants: stratégies françaises et expériences étrangères*, Paris, INRP.
BOUVERESSE J. (1996), «Règles, dispositions et habitus», *Critique*, août-septembre 1996, n° 579-580 sur Pierre Bourdieu, pp. 573-594.
BOUVIER A. et OBIN J.-P. (dir.) (1998), *La formation des enseignants sur le terrain*, Paris, Hachette.
BRAUN A. (1989), *Enseignant et/ou formateu;* Paris, Éditions d'organisation.
BUSSIENNE É. et TOZZI M. (dir.) (1996), «Analysons nos pratiques professionnelles», dossier des *Cahiers pédagogiques*, n° 346, septembre.

CARBONNEAU M. (1993), «Modèles de formation et professionnalisation de l'enseignement: analyse critique de tendances nord-américaines», *Revue des sciences de l'éducation* (Montréal), vol. XIX, n° 1, pp. 33-57.
CARBONNEAU M. et al. (1991), *Formation des maîtres en écoles associées. Rapport d' étape* 1990-91, Montréal, Faculté des Sciences de l' Éducation de l'Université de Montréal.
CARBONNEAU M. et al. (1992), *Formation des maîtres en écoles associées. Rapport d'étape* 1991-92, Montréal, Faculté des Sciences de l'Éducation de l'Université de Montréal.
CARBONNEAU M. et HÉ1U J.-C. (1996), «Formation pratique des enseignants et naissance d'une intelligence professionnelle, in PAQUAY L., ALTET M., CHARLIER E. et PERRENOUD Ph. (dir.), *Former des enseignants professionnels. Quelles stratégies? Quelles compétences?*, Bruxelles, De Boeck, pp. 77-96.
CHARLOT B. (1997), *Du rapport au savoi7: Éléments pour une théorie*, Paris, Anthropos.
CHARTIER A.-M. (1998), «L'expertise enseignante entre savoirs pratiques et savoirs théoriques», *Recherche et Fonnation*, n° 27, pp. 67-82.
CHEVALLARD Y. (1991), *La transposition didactique. Du savoir savant au savoir enseigné*, Grenoble, La Pensée Sauvage (2. édition revue et augmentée, en coll. avec JOSHUA M.-A.).
CIFALI M. (1982), *Freud pédagogue. Psychanalyse et éducation*, Paris, Inter Éditions.
CIFALI M. (1986), «L'infini éducatif: mise en perspectives», in FAIN M. et al., *Les trois métiers impossibles*, Paris, Les Belles Lettres, «Confluents psychanalytiques».
CIFALI M. (1991), *Modèle clinique de formation professionnelle, apports des sciences humaines, théorisation d'une pratique*, Genève, Faculté de Psychologie et des Sciences de l' éducation.
CIFALI M. (1994), *Le lien éducatif: contre-jour psychanalytique*, Paris, PUF. CIFALI M. (1996a), «Démarche clinique, formation et écriture», in PAQUAY L., L., ALTET M., CHARLIER E. et PERRENOUD Ph (dir.). *Former des enseignants professionnels. Quelles stratégies? Quelles compétences?*, Bruxelles, De Boeck, pp. 119-135.
CIFALI M. (1996b), «Écriture et transmission de l'expérience», in actes de l'Université d'Été, *L'analyse des pratiques en vue du transfert des réussites*, Paris, Ministère de l'Éducation Nationale, de l'Enseignement Supérieur et de la Recherche, pp. 63-81.
CIFALI M. (1996c), «Transmission de l'expérience, entre parole et écriture», *Éducation permanente*, n° 127, pp. 183-200.
CIFALI M. et IMBERT F. (1998), *Freud et la pédagogie*, Paris, PUF.
CLAPAREDE E. (1912), *Un institut des sciences de l'éducation et les besoins auxquels il répond*, Genève, Librairie Kundig.
CLERC F. (dir.) (1995), *Débuter dans l'enseignement*, Paris, Hachette.
CLERC F. et DUPUIS P.-A. (dir.) (1994), *Rôle et place de la pratique dans la formation initiale et continue des enseignants*, Nancy, Éditions CRDP de Lorraine.
CLIFF R. T., HOUSTON W. R. AND PUGACH M. C (dir.) (1990), *Encouraging Reflective Practice in Education. An Analysis of Issues and Programs*, New York, Teachers College Press.

CLOT Y: (1995), *Le travail sans l'homme. Pour une psychologie des milieux de travail et de vie,* Paris, La Découverte.
CLOT Y. (1995), *La fonction psychologique du travail,* Paris, PUF.
CLOT Y. (2000), «La formation par l' analyse du travail: pour une troisième voie», in MAGGI B. (dir.), *Manières de pensé; manières d'agir en éducation et enfonnation,* Paris, PUF, pp. 133-156.
CLOT Y., FAITA D., FERNANDEZ G. et SCHELLER E. (2001), «Entretiens en autoconfrontation croisée: une méthode en clinique de l'activité», in CLOT Y. (dir.), «Clinique de l'activité et pouvoir d'agir», *Éducation Permanente,* n° 146, pp. 17-25.
CLOT Y. (dir.) (2001), «Clinique de l'activité et pouvoir d'agir», *Éducation permanente,* n° 146.
COULON A. (1993), *Ethnométhodologie et éducation,* Paris, PUF.
DAY C., CALDERHEAD I. AND DENICOLO P. (dir.) (1990), *Research on Teacher Thinking: Understanding Professional Development,* London, The Falmer Press.
DAY C., POPE M. AND DENICOLO P. (dir.) (1990), *Insight into Teacher'1hinking and Practice.* London. The Falmer Press.
DE FORNEL M., ÜGIEN A. et QUÉRÉ, L. (dir.) (2001), *L ' ethnométhodologie. Une sociologie radicale,* Paris, La Découverte.
DEJOURS C. (1993), *Travail: usure mentale. De la psychopathologie à la Psychodynamique du travail,* Paris, Bayard Éditions.
DE MONTMOLLIN M. (1996), *L ' ergonomie,* Paris, La Découverte, 3e éd.
DE MONTMOLLIN M. (1996), «Savoir travailler. Le point de vue de l'ergonome», in BARBIER J.-M. (dir.), *Savoirs théoriques et savoirs d'action,* Paris, PUF, pp. 189-199.
DEROUET J.-L. et DUTERCQ Y. (1997), *L'établissement scolaire, autonomie locale et service public,* Paris, ESF.
DE TERSSAC G. (1992), *Autonomie dans le travail,* Paris, PUF.
DE TERSSAC G. (1996), «Savoirs, compétences et travail», in BARBIER J.-M. (dir.), *Savoirs théoriques et savoirs d'action,* Paris, PUF, pp. 223-247.
DEVELAY M. (1996), *Donner du sens à l'école,* Paris, ESF.
DEWEY J. (1933), *How we think? A Restatement of the Relation of Reflective Thinking in the Educational Process,* Chicago, Henry Regnery.
DEWEY J. (1947), *Expérience et éducation,* Paris, Armand Colin. DEWEY J. (1993), *Logique. Une théorie de l'enquête,* Paris, PUF. DICK A. (1992), «Put ting Reflectivity Back into the Teacher Equation», in
OSER F., DICK A. AND PATRY J.-L. (dir.), *Effective and Responsible Teaching. The New Synthesis,* San Francisco, Jossey-Bass, pp. 365-382.
DOLTO F. (1989), *L'échec scolaire. Essais sur l'éducation,* Paris, R. Laffont.
DOMINICÉ P. (1990), *L ' histoire de vie comme processus de formation,* Paris, L'Harmattan.
DUBET F. (1994), *Sociologie de l'expérience,* Paris, Le Seuil.
DURAND M. (1996), *L'enseignement en milieu scolaire,* Paris, PUF.
DUTERCQ Y. (1993), *Les professeurs,* Paris, Hachette.
EGGLESTON J. (dir.) (1979), *Teacher Decision-Making in the Classroom,* London, Routledge and Kegan.

ELBAZ F. (1993), «La recherche sur le savoir des enseignants: l'enseignante experte et l'enseignant "ordinaire"», in GAUTIHIER C., MELLOUKI M. et TARDIF M. (dir.), *Le savoir des enseignants. Que savent-ils?*, Montréal, Éditions Logiques, pp. 101-114.

E1ZIONI A. (1969), *The Semi-Professions and their Organization: Teachers, Nurses. Social Workers*. New York, The Free Press.

FAINGOLD N. (1993), *Décentration et prise de conscience. Étude de dispositifs d'analyse des situations pédagogiques dans la formation des instituteurs*, Nanterre, Université Paris-X, thèse.

FAINGOLD N. (1996), «Du stagiaire à l'expert: construire les compétences professionnelles», in PAQUAY L., ALTEr M., CHARLIER E. Er PERRENOUD Ph. (dir.), *Former des enseignants professionnels. Quelles stratégies? Quelles compétences?*, Bruxelles, De Boeck, pp. 137-152.

FAVRE B., GENBERG V. et WIRTHNER M. (1991), *Savoir savant-savoir d'expérience: une alliance tumultueuse. Le cas de «Maîtrise du français»*, Neuchâtel, Institut de Recherche et de Documentation Pédagogique, Cahier du OCR, n° 22.

FAYOL M. (1984), Une approche psycholinguistique de la ponctuation. Étude en production et en compréhension, *Langue française*, n° 81, pp. 21-39.

FERNAGU OUDET S. (1999), *Voyage au coeur de la pratique enseignante. Marcher et se regarder marcher*, Paris, L'Harmattan.

FILLOUX J. (1974), *Du contrat pédagogique. Le discours inconscient de l'école*, Paris, Dunod.

GATHER THURLER M. (1992), *Les dynamiques de changement internes aux systèmes éducatifs: comment les praticiens réfléchissent à leurs pratiques*, Genève, Faculté de Psychologie et des Sciences de l'éducation.

GARNER THURLER M. (1993), «Amener les enseignants vers une construction active du changement. Pour une nouvelle conception de la gestion de l'innovation», *Éducation et Recherche*, n° 2, pp. 218-235.

GARNER THURLER M. (1994), «Relations professionnelles et culture des établissements scolaires: au-delà du culte de l'individualisme?», *Revuefrançaise de pédagogie*, octobre-novembre, n° 109, pp. 19-39.

GARNER THURLER M. (1996), «Innovation et coopération entre enseignants: liens et limites», in BONAMI M. et GARANT M. (dir.), *Systèmes scolaires et pilotage de l'innovation. Émergence et implantation du changement*, Bruxelles, De Boeck, pp. 145-168.

GARNER THURLER M. (1998), «Vers une autonomie accrue des établissements scolaires. Les nouveaux défis du changement», in PELLETIER G. et CHARRON R. (dir.), *Diriger en période de transfonnation*, Montréal, Éditions AFIDES, pp. 103-120.

GARNER THURLER M. (2000), *Innover au coeur de l'établissement scolaire*, Paris, ESF éditeur.

GAUTHIER C. (1993 a), «La raison du pédagogue», in GAUTHIER C., MELLOUKI M. et TARDIF M. (dir.), *Le savoir des enseignants. Que savent-ils?*, Montréal, Éditions Logiques, pp. 187-206.

GAUTHIER C. (1993 b), *Tranches de savoi1: L'insoutenable légèreté de la pédagogie*, Montréal, Éditions Logiques.
GAUTHIER C. (dir.) (1997), *Pour une théorie de la pédagogie. Recherches contemporaines sur le savoir des enseignants*, Bruxelles, De Boeck.
GAUTHIER C., MELLOUKI M. et TARDIF M. (dir.) (1993), *Le savoir des enseignants. Que savent-ils?*, Montréal, Éditions Logiques.
GILLET P. (1987), *Pour une pédagogique ou l'enseignant-praticien*, Paris, PUF.
GORDON T. (1979), *Enseignants efficaces. Enseigner et être soi-même*, Montréal, Editions du Jour.
GUILLEVIC C. (1991), *Psychologie du travail*, Paris, Nathan.
HAMELINE D. (1986), *L'éducation, ses images et son propos*, Paris, ESF éditeur.
HAMELINE D. (2001), *Courants et contre-courants dans la pédagogie moderne*, Paris, ESF éditeur.
HARAMEIN A. (1990), «Savoir académique et pratique professionnelle: une interaction sans acteur!», in *Actes du congrès des sciences de l'éducation de langue française du Canada*, Université de Sherbrooke, pp. 363-367.
HARGREAVES D. H. AND HOPKINS D. (1991), *The Empowered School: The Management and Practice of School Development*, London, Cassell.
HENSLER H. (dir.) (1993), *La recherche enformation des maîtres. Détour ou passage obligé sur la voie de la professionnalisation?*, Sherbrooke (Canada), Éditions du CRP.
HÉRAN F. (1987), «La seconde nature de l'habitus. Tradition philosophique et sens commun dans le langage sociologique», *Revue française de sociologie*, XXVIll, pp. 417-451.
HÉTU J.-C., LAVOIE M. et BAll.LAUQUES S. (dir.) (1999), *Jeunes enseignants et insertion professionnelle. Un processus de socialisation? De professionnalisation? De transformation?*, Bruxelles, de Boeck.
HOLBORN P. (1992), «Devenir un praticien réflexif», in HOLBORN P., WmEEN M. et ANDREWS I. (dir.) (1992), *Devenir enseignant., t. II, D'une expérience de survie à la maîtrise d'une pratique professionnelle*, Montréal, Éditions Logiques, pp. 85-103.
HOLBORN P., WmEEN M. et ANDREWS I. (dir.) (1992), *Devenir enseignant, t. I, À la conquête de l'identité professionnelle*, Montréal, Éditions Logiques.
HOLBORN P., WmEEN M. et ANDREWS I. (dir.) (1992), *Devenir enseignant, t. Il, D'une expérience de survie à la maîtrise d'une pratique professionnelle*, Montréal. Éditions Logiques.
HOUSSAYE I. (dir.) (1993), *La pédagogie: une encyclopédie pour aujourd'hui*. Paris, ESF éditeur.
HOUSSAYE *I.* (1994), *Quinze pédagogues. Leur influence aujourd' hui*, Paris, Colin.
HUBERMAN M. (1983), «Répertoires, recettes et vie de classe: comment les enseignants utilisent l'information», *Éducation et Recherche*, n° 1, pp.157-177.
HUBERMAN M. (1989), *La vie des enseignants. Evolution et bilan d'une profession*, Neuchâtel et Paris, Delachaux et Niestlé.

HUBERMAN M. et GATHER THURLER M. (1991), *De la recherche à la pratique,* Berne, Lang.
IMBERT F. (1992), *Vers une clinique du pédagogique,* Vigneux, Matrice.
IMBERT F. (1994), *Médiations, institutions et loi dans la classe,* Paris, ESF éditeur.
IMBERT F. (1996), *L'inconscient dans la classe,* Paris, ESF éditeur.
IMBERT F. (2000), *L'impossible métier de pédagogue,* Paris, ESF éditeur.
INRP (1992), *La place de la recherche dans la formation des enseignants,* Paris, INRP.
IOBERT G. (1998), *La compétence à vivre. Contribution à une anthropologie de la reconnaissance au travail,* Tours, Université François-Rabelais, Mémoire pour l'habilitation à diriger des recherches.
IOBERT G. (1999), «L'intelligence au travail», in CARRÉ P. et CASPAR P. (dir.), *Traité des sciences et des techniques de la formation,* Paris, Dunod.
IOSHUA S. (1996), «Le concept de transposition didactique n'est-il propre qu'aux mathématiques?», in RAISKY C. et CAILLOT M. (dir.), *Au-delà des didactiques, le didactique. Débats autour de concepts fédérateurs,* Bruxelles, De Boeck, pp. 61-73.
KAUFMANN J.-C. (2001), *Ego. Pour une sociologie de l'individu. Une autre vision de l'homme et de la construction du sujet,* Paris, Nathan.
LABAREE D. F. (1992), «Power, Knowledge and the Rationalization of Teaching: a Genealogy of the Movement to Professionalize Teaching», *Harvard Educational Review,* (62) n° 2, pp. 123-154.
LAFORTUNE L., MONGEAU P. et PALLASCIO R. (dir.) (1998), *Métacognition et compétences réflexives,* Montréal, Éditions Logiques.
LAHIRE B. (1998), *L'homme pluriel. Les ressorts de l'action,* Paris, Nathan.
LAHIRE B. (1999), «De la théorie de l'habitus à une sociologie psychologique», in LAHIRE B. (dir.), *Le travail sociologique de Pierre Bourdieu. Dettes et critiques,* Paris, La Découverte, pp. 121-152.
LAHIRE B. (dir.) (1999), *Le travail sociologique de Pierre Bourdieu. Dettes et critiques,* Paris, La Découverte.
LAMY M. et al. (dir.) (1996), *L'analyse des pratiques en vue du transfert des réussites,* Paris, Ministère de l'Éducation nationale, de l'Enseignement supérieur et de la Recherche.
LANG V. (1999), *La professionnalisation des enseignants,* Paris, PUF. LANI-BAYLE M. (1996), *Généalogies des savoirs enseignants,* Paris, L' Harmattan.
LATOUR B. (1996), «Sur la pratique des théoriciens», in BARBIER J.-M. (dir.), *Savoirs théoriques et savoirs d'action,* Paris, PUF, pp. 131-146.
LATOUR B. et WOOLGAR S. (1988), *La vie de laboratoire. La production des faits scientifiques,* Paris, La Découverte.
LE BOTERF G. (1994), *De la compétence. Essai sur un attracteur étrange,* Paris, Éditions d' organisation.
LE BOTERF G. (1997), *De la compétence à la navigation professionnelle,* Paris, Éditions d' organisation.
LE BOTERF G. (2000), *Construire les compétences individuelles et collectives,* Paris, Éditions d' organisation.

LEPLAT J. (1997), *Regards sur l'activité en situation de travail. Contribution à la psychologie ergonomique,* Paris, PUF.

LESSARD C. (1998a), *La nature et la place d'une formation professionnelle selon les conceptions de l'université,* Université de Montréal, Faculté des sciences de l'éducation.

LESSARD C. (1998b), *La professionnalisation comme discours sur les savoirs des enseignants et les nouveaux modes de régulation de l'éducation,* Université de Montréal, Faculté des Sciences de l'Éducation.

LESSARD C. (1998c), «La professionnalisation de l'enseignement, un projet à long terme à construire ensemble dès maintenant», in TARDIF M. et GAUTHIER C. (dir.), *Un ordre professionnel pour les enseignants du Québec?,* Québec, Presses de l'Université Laval.

LESSARD C. et BOUROONCLE R. (1998), «Les formations professionnelles universitaires. Place des praticiens et formalisation des savoirs pratiques: utilités et limites», in RAYMOND D., LENOIR Y. (dir.), *Enseignants de métier et formation initiale,* Bruxelles, De Boeck, pp. 11-33.

LESSARD C., PERRON M. et BÉLANGER P. W. (dir.) (1993), «La professionnalisation de l'enseignement et de la formation des enseignants», numéro thématique de la *Revue des sciences de l'éducation* (Montréal), vol. XIX, n° 1.

LÉVINE J. et MoLL J. (2001), *JE est un autre. Pour un dialogue pédagogie-psychanalyse,* Paris, ESF éditeur.

MAHEU L. et ROBITAILLE M. (1991), «Identités professionnelles et travail réflexif: un modèle d'analyse du travail enseignant au collégial», in LESSARD C., PERRON M. et BÉLANGER P. W. (dir.), *La profession enseignante au Québec. Enjeux et défis des années* 1990, Québec, Institut québécois de recherche sur la culture, pp. 93-111.

MAILLEBOUIS M. et V ASCONCELLOS M.-D. (1997), «Un nouveau regard sur l'action éducative: l' analyse des pratiques professionnelles», *Perspectives documentaires en éducation,* n° 41, pp. 35-67.

MALGLAIVE G. (1990), *Enseigner à des adultes,* Paris, PUF.

MARTIN D. (1993), «Nature du savoir enseignant: analyse des écrits anglosaxons», in Association québécoise universitaire en formation des maîtres (AQUFOM), *Compétence et formation des enseignants?,* Trois-Rivières (Québec), Coopérative universitaire de Trois-Rivières, pp. 319332.

MARTINAND J.-L. (1986), *Connaître et transformer la matière,* Berne, Lang.

MARTINAND J.-L. (1994), «La didactique des sciences et de la technologie et la formation des enseignants», *Aster* (INRP), n° 19, pp. 61-75.

MARTINAND J.-L. (1995), «La référence et l'obstacle», *Perspectives documentaires en éducation* (INRP), n° 34, pp. 7-22.

MAULINI O. (1998a), *Explication et implication. La dialectique de la réflexion et de l'action en formation initiale des enseignants,* Université de Genève, Faculté de Psychologie et des Sciences de l'Éducation.

MAULINI 0. (1998b), «La question: un universel mal partagé», *Éducateur,* n° 7, 5 juin, pp. 13-20.

MEIRIEU Ph. (1989), *Apprendre ...oui, mais comment?*, Paris, ESF éditeur, 4e éd. (Em português: *Aprender... sim, mas como?* Porto Alegre: Artmed, 1998.)
MEIRIEU Ph. (1990a), *L'école, mode d'emploi. Des «méthodes actives» à la pédagogie différenciée*, Paris, ESF éditeur, 5e éd.
MEIRIEU Ph. (1990b), *Enseigne1; scénario pour un métier nouveau*, Paris, ESF éditeur.
MEIRIEU Ph. (1991), *Le choix d' éduquel: Éthique et pédagogie*, Paris, ESF éditeur.
MEIRIEU Ph. (1995a), «La pédagogie est-elle soluble dans les sciences de l'éducation?», *Cahiers pédagogiques*, na 334, mai, pp. 31-33.
MEIRIEU Ph. (1995b), *La pédagogie entre le dire et le faire*, Paris, ESF éditeur. (Em português: *A pedagogia entre o dizer e o fazer*. Porto Alegre: Artmed, 2002.)
MEIRIEU Ph. (1996), *Frankenstein pédagogue*, Paris, ESF éditeur.
MEIRIEU Ph. (1997), Praxis pédagogique et pensée de la pédagogie, *Revue française de pédagogie*, n° 120, juillet-septembre, pp.25-37.
MEIRIEU Ph. (1999), *Des enfants et des hommes. Littérature et pédagogie. La promesse de grandir*, Paris, ESF éditeur.
MIlLER A. (1984), *C'est pour ton bien. Racines de la violence dans l' éducation de l'enfant*, Paris, Aubier Montaigne.
MILS C. w. (1967), *L'imagination sociologique*, Paris, François Maspéro.
MOLL J. (1989), *La pédagogie psychanalytique. Origine et histoire*, Paris, Dunod.
MOLLO S. (1970), *L'école dans la société. Psychosociologie des modèles éducatifs*, Paris, Dunod.
MOSCONI N., BEILLEROT J. et BLANCHARD-LAVlll..E C. (dir.) (2000), *Formes et formations du rapport au savoir*, Paris, L'Hannattan.
MOYNE A. (1998), *Formation, régulation, institution. Le groupe d'analyse de pratique des formateurs*, Paris, PUF.
ODDONE I. et al. (1981), *Redécouvrir l'expérience ouvrière, vers une autre psychologie*, Paris, Éditions Sociales.
PAIN J. (1992), *Écoles: Violence ou pédagogie?*, Vigneux, Matrice.
PAIN J., GRANDIN-DEGOIS M.-P et LE GOFF C. (1998), *Banlieues: les défis d'un collège citoyen*, Paris, ESF éditeur.
PAQUAY L., ALTET M., CHARLIER E. et PERRENOUD Ph. (dir.) (1996), *Former des enseignants professionnels. Quelles stratégies? Quelles compétences?*, Bruxelles, De Boeck.(Em português: *Formando professores profissionais: Quais estratégias? Quais competências?* Porto Alegre: Artmed, 2001.)
PELLETIER G. (1995), «Les virgules du temps... De l'arrêt d'agir et d'autres savoirs d'inaction en gestion», *Harvard L'Expansion Management Review*, n° 78, Paris, pp. 90-95.
PERRENOUD Ph. (1976), «De quelques apports piagétiens à une sociologie de la pratique», *Revue européenne des sciences sociales*, n° 38-39, pp. 451-470.
PERRENOUD Ph. (1987), «Vers un retour du sujet en sociologie de l'éducation? Limites et ambiguïtés du paradigme stratégique», in V AN HAECHT A. (dir.), *Socialisations scolaires, socialisations professionnelles: nouveal,LX enjeI,LX, nouveal,LX débats*, Bruxelles, Université Libre, pp. 20-36.

PERRENOUD Ph. (1983), «La pratique pédagogique entre l'improvisation réglée et le bricolage», *Éducation et Recherche*, n° 2, pp. 198-212 (repris dans PERRENOUD Ph., *La formation des enseignants entre théorie et pratique*, Paris, L'Hannattan, 1994, chap. I, pp. 21-41).
PERRENOUD Ph. (1992a), «Formation des maîtres et recherche en éducation: apports respectifs», in AUDIGIER F. et BAILLAT G. (dir.), *Analyser et gérer les situations d'enseignement-apprentissage*, Paris, INRP, pp. 339354 (repris dans PERRENOUD Ph., *La formation des enseignants entre théorie et pratique*, Paris, L'Hannattan, 1994, chap. VII, pp. 147-173).
PERRENOUD Ph. (1992b), «Le rôle d' une initiation à la recherche dans la formation de base des enseignants», *Éducation et Recherche*, n° 1, pp. 10-27.
PERRENOUD Ph. (1992c), «La recherche en éducation et la fonnation des enseignants: le cas de Genève, en Suisse», *European Journal of Teacher Education*, vol. XV, n° 1/2, pp. 96-106.
PERRENOUD Ph. (1993), «Former les maîtres primaires à l'université: modernisation anodine ou pas décisif vers la professionnalisation?», in HENSLER H. (dir.), *La recherche en formation des maîtres. Détour ou passage obligé sur la voie de la professionnalisation?*, Sherbrooke (Canada), Éditions du CRP, pp. 111-132.
PERRENOUD Ph. (1994a), *La formation des enseignants entre théorie et pratique*, Paris, L'Hannattan.
PERRENOUD Ph. (1994b), «Former les enseignants primaires dans le cadre des sciences de l'éducation: le projet genevois», *Recherche et Formation*, n° 16, pp. 39-60.
PERRENOUD Ph. (1994c), «Du maître de stage au formateur de terrain: formule creuse ou expression d'une nouvelle articulation entre théorie et pratique?», in CLERC F. et DUPUlS P.-A. (dir.), *Rôle et place de la pratique dans la formation initiale et continue des enseignants*, Nancy, Éditions CRDP de Lorraine, pp. 19-44.
PERRENOUD Ph. (1994d), «Compétences, habitus et savoirs professionnels», *European Journal of Teacher Education*, vol. XVll, n° 1/2, pp. 45-48.
PERRENOUD Ph. (1994e), «La formation des enseignants en question(s)», *Pédagogies*, revue du Département des sciences de l'éducation de l'Université de Louvain, actes du colloque du REF, *Former des enseignants. Pratiques et recherches*, n° 10, pp. 11-21.
PERRENOUD Ph. (1994f), «Travailler en équipe pédagogique, c'est partager sa part de folie», *Cahiers pédagogiques*, n° 325, juin, pp. 68-71.
PERRENOUD Ph. (1995), «Dix non-dits ou la face cachée du métier d'enseignant», *Recherche et Formation*, n° 20, pp. 107-124 (repris dans PERRENOUD Ph., *Enseigner: agir dans l'urgence, décider dans l'incertitude. Savoirs et compétences dans un métier complexe*, Paris, ESF, 1996, chap. 3, pp. 69-85).
PERRENOUD Ph. (1996a), «L'analyse collective des pratiques pédagogiques ocuttelle transfonner les oraticiens?». in actes de l'Université d'été *L'analyse des pratiques en vue du transfert des réussites*, Paris, Ministère de l'Education nationale, de l'Enseignement supérieur et de la Recherche, pp. 17-34.

PERRENOUD Ph. (1996b), *La pédagogie à l'école des différences. Fragments d'une sociologie de l'échec,* Paris, ESF éditeur, 2e éd. (Em português: *A pedagogia na escola das diferenças.* Porto Alegre: Artmed, 2001.)

PERRENOUD Ph. (1996c), *Enseigner: agir dans l'urgence, décider dans l'incertitude. Savoirs et compétences dans un métier complexe,* Paris, ESF éditeur (2e éd. 1999). (Em português: *Ensinar: agir na urgência, decidir na incerteza.* Porto Alegre: Artmed, 2001.)

PERRENOUD Ph. (1996d), «Le métier d'enseignant entre prolétarisation et professionnalisation: deux modèles du changement», *Perspectives,* vol. XXVI, n° 3, septembre, pp. 543-562.

PERRENOUD Ph. (1996e), «Le travail sur l'habitus dans la formation des enseignants. Analyse des pratiques et prise de conscience», in PAQUAY L., ALTET M., CHARLIER E. et PERRENOUD Ph. (dir.), *Former des enseignants professionnels. Quelles stratégies? Quelles compétences?,* Bruxelles, De Boeck, pp. 181-208.

PERRENOUD Ph. (1996f), «Peut-on changer par l'analyse de ses pratiques?», *Cahiers pédagogiques,* n° 346, septembre, pp. 14-16.

PERRENOUD Ph. (1996g), «Savoirs de référence, savoirs pratiques en formation des enseignants: une opposition discutable», *Éducation et Recherche,* n° 2, pp. 234-250.

PERRENOUD Ph. (1996h), «Former les maîtres du premier degré à l'université: le pari genevois», in LAPIERRE G. (dir.), *Quiforme les enseignants en France aujourd'hui?,*Grenoble, Université Pierre-Mendès-France, actes des assises de l'ARCUFEF, pp. 75-100.

PERRENOUD Ph. (1996i), «L'infime et l'ultime différence», in BENTOLll.,A A. (dir.), *L'école: diversités et cohérence,* Paris, Nathan, pp. 49-67 (repris dans PERRENOUD Ph., *Pédagogie différenciée: des intentions à l'action,* Paris, ESF éditeur, 1997, pp. 73-86).

PERRENOUD Ph. (1997a), *Construire des compétences dès l'école,* Paris, ESF éditeur. (Em português: *Construir as competências desde a escola.* Porto Alegre: Artmed, 1999.)

PERRENOUD Ph. (1997b), *Pédagogie différenciée: des intentions à l'action,* Paris, ESF éditeur. (Em português: *Pedagogia diferenciada: das intenções às ações.* Porto Alegre: Artmed, 2000.)

PERRENOUD Ph. (1998a), «De l'alternance à l'articulation entre théories et pratiques dans la formation des enseignants», in TARDIF M., LESSARD C. et GAUTHIER C. (dir.), *Formation des maîtres et contextes sociaux. Perspectives internationales,* Paris, PUF, 1998, pp. 153-199.

PERRENOUD Ph. (1998b), «La qualité d'une formation se joue d'abord dans sa conception. Contribution à la réflexion sur les programmes», *Pédagogie collériale* (Québec), vol. XI. n° 3. mai. vol. XI. n° 4. DD. 16-22.

PERRENOUD Ph. (1998c), «Le rôle des formateurs de terrain», in BOUVIER A. et OBIN J.-P. (dir.), *La formation des enseignants sur le terrain,* Paris, Hachette, pp. 219-241.

PERRENOUD Ph. (1998d), *De l'analyse de l'expérience au travail par situations problèmes en formation des enseignants*, in TRIQUET E. et FABRE-COL C. (dir.), *Recherche(s) et formation des enseignants*, Grenoble, IUFM, pp.89-105.

PERRENOUD Ph. (1998e), «La transposition didactique à partir de pratiques: des savoirs aux compétences», *Revue des sciences de l'éducation* (Montréal), vol. XXIV, n° 3, pp. 487-514.

PERRENOUD Ph. (1999a), *Dix nouvelles compétences pour enseigner*, Paris, ESF éditeur. (Em português: *Dez novas competências para ensinar*. Porto Alegre: Artmed, 2000.)

PERRENOUD Ph. (1999b), «Gestion de l'imprévu, analyse de l'action et construction de compétences», *Éducation permanente*, n° 140, 3, pp. 123-144.

PERRENOUD Ph. (1999c), *Savoir enseigner au XXIe siècle? Quelques orientations d'une école de qualité*, Université de Genève, Faculté de Psychologie et des Sciences de l'Éducation.

PERRENOUD Ph. (1999d), «Formar professores em contextos sociais em mudança. Prática reflexiva e participação crítica», *Revista Brasileira de Educação*, n° 12, pp. 5-21.

PERRENOUD Ph. (1999e), *À qui appartient-il, aujourd'hui, de penser les pratiques pédagogiques? Savoirs savants et savoirs praticiens: complémentarité ou déni mutuel?*, Université de Genève, Faculté de Psychologie et des Sciences de l'Éducation.

PERRENOUD Ph. (2000a), «D'une métaphore l'autre: transférer ou mobiliser ses connaissances?», in Dol.Z J. et OLLAGNIER E. (dir.), *L'énigme de la compétence en éducation*, Bruxelles, De Boeck, coll. «Raisons éducatives», pp. 45-60.

PERRENOUD Ph. (2000b), «L'école saisie par les compétences», in BosMAN C., GERARD F.-M. et ROEGIERS X. (dir.), *Quel avenir pour les compétences?*, Bruxelles, De Boeck, pp. 21-41.

PERRENOUD Ph. (2000c), «Du concret avant toute chose...ou comment faire réfléchir un enseignant qui veut agir», in CARLIER G., RENARD J.-P. et PAQUAY L. (dir.), *La formation continue des enseignants. Enjeux, innovation et réflexivité*, Bruxelles, De Boeck, pp. 69-81.

PERRENOUD Ph. (2000d), «Les Hautes Écoles Pédagogiques entre la forme scolaire et la forme universitaire: les enjeux», Université de Genève, Faculté de Psychologie et des Sciences de l'Éducation, in CRIBLEZ L., HOFSTETTER R. et PÉRISSET-BAGNOUD D. (dir.), *La formation des enseignants: histoire et réformes actuelles*, Berne, Lang, pp. 341-369.

PERRENOUD Ph. (2001a), «Mettre la pratique réflexive au centre du projet de formation?», *Cahiers pédagogiques*, janvier, n° 390, pp. 42-45.

PERRENOUD Ph. (2001b), *Vendre son âme au diable pour accéder à la vérité: le dilemme des sciences de l'éducation*, Université de Genève, Faculté de Psychologie et des Sciences de l'Éducation.

PERRENOUD Ph. (2001c), *Les sciences de l'éducation proposent-elles des savoirs mobilisables dans l'action?*, Université de Genève, Faculté de Psychologie et des Sciences de l'Éducation.

PERRENOUD Ph. (2001d), «Mobiliser ses acquis: où et quand cela s'apprend-il en formation initiale? De qui est-ce l'affaire?», *Recherche et Formation*, sous presse.
PERRENOUD Ph. (2001e), «De la pratique réflexive au travail sur l'habitus», *Recherche et Formation*, n° 35.
PERRENOUD Ph. (2001f), *Fonner à l'action, est-ce possible?*, Université de Genève, Faculté de Psychologie et des Sciences de l'Éducation.
PETIT J.-L. (2000), «L'enracinement corporel de l'action», in Séminaire du Centre de Recherche sur la Formation du CNAM, *L ' analyse de la singularité de l'action*, Paris, PUF, pp. 133-145.
PETITMENGIN C. (2001), *L'expérience intuitive*, Paris, L' Harmattan.
PEYRONIE H. (1992), «L'observation participante interne: propositions pour se former professionnellement par des démarches de recherche en éducation», *Les Sciences de l 'éducation pour l'ère nouvelle*, n° 1-2, pp.119-129.
PEYRONIE H. (1998), *Instituteurs: des maîtres aux professeurs d'école*, Paris, PUF.
PHARO P. et QUÉRÉ L. (dir.) (1990), *Les formes de l'action. Sémantique et sociologie*, Paris, Éditions de l'École des Hautes Études en Sciences Sociales, *Raisons pratiques* 1.
PIAGET J. (1964), Six *études de psychologie*, Genève, Denoël-Gonthier.
PIAGET J. (1973), *Étiologie et connaissance*, Paris, Galimard, coli. «Idées».
PIAGET J. (1974), *Réussir et comprendre*, Paris, PUF.
PIAGET J. (1977), *Recherches sur l'abstraction réfléchissante. 1. L'abstraction des relations logico-arithmétiques, 2. L'abstraction de l'ordre des relations spatiales*, Paris, PUF.
PROST A. (1985), *Éloge des pédagogues*, Paris, Le Seuil.
QUÉRÉ L. (1998), «La cognition comme action incarnée», in Borzeix, A., Bouvier A. et Pharo, P. (dir) *Sociologie et connaissance. Nouvelles approches cognitives*, Paris, CNRS, pp. 143-164.
RAYMOND D. (1993 a), «Éclatement des savoirs et savoirs en rupture: une réplique à Van der Maren», *Revue des sciences de l'éducation* (Montréal), vol. XIX, n° I, pp. 187-200.
RAYMOND D. (1993 b), «Savoirs et compétences de base valorisées par un groupe de personnes-guides du secondaire; constats et implications pour la formation initiale», in Association québécoise universitaire en formation des maîtres (AQUFOM), *Compétence et formation des enseignants?*, Trois-Rivières (Québec), Coopérative universitaire de TroisRivières, pp. 319-332.
RAYMOND D et LENOIR Y. (dir.) (1998), *Enseignants de métier et formation initiale*, Bruxelles, De Boeck.
RAYNAL F. et RIEUNIER A. (1997), *Pédagogie: dictionnaire des concepts-clés*, Paris, ESF éditeur.
RAYNAL F. et RIEUNIER A. (1998), «Transfert et psychologie cognitive», *Éducations*, n° 15, mars-avril, pp. 11-17.
REY B. (1996), *Les compétences transversales en question*, Paris, ESF éditeur. (Em português: *As competências transversais em questão*. Porto Alegre: Artmed, 2002.)

REYNOLDS M. (dir.) (1989), *Knowledge base for the beginning teachel;* New York, Pergamon Press.
RICHARDSON V. (1990), «The Evolution of Reftective Teaching and Teacher Education», in CLIFf R. T., HOUSTON W. R. AND PuGACH M. C. (dir.), *Encouraging Reflective Practice in Education: An examination of Issues and Programs,* New York, Teachers College Press, pp. 3-19.
RIST G. (1984), «La notion médiévale d'habitus», *Revue Européenne des sciences sociales,* n° 67, pp. 201-212.
ROEGIERS X. (2000), *Une pédagogie de l'intégration. Compétences et intégration des acquis dans l'enseignement,* Bruxelles, De Boeck.
SAMURÇAY R et PASTRÉ, P. (1995), «La conceptualisation des situations de travail dans la formation des compétences», *Éducation Permanente,* n° 123-2, pp. 13-31.
SAMURÇAY R et PASTRÉ P. (dir.) (1995), «Le développement des compétences. Analyse du travail et didactique professionnelle», *Éducation Permanente,* n° 123-2.
SCHLANGER J. (1983), *Penser la bouche pleine,* Paris, Fayard.
SCHÖN D. (1983), *The Reflective Practitionel;* New York, Basic Books (trad. française: *Le praticien réflexif: À la recherche du savoir caché dans l'agir professionnel,* Montréal, Éditions Logiques, 1994).
SCHÖN D. (1987). *Educating the Reflective Practitionel;* San Francisco, Jossey Bass. (Em português: *Educando o profissional reflexivo: um novo design para o ensino e a aprendizagem.* Porto Alegre: Artmed, 2000.)
SCHÖN D. (1991). *Cases in reflective vractice.* New York. Teachers College Press.
SCHÖN D. (1994). *Le praticien réflexif. À la recherche du savoir caché dans l'agir professionnel,* Montréal, Editions Logiques.
SCHÖN D. (1996), «À la recherche d'une nouvelle épistémologie de la pratique et de ce qu'elle implique pour l'éducation des adultes», in BARBIER J.M. (dir.), *Savoirs théoriques et savoirs d'action,* Paris, PUF, pp. 201-222.
SCHÖN D. (dir.) (1996), *Le tournant réflexif: Pratiques éducatives et études de cas,* Montréal, Éditions Logiques.
SHULMAN J. H. (dir.) (1992), *Case Methods in Teacher Education,* New York, London, Teachers College, Columbia University.
SCHWARTZ Y. (1997), *Reconnaissances au travail. Pour une approche ergologique,* Paris, PUF.
SÉMINAIRE du Centre de Recherche sur la formation du CNAM (2000), *L' analyse de la singularité de l'action,* Paris, PUF.
SOETARD M. (1997), La pédagogie entre pensée de la fin et science des moyens, *Revue française de pédagogie,* n° 120, juillet-septembre, pp. 100-104.
SOETARD M. (2001), *Qu' est-ce que la pédagogie? Le pédagogue au risque de la philosophie,* Paris, ESP.
SAINT-ARNAUD Y. (1992), *Connaître par l'action,* Montréal, Presses de l'Université de Montréal.
TABASCHNICK B. R. AND ZEICHNER K. (1990), *Issues and practices in inquiryoriented teacher education,* London, Palmer Press.

TARDIF J. (1996), «Le transfert de compétences analysé à travers la formation de professionnels», in MEIRIEU Ph., DEVELAY M., DURAND C. et MARIANI y: (dir.), *Le concept de transfert de connaissances en formation initiale et enformation continue,* Lyon, CRDP, pp. 31-46.
TARDIF M. (1993 a), «Éléments pour une théorie de la pratique éducative: actions et savoirs en éducation», in GAUTHIER C., MELLOUKI M. et TARDIF M. (dir.), *Le savoir des enseignants. Que savent-ils?,* Montréal, Éditions Logiques, pp. 23-47.
TARDIF M. (1993 b), «Savoirs enseignants et professionnalisation de l'enseignement: remarques et notes critiques», *Revue des sciences de l'éducation* (Montréal), vol. XIX, n° 1, pp. 173-185.
TARDIF M. (1993 c), «Savoirs et expérience chez les enseignants de métier», in HENSLER H. (dir.), *La recherche enformation des maîtres. Détour ou passage obligé sur la voie de la professionnalisation?,* Sherbrooke (Canada), Éditions du CRP, pp. 53-86.
TARDIF M. et GAUTHIER C. (1996), «L'enseignant comme acteur "rationnel": quelle rationalité, quel savoir, quel jugement?», in PAQUAY L., ALTET M.. CHARLIER E. et PERRENOUD Ph. (dir.). *Former des enseignants professionnels. Quelles stratégies? Quelles compétences?* , Bruxelles, De Boeck, pp. 209-237.
TARDIF M. et LESSARD C. (1999), *Le travail enseignant au quotidien. Expérience, interactions humaines et dilemmes professionnels,* Québec, Presses de l'Université Laval-et-Bruxelles, De Boeck.
TARDIF M., LESSARD C. et GAlmnER C. (dir.) (1998), *Fonnation des maîtres et contextes sociaux. Perspectives internationales,* Paris, PUF.
TARDIF M., LESSARD C. et LAHAYE L. (1991), « Les enseignants des ordres d'enseignement primaire et secondaire face aux savoirs. Esquisse d'une problématique du savoir enseignant », *Sociologie et Sociétés,* XXIII, n° 1, pp. 55-69.
TAYLOR C. (1996), « Suivre une règle », *Critique,* août-septembre 1996, n° 579-580 sur Pierre Bourdieu, pp. 554-572.
THEUREAU J. (2000), « Anthropologie cognitive et analyse des compétences », in Séminaire du Centre de Recherche sur la formation du CNAM, *L ' analyse de la singularité de l'action,* Paris, PUF, pp. 171-211.
TSCHOUMY J.-A. (1991), *Moins qu'un canari? Soudaine accélération européenne en matière de formation des enseignants,* Neuchâtel, Institut romand de recherches et de documentation pédagogiques.
VALLI L. (dir.) (1992), *Reflective Teacher Education. Cases and critiques,* New York State University of New York Press.
VARELA F. J. (1989), *Connaître les sciences cognitives. Tendances et perspectives,* Paris, Le Seuil.
VERGNAUD G. (1990), « La théorie des champs conceptuels », *Recherches en didactique des mathématiques,* vol. 10, n° 23, pp. 133-170.
VERGNAUD G. (1994), « Le rôle de l'enseignant à la lumière des concepts de schème et de champ conceptuel », in ARTIGUE M. et al. (dir.), *Vingt ans de didactique des mathématiques en France,* Grenoble, La Pensée Sauvage, pp. 177-191.

VERGNAUD, G. (1995), « Quelle théorie pour comprendre les relations entre savoir-faire et savoir? », in BENTOLILA A. (dir.), *Savoirs et savoir-faire,* Paris, Nathan, pp. 5-20.
VERGNAUD G. (1996), « Au fond de l'action, la conceptualisation », in BARBIER J.-M. (dir.), *Savoirs théoriques et savoirs d'action,* Paris, PUF, pp. 275-292.
VERMERSCH P. (1994), *L'entretien d'explicitation,* Paris, ESF.
VERMERSCH P. et MAUREL, M. (dir.) (1997), *Pratiques de l'entretien d'explicitation,* Paris, ESF.
VINCENT a. (dir.) (1994), *L'éducation prisonnière de lafonne scolaire,* Lyon, Presses universitaires de Lyon.
VONK J. H. C. (1992), *Nouvelles perspectives pour la formation des enseignants en Europe,* Neuchâtel, Institut Romand de Recherches et de Documentation Pédagogiques.
WASSERMAN S. (1993), *Getting Down to Cases: Leaming to Teach with Case Studies,* New York, Teachers College Press.
WATZLAWICK P. (1978a), *La réalité de la réalité. Confusion, désinformation, communication,* Paris, Le Seuil.
WATZLAWICK P. (1978b), *Le langage du changement. Éléments de communication thérapeutique,* Paris, Le Seuil.
WATZLAWICK P. (1984), *Faites vous-même votre malheu1;* Paris, Le Seuil.
WATZLAWICK P. et WEAKLAND J. (dir.) (1981), *Sur l'interaction. Palo Alto 1965-1974. Une nouvelle approche thérapeutique,* Paris, Le Seuil.
WATZLAWICK P., HELMICK BEAVIN J. et JACKSON D. D. (1972), *Une logique de la communication,* Paris, Le Seuil.
WATZLAWICK P., WEAKLAND J. et FlSH R. (1975), *Changements. Paradoxes et psychothérapie,* Paris, Le Seuil.
WEIDLER KUBANEK A.-M et W ALLER M. (1994), « Poser des questions avec assurance »,*Pédagogie collégiale,* vol. vm, n° 2, décembre, pp. 13-17.
WERTHE C. (1997), « Élaboration et formalisation de l'expérience professionnelle: l'instruction au sosie », *Dialogue,* n° 86, pp. 41-42.
WOODS P. (1997), « Les stratégies de « survie des enseignants », in FORQUIN J.- C. (dir.), *Les sociologues de l'éducation américains et britanniques,* Bruxelles, De Boeck, pp. 351-376.
VELLAS E. (2001), « *Éduquer au mieux ».Une finalité qui appelle la contribution de la recherche pédagogique,* Genève, Faculté de Psychologie et des Sciences de l'Éducation.